COMO FAZER E MANTER AMIGOS
PARA SEMPRE

Platonic: how the science of attachment can help you make and keep friends as an adult

Copyright © 2022 by Dra. Marisa G. Franco PLLC.

Copyright © 2022 by Universo dos Livros

Todos os direitos reservados e protegidos pela Lei 9.610 de 19/02/1998.

Nenhuma parte deste livro, sem autorização prévia por escrito da editora, poderá ser reproduzida ou transmitida sejam quais forem os meios empregados: eletrônicos, mecânicos, fotográficos, gravação ou quaisquer outros.

Diretor editorial: **Luis Matos**

Gerente editorial: **Marcia Batista**

Assistentes editoriais: **Letícia Nakamura e Raquel F. Abranches**

Tradução: **Daniela Tolezano**

Preparação: **Nathalia Ferrarezi**

Revisão: **Guilherme Summa e Aline Graça**

Arte: **Renato Klisman**

Capa: **Rebecca Barboza**

Projeto gráfico e diagramação: **Francine C. Silva**

Dados Internacionais de Catalogação na Publicação (CIP)
Angélica Ilacqua CRB-8/7057

F896c   Franco, Marisa G.

   Como fazer e manter amigos para sempre : guia prático para se relacionar com todos ao seu redor / Marisa G. Franco ; tradução de Daniela Tolezano. -- São Paulo : Universo dos Livros, 2023.

   320 p : il.

ISBN 978-65-5609-322-2

Título original: Platonic: how the science of attachment can help you make and keep friends as an adult

1. Amizade 2. Relações humanas I. Título II. Tolezano, Daniela

22-6380   CDD 302.34

Universo dos Livros Editora Ltda.

Avenida Ordem e Progresso, 157 – 8º andar – Conj. 803

CEP 01141-030 – Barra Funda – São Paulo/SP

Telefone/Fax: (11) 3392-3336

www.universodoslivros.com.br

e-mail: editor@universodoslivros.com.br

MARISA G. FRANCO, PhD

COMO FAZER E MANTER AMIGOS PARA SEMPRE

Guia prático para se relacionar com todos ao seu redor

São Paulo
2023

Grupo Editorial
UNIVERSO DOS **LIVROS**

Para meus amigos: minha salvação, minhas almas gêmeas,
que me curam e me alegram todos os dias.

Sumário

Nota da autora 09

Introdução: O segredo de fazer amigos na idade adulta 11

PARTE I
Olhando para trás
Como nos tornamos os amigos que somos

CAPÍTULO 1: Como a amizade transforma nossas vidas 23

CAPÍTULO 2: Como nossos relacionamentos do passado afetam

nosso presente 49

PARTE II
Olhando para a frente
Práticas para fazer e manter amigos

CAPÍTULO 3: Tomando iniciativa 79

CAPÍTULO 4: Expressando vulnerabilidade 109

CAPÍTULO 5: Buscando autenticidade 147

CAPÍTULO 6: Harmonizando com a raiva 181

CAPÍTULO 7: Oferecendo generosidade 207

CAPÍTULO 8: Dando afeto 239

Conclusão 269

Agradecimentos 273

Notas 277

Nota da autora

Todas as histórias de amizade que você lerá em *Como fazer e manter amigos para sempre* baseiam-se em casos reais. Sou grata às pessoas que compartilharam suas histórias comigo para me ajudar a realizar a pesquisa. Por respeito a elas, mudei muitos de seus nomes e características de identificação. Às vezes, combinei histórias de várias pessoas para anonimizar ainda mais.

Os conselhos que compartilho em *Como fazer e manter amigos para sempre* vêm de centenas de estudos científicos e consultas que fiz com dezenas de especialistas. Eu acredito nesta pesquisa, mas também devo reconhecer suas limitações. Grande parte das investigações sobre amizade é mais antiga, conduzida nos Estados Unidos, e usa pequenas amostras de estudantes universitários predominantemente brancos e heterossexuais. Algumas pessoas podem não reconhecer suas experiências de vida nesta pesquisa e estão certas em criticar meu trabalho. Para oferecer conselhos com base em pesquisas em que posso confiar, li muito e compartilhei conselhos pautados em vários estudos, e não em um único. Ainda assim, precisamos de muito mais trabalhos sobre amizade para fazer afirmações mais fortes e diferenciadas que melhor reflitam a diversidade de nossas experiências vividas.

Estou animada por você ler *Como fazer e manter amigos para sempre*. Espero que lhe proporcione tanto valor quanto recebi durante o processo de escrita. Devo admitir que tenho uma intenção ao escrever este livro: ajudar a criar um mundo mais gentil e amável. E tenho muito orgulho por você, leitor ou leitora, embarcar nesta jornada.

Introdução
O segredo de fazer amigos na idade adulta

Em 2015, sofri brutalmente. Uma explosão de romance promissor terminou em desastre. Eu pensava nisso enquanto me movia no aparelho elíptico todas as manhãs, quando chorava entre as aulas e, basicamente, sempre que minha mente não tinha mais nada a que se agarrar como distração. Sair do luto exigiu uma série de revelações. Primeiro, eu precisava entender por que eu havia sofrido tanto com essa perda, por que ela me causara tanto sofrimento. Precisei articular a grande consideração que eu dava aos relacionamentos românticos a ponto de eles controlarem minha felicidade: como se não houvesse amor em minha vida sem esse tipo.

Por que eu dava tanta importância ao amor romântico quando, até aquele momento, não havia sido particularmente satisfatório? Estava absorvendo algumas convicções culturais profundamente arraigadas. *Encontrar o amor romântico é meu objetivo. Quando eu o encontrar, será o momento em que a vida realmente terá início. Não conseguir encontrar o amor romântico significa essencialmente falhar em ser humana. E, sem ele, não há amor de forma alguma.*

Para me recuperar do sofrimento, reuni alguns de meus melhores amigos para começar um grupo de bem-estar. Todas as semanas nos encontrávamos, e um de nós escolhia uma atividade de autocuidado da qual pudéssemos participar juntos, recebendo-nos com alguns petiscos. Havia ioga, culinária, leitura, meditação. Mas o que mais curava era a comunidade. Estar entre pessoas que me amavam e que eu adorava me curava. Embora eu tivesse, até então, desvalorizado o significado da amizade em favor do romance, depois do grupo de bem-estar, não consegui mais diminuir a importância colossal dos amigos.

Em 2017, empacotei minha vida e me mudei da casa em que vivi por seis anos em Washington, D.C., para Atlanta, Geórgia. Não conhecia muitas pessoas em Atlanta, mas alguns dos meus melhores amigos de D.C. tinham como meta garantir que eu não ficasse sozinha quando chegasse à cidade. Em minha mala estava um pote cheio de pergaminhos parecidos com biscoitos da sorte, nos quais meus amigos listaram suas lembranças favoritas de nós juntos. Eu também tinha uma colagem emoldurada de dois por três com fotos minhas e de meus amigos sorrindo, desfilando e nos abraçando. O ano anterior tinha sido uma das eras douradas da minha vida, e isso sem dúvida ocorrera porque eu havia juntado pessoas que me conheciam e me amavam.

Organizei uma festa combinando despedida e aniversário em maio de 2017, quando sabia que deixaria D.C. Tínhamos ido juntos a uma mostra de arte descolada e voltamos a nos reunir em meu pequeno apartamento para um bolo e champanhe. Fiz um brinde aos sete de nós restantes em círculo na sala de estar. O champanhe estava fazendo efeito, permitindo-me realizar um brinde do tipo vulnerável: "Quero que todos saibam que eu estava em um estado difícil nesta mesma época um ano atrás. E cada um de vocês do grupo de amigos nesta sala foi parte da força que me tirou dele".

Aquele aniversário, com meu grupo de bem-estar, fez parte da minha metamorfose. Comecei a dar mais atenção, reconhecer e valorizar ativamente os amigos. Nos anos anteriores, quando imaginava que apenas os relacionamentos românticos eram significativos, eu me desesperava sempre que meus esperançosos encontros românticos se desmanchavam. A tristeza era nutrida por lacunas no meu pensamento. Eu estava me concentrando apenas no que vinha dando errado na minha vida (romântica) e ignorando tudo o que dava certo (amizades). Esse tipo de visão limitada me deixou usando aqueles romances fracassados como evidência que me fazia questionar se eu poderia formar relacionamentos significativos em geral, se eu era digna de amor. Eu estava desaprendendo esse processo de me absorver tanto em um tipo de amor que desconsiderava todo o amor que sempre esteve ao meu redor. Eu tinha tanto amor. E deveria importar menos só porque vinha de amigos?

O amor platônico está no patamar mais baixo da hierarquia que nossa cultura estabelece para o amor. Mas aprendi que é uma perda devastadora para todos nós se o descartamos lá. Escrevi este livro porque gostaria que nossa cultura nivelasse essa hierarquia. Mas como nem sempre valorizamos a amizade, falta-nos o conhecimento de como cultivá-la. Se vamos usar todo o potencial da amizade em nossa vida, precisamos saber como fazer e manter amigos.

Quando perguntamos como fazer amigos, as pessoas provavelmente dizem para nos juntar a um grupo de encontro ou achar um *hobby* em comum. Mas, de alguma forma, o conselho nos escapa, porque, quando nos dizem isso, a parte de enfrentar nossa ansiedade social, suportar o medo da rejeição, tolerar a intimidade e arriscar a destruição de nossa autoestima fica em silêncio. Para fazer amigos, precisamos de um trabalho mais profundo: reconciliar-nos fundamentalmente com quem somos e com nossa forma de amar. Essa é a jornada em que embarcamos com *Como fazer e manter amigos para sempre*. A amizade vale a pena.

—

Durante meu doutorado em Aconselhamento Psicológico, fui encarregada de coliderar grupos de terapia em um centro de aconselhamento da universidade. Nós nos reuníamos em uma sala ampla com pé-direito alto, dando mais espaço para conter todos os segredos que eram compartilhados. Meu colega terapeuta e eu nos sentávamos em extremidades opostas da sala, para que pudéssemos captar diferentes expressões faciais e ficarmos ligados a aspectos antagônicos da dinâmica de grupo. Os alunos marchavam silenciosamente para a sala e sentavam-se no sofá confortável, perto dos outros, ou em uma cadeira, reivindicando seu espaço separado. Eles estavam quase sempre nervosos, e meu colega e eu tivemos de desenvolver nossa tolerância para ficarmos sentados durante longos períodos de silêncio. A quietude acabava sendo interrompida por um aluno cuja ansiedade para compartilhar se sobrepunha à ansiedade com o silêncio.

Normalmente, levávamos um tempo para recrutar alunos suficientes a fim de montar um grupo, uma vez que muitos relutavam em participar de uma terapia em grupo. Eu não os culpava. *Eu preciso discutir meu trauma de infância na frente de estranhos? O que poderia ser mais terrível?* Eles normalmente optavam por ver um terapeuta, alguém que poderia dar atenção individual aos seus problemas e que foi treinado para ser imparcial (diferentemente da incógnita no grupo de terapia). A utilidade da terapia em grupo não era intuitiva para esses alunos. A atenção que eles conseguiriam em uma sessão individual com um psicólogo era dividida entre sete pessoas diferentes.

Embora no início, nós, estagiários, sentíssemo-nos menos entusiasmados com o trabalho em grupo, à medida que ganhamos experiência na condução dele, meu colega e eu começamos a amá-los e a desejar que também pudéssemos nos juntar a um, porque sempre acontecia algo curioso naquela sala de pé-direito alto. Os alunos manifestavam dentro do grupo os problemas que tinham no mundo exterior. Um deles, Marquee, estava lidando com o término de um relacionamento com uma mulher caótica e autodestrutiva com quem ele ficou por tanto tempo porque pensava que poderia resgatá-la de si mesma. Vimos esse mesmo complexo de salvador de Marquee no grupo. À medida que os outros compartilhavam seus problemas, ele dava a todos conselhos sobre como poderiam consertar suas vidas. Ele gostava do processo de salvamento. Precisava se sentir necessário, que era o que parecia atraí-lo para os relacionamentos autodestrutivos, mas esses mesmos comportamentos de cuidado também exasperavam os outros membros do grupo.

Havia outro aluno, Melvin, cuja mãe era viciada em drogas. Ele se ajustou a esse trauma fingindo que tudo estava bem, apenas bem, nunca melhor. Toda semana, quando fazíamos acompanhamento um com o outro, Melvin insistia que estava tudo bem. Ele se ajustou ao seu trauma por ser a pessoa que estava sempre bem, nunca sofrendo, frequentemente superando as dificuldades, mesmo quando estas eram catástrofes que precisavam ser abordadas. Toda vez que compartilhava algo trágico com o grupo, ele sorria e nos dava um sinal de ok, como se dissesse: "Não se preocupem comigo, estou bem. Não há nada errado". Melvin achava que estava sendo autossuficiente, mas como os outros membros poderiam ajudá-lo se ele nem mesmo reconhecia sua necessidade de apoio?

E havia Lauren, uma aluna com uma baixa autoestima debilitante, que passou a participar do grupo porque estava sendo ignorada e abandonada por seus amigos. Eles viajavam sem ela, e a gota d'água que a levou ao grupo foi quando decidiram ficar todos juntos no ano seguinte e a deixaram de fora. Ela era o fantasma pairando sobre sua panelinha de amigos. Em nosso grupo de terapia, Lauren desempenhou um papel anônimo semelhante; na verdade, ela era tão reservada que era difícil fazê-la dizer qualquer coisa, e às vezes quase esquecíamos, assim como seus amigos, que ela fazia parte do nosso grupo.

À medida que esses alunos recriavam, dentro do grupo, os problemas que tinham no mundo exterior, eles revelavam como nossos problemas de saúde mental são alimentados por manias no modo como nos relacionamos com os outros.

- Marquee enfrentava a dor de rompimentos tumultuados porque procurava cumprir o papel de salvador nos relacionamentos, o que o atraiu para parceiras instáveis e pouco solidárias, e fez membros do grupo (e, certamente, outras pessoas em sua vida) sentirem-se subestimados e ressentidos com ele.
- Melvin, que aparentava estar sempre bem, na verdade, sofria de depressão, em parte porque ele mantinha os outros à distância e nunca pôde compartilhar seu lado vulnerável. O grupo não se sentia próximo a alguém que parecia um *emoji* sorridente, e este não se sentia próximo a ninguém também.
- E Lauren, que sofria com a falta de autoestima, minimizava-se tanto no grupo que era fácil esquecer que ela estava lá, fazendo seu valor próprio diminuir ainda mais.

Conforme as semanas se passavam, no espaço seguro de nosso grupo de terapia, eu vi cada um deles tentar novas formas de se relacionar com os outros. Fiquei tão orgulhosa quando vi Lauren, apesar de sua baixa autoestima, discordar de outra pessoa do grupo, desafiando outros membros a compartilhar mais sobre si e a se apropriar melhor do espaço. Alegrei-me internamente quando Melvin contou sobre um rompimento recente e pareceu visivelmente perturbado; outros membros do grupo comentaram que isso era diferente para ele, que estava revelando mais de si mesmo e se sentiam mais próximos a ele. E quando um membro do grupo compartilhou que estava brigando com seus pais por causa de dinheiro e Marquee foi capaz de perguntar sobre sua dor (em vez de oferecer sua ladainha de soluções fáceis), celebrei por dentro.

Lauren, Melvin e Marquee fizeram grandes avanços porque estavam em um espaço no qual se sentiam conectados aos outros, o que finalmente possibilitou que crescessem. O grupo era seguro não apenas porque era um lugar onde eles podiam compartilhar sua vergonha e ainda ser amados, mas também porque era onde as pessoas podiam dar *feedback* de forma gentil e honesta para ajudá-los a evoluir. E os fortes relacionamentos que desenvolveram com os outros membros ajudaram-lhes a valorizar e aceitar esses *feedbacks* não como humilhações, mas como atos de amor.

A CONEXÃO FUNDAMENTALMENTE MOLDA QUEM SOMOS

O grupo era um microcosmo que revelava como a conexão nos muda. Todos nós já ouvimos o ditado: "Ame-se antes que alguém possa amá-lo". Mas o que isso significa exatamente? E como esse amor-próprio acontece? As pessoas passam a se amar por meio de um processo mágico, escondendo-se em uma caverna com uma lanterna e um espelho enquanto observam seu reflexo mal-iluminado, repetindo a si mesmas: "Eu sou importante. Eu tenho valor. Eu sou amada", até que sua psique fique alucinada?

É um pouco mais complicado que isso.

O que o grupo revelou sobre o impacto da conexão é a base deste livro: a conexão afeta quem somos, e quem somos afeta a maneira como nos conectamos. Quando nos sentimos conectados, crescemos. Tornamo-nos mais abertos, empáticos, corajosos. Quando nos sentimos desconectados, enfraquecemos. Ficamos mais fechados, críticos ou distantes em atos de autoproteção. Nossas personalidades, junto à maneira como nos apresentamos como amigos, são moldadas pelo nosso passado: sentimo-nos amáveis porque alguém nos amou; somos irascíveis porque alguém não nos amou o suficiente. Esse é o tema que exploraremos na Parte I deste livro e que nos ajudará a descobrir de onde vêm alguns de nossos pontos fortes e fracos ao fazer amigos. Como Lauren, Melvin e Marquee, nossas feridas de desconexão podem estar causando problemas em nossa capacidade de nos conectar e podemos estar afastando as pessoas sem nem mesmo saber. Então, vamos explorar como a conexão – ou a falta dela – afeta quem somos, porque o primeiro passo para desenvolver amizades intensas e prósperas é entender o que pode estar atrapalhando. Como o escritor James Baldwin diz: "Nada pode ser mudado até que seja enfrentado".

A outra coisa que o grupo revelou foi que, quando nos sentimos aceitos e amados, isso nos ajuda a desenvolver certas qualidades que nos levam a continuar nos conectando melhor (os ricos ficam mais ricos, como dizem). Na terapia em grupo, meus clientes cultivaram essas qualidades. Quando Marquee experimentou uma conexão verdadeira e segura, ele se tornou mais empático com os outros; Melvin tornou-se mais expressivo sobre si e vulnerável; e Lauren começou a tomar mais iniciativa em seus relacionamentos. Quando os alunos foram capazes de enfrentar algumas das feridas que os levavam a temer os outros, a encolher-se para proteger-se, o que restou foi o amor por si e pelos outros, aquilo de que é feita a amizade.

Todos já ouvimos dizer que humanos são criaturas sociais. É verdade. Nossos neurônios-espelho são pedaços inteiros do nosso cérebro que nos levam a experimentar a vida dos outros como se fosse nossa. Os bebês choram quando ouvem outros bebês chorarem.[1] Somos amorosos e cuidadosos, e perdemos isso de vista quando nossas mágoas do passado imploram que nos protejamos em primeiro lugar. Para mim, isso significa que temos um talento natural para fazer amigos.

QUEM SOMOS AFETA COMO NOS CONECTAMOS

Na Parte II, veremos todas as práticas que podemos adotar para desenvolver relacionamentos melhores, porque as amizades que construímos não são aleatórias; elas refletem nosso *hardware* interno, nossa capacidade de desenvolver certas características que nutrem a amizade. Estas são um conjunto de mentalidades e comportamentos para os quais naturalmente gravitaríamos se não estivéssemos tão magoados por experiências passadas de desconexão, com tanto medo de rejeição, tanto medo ou desconfiança dos outros e, como consequência, tão fora de sintonia com nosso núcleo interior de amor. Elas incluem iniciativa, vulnerabilidade, autenticidade, raiva produtiva, generosidade e afeto. Esses traços protegem a amizade ao longo de seu ciclo de vida. A iniciativa desperta a amizade, enquanto a autenticidade, a raiva produtiva e a vulnerabilidade a sustentam, permitindo que nos mostremos como nós mesmos. A generosidade e o afeto aprofundam as amizades, confirmando aos amigos o quanto os amamos.

Essas práticas atingem o equilíbrio entre nos permitir expressar nossa verdade interior e criar espaço para acolher a verdade de nossos amigos.

Quando nos voltamos para essas características, tornamo-nos como David Brooks descreve as pessoas boas em seu artigo do *The New York Times*, "The Moral Bucket List": "Elas ouvem bem. Fazem você se sentir engraçado e valorizado. Muitas vezes, você as pega cuidando de outras pessoas e, ao fazê-lo, sua risada é musical e seus modos são infundidos com gratidão. Essas são as pessoas que queremos ser". Ele continua descrevendo essas boas pessoas como quem possui o que se chama de virtudes do elogio: "As virtudes do elogio são aquelas comentadas em seu funeral: se você foi gentil, corajoso, honesto ou leal. Você foi capaz de amar profundamente?". Esses traços nos possibilitam viver em harmonia com os outros e em celebração deles.

É assim que fazemos amigos na idade adulta. Crescemos, tornamo-nos mais corajosos, empáticos, gentis, honestos e expressivos. Assim como Marquee, Melvin e Lauren, lidamos com as maneiras pelas quais afastamos os outros ou mantemos relacionamentos doentios, causando dor a nós mesmos e aos demais. Este livro fala sobre nos tornarmos amigos melhores. Fala também sobre nos tornarmos seres humanos melhores.

AGIR EM PROL DA AMIZADE

Ao longo deste livro, conto histórias de pessoas que, assim como você, eu e todo mundo, estão tentando compreender o terreno escorregadio da conexão. Muitas delas preferiram permanecer anônimas, então alterei nomes e detalhes, e, às vezes, costurei histórias de pessoas diferentes para respeitar sua privacidade. Uso citações de muitos especialistas, que foram resumidas para maior clareza.

Alguns meses depois de começar a escrever este livro, eu estava em uma livraria tibetana em Nova York. Peguei um livro sobre budismo e o abri em uma página aleatória. Havia, segundo o autor, dois tipos de aprendizagem: a que vem por meio do estudo e aquela que vem pela *experiência*. Aqui, você aprenderá muito sobre amizade, mas saber por saber não pode mudar sua vida; este livro também fornecerá lições práticas sobre como melhorar suas amizades. Ele guiará você não apenas para entender a amizade de maneira diferente, mas também para fazer algo diferente em sua vida, a fim de experimentar e realizar a amizade.

Você pode tratar este livro como uma bússola que o ajudará a navegar pelas águas da amizade. Convido-o a não apenas absorver todas as informações, mas também a utilizá-las para se apresentar de modo diferente em suas amizades. Porque não importará se você aprender que o ato de tomar a iniciativa é essencial para desenvolver amizades se não tiver a disposição para enfrentar seu medo de rejeição para dizer "olá". Como poderá ser útil saber que se revelar é a força vital da amizade se você não canalizar esse conhecimento para acolher a vulnerabilidade? E se você sabe que demonstrar amor e carinho une as pessoas, mas está preso fazendo um trabalho sem fim, sua vida só mudará se você tiver a disposição para mudar também.

Optei por apresentar este livro de uma forma que entrelace conhecimento e experiência para destacar a importância de deixar a pesquisa se estabelecer em nossa mente. Nossa busca aqui não é apenas obter conhecimento sobre amizade, mas usá-lo para evoluir.

PARTE I
OLHANDO PARA TRÁS

Como nos tornamos os amigos que somos

CAPÍTULO 1

Como a amizade transforma nossas vidas

CONECTAR-SE COM OS OUTROS NOS TORNA QUEM SOMOS

"Alguns dos viúvos ficam em casa e assistem à televisão pelo resto de suas vidas. Eles podem estar vivos, mas não estão realmente vivendo", comenta Harriet, de 73 anos, referindo-se aos membros do grupo de luto que frequentou após a morte do marido. Harriet poderia facilmente ter tido esse mesmo destino se não fosse por uma coisa: a amizade.

Ela nem sempre valorizou a amizade. Na verdade, até ter se casado com Federico, aos 50 anos, isso não era uma prioridade. Ela era ambiciosa, trabalhando doze horas por dia e viajando o suficiente para conseguir alcançar sua meta de visitar todos os países do mundo. Para subir na carreira, mudou-se pelos Estados Unidos em busca de empregos, do Nordeste ao Centro-Oeste, ao Oeste e, por fim, ao Norte, descartando amizades pelo caminho.

Mas suas ambições nunca impediram sua busca por um marido. "Este foi o treinamento da minha cultura: viver para encontrar um marido", diz ela. Ela teve uma série de namorados ao longo da vida e, quando esses relacionamentos terminavam, ela procurava alguém novo. Harriet se lembrou de visitar sua colega de trabalho Denise e invejar como ela tinha tudo: um emprego incrível, um marido, gêmeos lindos. Solteira aos 40 anos, ela lutou para aceitar a realidade de que talvez nunca tivesse o marido e os filhos com os quais sonhava. Mas, sem as gigantescas obrigações domésticas que surgiam com a vida familiar, ela ocupava as horas com trabalho.

Harriet admite que a amizade não era tão satisfatória em sua juventude pela maneira como ela a abordava. Ela tinha vergonha de sua infância, pois cresceu em uma fazenda muito pobre. Durante os verões, trabalhava nas fazendas dos vizinhos para pagar a escola. À medida que evoluía em sua carreira e sua rede se revolvia cada vez mais em torno das elites ricas, ela nunca sentiu que pertencia àquele espaço. A amizade era um lugar para Harriet levar uma vida dupla, para realizar a cultura da riqueza a que nunca se sentiu totalmente acostumada: participando de vendas de imóveis, esbanjando dinheiro em jantares, discutindo sobre coisas mundanas, como a cor do gramado dos vizinhos. Ela nunca se deixou ficar muito confortável com amigos, para que eles não descobrissem de onde realmente vinha, quem ela realmente era.

Então, duas coisas aconteceram que reavivaram sua visão sobre a amizade. Primeiro, quando se casou com Federico, uma pessoa supersociável, ela concordou em receber amigos em casa para reuniões regulares. "As pessoas queriam estar à nossa volta porque éramos muito felizes", diz ela. Com ele, Harriet aprendeu que estar perto de outras pessoas poderia ser uma alegria em vez de um fardo.

Segundo, quando Federico morreu foi o momento em que ela realmente entendeu o valor dos amigos. Para curar sua dor, participou de terapia pela primeira vez, quando aprendeu a ser vulnerável. Ela transferiu a habilidade de vulnerabilidade para suas amizades. Quando o fez, vivenciou velhas amizades de novas maneiras, pois seus laços deixaram de ser lugares de fingimento. Enquanto algumas amizades se desmancharam com a honestidade de seu luto, outras se aprofundaram, e ela percebeu que ser vulnerável e pedir apoio poderia ser um portal para uma intimidade profunda.

Na terceira idade, Harriet valoriza seus amigos mais do que nunca. Uma amizade, ela percebeu, tem sido sua mais longa história de amor. Ela conheceu Shirleen na faculdade, quando estudava no exterior, em Marselha. Shirleen era a pessoa menos crítica que já conhecera, uma das únicas pessoas com quem Harriet podia se abrir. Embora tenham perdido contato depois da faculdade, catorze anos depois, Shirleen a localizou e ligou para ela. Shirleen morava em Londres, mas fez o esforço de visitar Harriet em Washington, D.C., cinco vezes ao longo de alguns anos. Por mais que Harriet amasse Federico, ele não era de falar sobre sentimentos, então, durante toda a sua vida, Shirleen foi sua única confidente verdadeira. "Para que nossa vida seja significativa, ansiamos por alguém que a testemunhe, que confirme sua importância. Shirleen foi minha testemunha", diz Harriet. Elas ainda conversam toda semana, apesar da diferença de cinco horas no fuso horário, e Shirleen mencionou a ideia de se mudar para D.C. para ficar mais perto de Harriet.

Agora, para Harriet, ter amigos é mais importante do que ter um marido. Ela tem um amigo com quem sai para caminhar e não tem certeza se o relacionamento continuará platônico ou se ele se tornará romântico, mas ela está tranquila de qualquer maneira: "Eu avalio o valor do relacionamento em termos de gostarmos da companhia um do outro, fazermos coisas juntos e compartilharmos coisas um com o outro. A resposta para todas a essas perguntas é: sim". Ela não tem pressa em determinar o destino do relacionamento porque "a amizade também é boa e não é um segundo recurso".

Aos 73 anos de idade, Harriet descreve a maneira como passou a valorizar a amizade como um sinal de que "finalmente cresci". Todas as noites, ela encontra um amigo ou uma amiga para tomar chá, jantar ou caminhar. Dessa forma, os amigos a ajudam a desacelerar e a estar presente para a vida. "Não sei vocês, mas, quando estou sozinha, eu como em pé", diz ela. "Quando estou com amigos, eu como prestando atenção." Na velhice, Harriet não pode viajar tanto quanto costumava, mas, em vez disso, ela vibra com a aventura de interagir com seus diferentes amigos.

Harriet não tem muitos arrependimentos em sua vida – certamente se casar com Federico não foi um deles, embora ele fosse dezenove anos mais velho que ela e ela tenha passado alguns anos cuidando dele depois que ele ficou com demência –, mas ela gostaria de ter reconhecido o poder da amizade mais cedo. Ainda assim, Harriet é grata por tê-la valorizado antes que fosse tarde demais: "Conforme você chega ao fim da vida, percebe que cada dia é um presente e quer aproveitá-lo de formas que sejam realmente importantes. E, para mim, isso significa passar o tempo com amigos".

A trajetória de Harriet revela o que sacrificamos quando diminuímos a importância dos amigos e o que ganhamos quando os valorizamos. Na época de Harriet, e ainda hoje, a amizade é vista como um relacionamento menor, um amortecedor para suavizar o purgatório entre deixar nossa família e encontrar uma nova. Mas a amizade não precisa ser tão de segunda categoria. Como Harriet aprendeu, pode ser poderosa, profunda e amorosa. E, assim como aconteceu com Harriet, a amizade pode nos salvar e nos transformar. Na verdade, provavelmente já fez isso.

POR QUE A AMIZADE IMPORTA

O impacto da amizade é tão profundo quanto subestimado. Os antigos gregos filosofavam que ela era a chave para a *eudaimonia*, ou florescimento. Aristóteles, por exemplo, argumentou em *Ética a Nicômaco* que, sem amizade, "Ninguém escolheria viver".[2] Sacerdotes na Idade Média desconfiavam da amizade, temendo que seu amor pudesse eclipsar nosso amor por Deus. Depois, no século XVII, ela encantou os sacerdotes, que a viam como um canal para demonstrar nosso amor por Deus.[3]

Hoje em dia, normalmente, vemos o amor platônico como algo incompleto – como o amor romântico sem a parte do sexo e da paixão. Mas essa interpretação foge do significado original do termo. Quando o estudioso italiano Marsilio Ficino cunhou o termo "amor platônico", no século XV, a palavra refletia a visão de Platão de um amor tão poderoso que transcendia o físico. O amor platônico não era o amor romântico em subtração; era uma forma mais pura de amor, pela alma de alguém, como escreve Ficino: "Pois não deseja este ou aquele corpo, mas deseja o esplendor da luz divina que brilha através dos corpos". O amor platônico era visto como superior ao romance.[4]

O poder da amizade não é apenas uma relíquia do pensamento antigo; é demonstrado pela ciência. Os psicólogos teorizam que nossos relacionamentos, como o oxigênio, a comida ou a água, são necessários para que funcionemos. Quando despojados deles, não podemos prosperar, o que explica por que a amizade influencia a saúde mental e física de forma poderosa. Os cientistas descobriram que, de 106 fatores que influenciam a depressão, ter alguém em quem confiar é o mais forte preventivo.[5] O impacto da solidão em nossa mortalidade é semelhante ao de fumar quinze cigarros por dia.[6] Um estudo descobriu que a diferença mais pronunciada entre pessoas felizes e infelizes não era quão atraentes ou religiosas elas eram ou quantas coisas boas aconteciam com elas, era seu nível de conexão social.[7]

A amizade remove as farpas das ameaças da vida. Um estudo descobriu que, quando os homens estavam sozinhos, eles classificavam um suposto terrorista como mais imponente do que quando estavam com amigos.[8] Outro descobriu que as pessoas julgavam uma colina menos íngreme quando estavam com amigos.[9] Lembro-me de uma vez em que estava discutindo com um chefe que se recusou a liberar meu último salário. O conflito me deu uma ansiedade constante, até que contei à minha amiga Harbani como estava me sentindo enquanto tomávamos *chai* em uma casa de chá. À medida que a história se desenrolava e eu bebia o *chai*, sentia-me melhor. Foi a primeira paz que tive em semanas.

A força curativa da amizade se estende além da nossa saúde mental para a saúde física. Em seu livro *Growing Young: How Friendship, Optimism, and Kindness Can Help You Live to 100* [Tornando-se mais jovem: como a amizade, o otimismo e a bondade podem ajudar você a viver até os 100], Marta Zaraska analisa os suspeitos de sempre que contribuem para nossa longevidade, como dieta e exercícios, mas conclui que a *conexão* contribui de maneira mais poderosa. Metanálises descobriram, por exemplo, que o exercício diminui nosso risco de morte em 23% a 30%, a dieta em até 24% e uma grande rede de amigos em 45%.[10-12] Quando compartilhei essa pesquisa com uma colega, ela disse: "Agora posso me sentir melhor por ser uma sedentária social". Todos podemos.

Embora possamos experimentar muitos desses benefícios por meio de outros relacionamentos próximos, como os que temos com familiares e cônjuges, as amizades têm vantagens exclusivas. Os amigos, de forma distinta dos pais, não esperam que vivenciemos suas esperanças e seus desejos para nós. Com os amigos, de forma distinta dos cônjuges, não estamos presos à insuperável expectativa de ser tudo para alguém, a peça que falta em seu quebra-cabeça. E, diferentemente de nossos filhos, não somos os únicos propagadores da sobrevivência de nossos amigos. Nossos ancestrais viviam em tribos, nas quais a responsabilidade de um pelo outro era difundida entre muitas pessoas. A amizade, portanto, é a redescoberta de uma verdade antiga que enterramos há muito tempo: é preciso uma comunidade inteira para nos fazer sentir completos.

A amizade, ao liberar a válvula de pressão do relacionamento, infunde-nos com alegria como nenhum outro relacionamento pode fazer. Sem a necessidade de planejar aposentadoria, satisfazer os desejos sexuais um do outro nem discutir sobre quem deveria limpar o banheiro, ficamos livres para fazer das amizades territórios de prazer. Um estudo, por exemplo, descobriu que sair com amigos estava ligado a uma maior felicidade do que sair com um parceiro romântico ou com os filhos.[13] Isso ocorria porque, quando estavam entre amigos, as pessoas se divertiram fazendo atividades como jogar boliche, ir a uma fazenda de abóboras ou a um parque para cachorros e surrupiar alguns filhotinhos; em comparação, com seus cônjuges ou filhos, elas faziam o que era mundano, como lavar a louça, pagar contas e lembrar uns aos outros de usar o fio dental.

É claro que os amigos também podem cair no que os memorialistas de amizade Ann Friedman e Aminatou Sow chamam de "intimamente mundano". A amizade pode ser um relacionamento de fazer compras no mercado, tarefas domésticas e aposentadorias compartilhadas. À medida que as pessoas separam sexo, romance e companheirismo na vida, percebem que os amigos podem ser caras-metades maravilhosas. Um artigo da *The Atlantic* intitulado "The Rise of the 3-Parent Family" [O surgimento da família de três pais] apresentou o perfil de David Jay, fundador da Asexual Visibility and Education Network [Rede de educação e visibilidade assexual], que discutiu passar a vida com um amigo com quem ele tinha uma "energia muito intensa". Aquilo não deu certo, mas ele acabou se estabelecendo em uma criação conjunta de filhos com outro casal. A amizade é flexível, dependendo de nossas necessidades. Nela, pode-se trazer um amigo com quem almoçar uma vez por mês ou uma alma gêmea.

Uma fonte importante de alegria na amizade é o fato de ela ser ilimitada: você pode ter muitos amigos, enquanto outros relacionamentos essenciais são finitos – um casal de cuidadores, um cônjuge (para os monogâmicos), filhos. O budismo identifica a *mudita*, ou alegria solidária, como indiretamente vivenciar a alegria dos outros. Na Bíblia, Paulo faz alusão à *mudita* quando escreve sobre todos os seguidores de Jesus: "Se uma parte é honrada, toda parte se regozija com ela". Nosso cônjuge, nossos filhos, nossos pais, todos eles nos proporcionarão *mudita*, mas, com muitos amigos para celebrar, a alegria se torna infinita.

Vivenciei o poder da amizade por invocar repetidamente a felicidade quando vendi este livro. Meu parceiro romântico na época ficou animado por mim, trazendo-me champanhe e uma torta de morango com os dizeres "CONTRATADA". Passamos uma noite linda em casa. Quando liguei para meus amigos com o anúncio, pude reviver essa alegria por várias vezes, enquanto eles me diziam quão empolgados estavam, como queriam sair comigo para comemorar e o quanto esperavam que eu fosse entrevistada pela Oprah, para que pudessem participar da gravação.

Escolhemos nossos amigos, o que nos permite nos cercar de pessoas que torcem por nós, que nos entendem e que se alegram com nossa felicidade. Não há promessa iminente, ritual formal ou semelhança genética para nos manter nas mãos abertas da amizade. Por meio dela, podemos nos colocar em alguns dos relacionamentos mais afirmativos, seguros e sagrados de nossas vidas, não por causa das pressões da sociedade para fazê-lo, mas porque assim escolhemos. Cleo, que trabalha para o governo, contou-me que, no funeral de sua mãe, ela se sentiu sozinha e desconfortável. Suas relações tensas com a família deixaram-na com medo de desabar, mas, quando sua amiga Stephanie apareceu, surpreendendo-a ao voar de Michigan, Cleo se permitiu chorar.

A eletividade da amizade, combinada com sua usual ausência de amor romântico, significa que nela somos livres para escolher relacionamentos que se baseiem na pura compatibilidade. O autor britânico C. S. Lewis disse certa vez: "Eros [paixão romântica] terá corpos nus; a amizade, personalidades nuas". Os sentimentos desgastantes do amor romântico às vezes podem nos levar a relacionamentos não correspondentes, pois usamos erroneamente esses sentimentos como um teste decisivo para a compatibilidade. Mas, como a psicóloga Harriet Lerner afirma: "Sentimentos intensos, não importa o quanto nos consumam, dificilmente são uma medida de proximidade verdadeira e duradoura... Intensidade e intimidade não são a mesma coisa". Ao escolher amigos, somos mais livres para priorizar os marcadores mais verdadeiros de intimidade, como valores compartilhados, confiança, admiração pelo caráter um do outro ou sentimentos de naturalidade entre um e outro. Nem sempre fazemos isso, é claro, o que explorarei adiante, em um capítulo sobre como lidar com a raiva e o conflito.

Amigos não apenas nos apoiam pessoalmente; eles nos beneficiam coletivamente. Quando nos afastamos para avaliar os méritos da amizade em um nível macro, vemos como esses relacionamentos melhoram a sociedade. Como as sociedades visam aumentar a justiça e diminuir o preconceito, a amizade fornece um meio. Pesquisas concluíram que ter um amigo em um grupo externo (ou seja, um grupo do qual você não faz parte) altera a resposta das pessoas a todo esse grupo externo e até aumenta o apoio delas a políticas que beneficiam esse grupo, sugerindo que a amizade pode ser necessária (mas provavelmente não suficiente) para desencadear uma mudança sistêmica.[14] Outro estudo descobriu que nossa hostilidade em relação a grupos externos diminui quando nosso amigo é amigo de alguém desse grupo, sinalizando que a amizade entre grupos pode ter efeito cascata em redes inteiras.[15] O preconceito prospera no abstrato, mas, uma vez que nos tornamos amigos, as outras pessoas se tornam seres complexos que machucam e amam como nós, e não importa quão diferentes pensemos que são, nós nos vemos nelas.

Uma metanálise de 2013 descobriu que as redes de amizade vêm encolhendo pelos últimos 35 anos, e o impacto dessa tendência na sociedade é preocupante.[16] Os amigos, segundo a pesquisa, aumentam nossa confiança nos outros, e essa rede é necessária para que a sociedade funcione.[17] Um estudo com participantes da Alemanha, da República Tcheca e de Camarões descobriu que, nas culturas dos três países, as pessoas que se sentiam desconectadas experimentavam algo chamado cinismo social, "uma visão negativa da natureza humana, uma visão tendenciosa contra alguns grupos de pessoas, uma desconfiança das instituições sociais e um desrespeito aos meios éticos para alcançar um fim".[18-19] Robert D. Putnam, autor de *Bowling Alone* [Jogando boliche sozinho], enfatizou como, quando compartilhamos uma relação social com alguém, desenvolvemos uma "confiança fraca" – confiamos em pessoas que não conhecemos bem –, mas, argumenta ele, "à medida que o tecido social de uma comunidade vai se desmanchando, seu poder de sustentar as normas de honestidade, reciprocidade generalizada e confiança fraca é enfraquecido". Para que os bancos funcionem, confiamos que os banqueiros não embolsarão nossa aposentadoria e o dinheiro das férias em Katmandu. Para que as mercearias funcionem, confiamos que as frutas não estejam envenenadas com arsênico. Para que as escolas funcionem, confiamos que o professor não forçará nossos filhos a passar o dia cortando cupons de desconto para fazer as compras (sem arsênico). E, no entanto, essa confiança estremece quando estamos desconectados.

A AMIZADE É O VIRA-LATA DOS RELACIONAMENTOS

A essa altura, pode parecer que estou dizendo que, para evitar que a sociedade desmorone, precisamos pedir o divórcio, repudiar nossas famílias, ligar as trompas e ir atrás de amigos. Não é isso. O que estou tentando transmitir é que, ao contrário de como nossa cultura trata a amizade, ela é tão significativa quanto qualquer outra das grandes formas de relacionamento. E, no entanto, se você valoriza profundamente a amizade, é provável que já tenha passado pela situação de ver seu amor platônico sendo relegado à segunda classe.

"O que está rolando entre vocês?", dizem as pessoas sobre amigos próximos, supondo que o amor platônico sozinho não pode explicar uma forte conexão. Se duas pessoas não estão envolvidas de forma romântica, então elas não são amigas – são *apenas* amigas. Se quiserem partir para o romance, dirão: "Vamos ser *mais* do que amigos". As pessoas que colocam a amizade no centro de seus relacionamentos são injustamente classificadas como solitárias, pouco atraentes ou insatisfeitas, solteirões com um monte de gatos ou solteiros que nunca amadureceram. Isso acontece quando, ao mesmo tempo, as pesquisas revelam que *a amizade é o que dá força e resistência ao amor romântico*, e não o contrário.[20]

Não presumimos apenas que a amizade seja um relacionamento de segunda classe; agimos para que assim seja. Em comparação com nossas famílias e parceiros românticos, investimos menos tempo, somos menos vulneráveis e compartilhamos menos adoração com nossos amigos. Vemos os relacionamentos românticos como apropriados para pegar um voo e ver um ao outro, enfrentar a tensão ou cuidar um do outro para recuperar a saúde. Vemos os relacionamentos familiares como apropriados para nos mudar pelo país ou permanecer comprometidos, apesar de o problemático tio Russ ficar bêbado e irritante a cada feriado.

Pessoas *queer* e assexuais, que desenvolveram termos como "queerplatônico" (amizades que vão além das normas sociais para relacionamentos platônicos) e "*zucchini*" (seu parceiro queerplatônico), mostram-nos que, embora normalmente nossos amigos não sejam tão próximos de nós quanto nosso cônjuge ou nosso irmão, eles *podem* ser. A única razão pela qual eles não são é porque o resto de nós compartimenta desnecessariamente a amizade em *happy hours* e encontros ocasionais de almoço. Os mesmos fatores fazem *todos* os relacionamentos serem bem-sucedidos: familiares, românticos e platônicos. Tiramos o tecido da intimidade profunda da amizade, sempre supondo que nossas amizades são mais superficiais que outros relacionamentos por causa do DNA inferior da amizade. Uma vez que nossa cultura a banaliza, não percebemos como agimos para retirar toda a intimidade de nossas amizades. E vemos isso como o caminho natural das coisas.

Nem sempre foi assim.

Quando Abe se mudou para Springfield, Illinois, ele estava tão quebrado quanto um espelho que foi jogado por uma escada em espiral. Com seus poucos últimos dólares, ele esperava comprar uma nova cama. Foi até a loja, jogou a mala no balcão e perguntou ao proprietário da loja, Josh, quanto custava uma cama. Quando Josh disse o preço a Abe, ele admitiu que não conseguiria pagar. Josh, percebendo o desespero de Abe, ofereceu uma alternativa. Ele vivia no andar de cima da loja, com uma cama que era grande o suficiente para duas pessoas. Abe gostaria de se mudar e dividir a cama? Emocionado, Abe levou suas malas e aceitou.

Abe e Josh eram o oposto um do outro em vários aspectos. Abe era alto o suficiente para fazer Josh, que tinha uma altura mediana, parecer um tampinha. Ele era um pouco curvado, com membros desajeitados e olhos verdes profundos. Josh parecia um belo poeta, seus olhos eram um redemoinho de azul, sua cabeça adornada com cachos. Abe não recebera educação formal e cresceu pobre. Josh cresceu rico e tinha ido para uma faculdade de prestígio, mas a abandonou. Os dois, porém, logo descobriram que eram mais parecidos do que pensavam.

Eles passavam todos os momentos juntos fora do trabalho, e, às vezes, Josh acompanhava Abe em suas viagens de negócios. Acordavam na cama, tomavam café amargo e um leve desjejum juntos; à noite, iam jantar na casa de um amigo próximo. Eles voltavam para passar um tempo na loja de Josh, onde outros caras se reuniam para ouvir Abe contar histórias e fazer piadas.

Mas a amizade tinha seus desafios. Abe costumava ficar triste, e não de um jeito qualquer; era o tipo de tristeza que torna difícil sair da cama e que é preciso manter objetos pontiagudos longe. Os remédios não ajudavam, só agravavam seu humor. Abe sofrera muitas tragédias; quando a mais aguda ocorreu, ele tinha 9 anos: sua amada mãe morreu repentinamente de intoxicação alimentar. "Tudo o que sou ou espero ser devo a ela", disse Abe uma vez. Seu pai era mal-humorado, e seus primos, erráticos; um chegou a ser internado em uma instituição especializada. Abe temia estar condenado ao mesmo destino.

Outro grande gatilho para a depressão de Abe foram seus relacionamentos fracassados. Durante sua amizade, Abe e Josh se envolveram em casos românticos que logo se desfaziam quando eles afastavam as mulheres que os amavam tanto. Certa vez, Abe ficou noivo de uma mulher chamada Mary, mas ele terminou com ela, pois o relacionamento fez surgir um medo de intimidade que provavelmente se originou com a morte de sua mãe. Ele se sentiu tão culpado que entrou em uma espiral de psicose: deprimido, sofrendo de alucinações, suicida e balbuciando incoerências. Josh era o único que Abe permitia ao seu lado. Josh conversava com ele todos os dias e o mantinha seguro escondendo suas navalhas.

Enquanto Abe estava se recuperando, Josh se mudou para o Kentucky para se reunir com a família dele. Lá, ele ficou noivo de uma mulher chamada Fanny. O casamento iminente atingiu Josh com a mesma angústia que havia atingido Abe. Os dois amigos escreveram cartas um para o outro, e Abe ensinou Josh a lidar com seus medos de intimidade.

Contudo, as cartas não eram apenas sobre a angústia de Josh; elas também expressavam a intimidade que tinham um com o outro. Abe escreveu, por exemplo, que sentiu a angústia de Josh de mancira tão penetrante como se fosse a sua, que seu desejo de ser amigo de Josh era eterno e nunca cessaria, e assinou as cartas com "seu para sempre". Abe pedia ansiosamente a Josh que respondesse às suas cartas logo após o recebimento.

Dormir na mesma cama, cuidar um do outro durante as aflições, escrever cartas de amor: o relacionamento de Abe e Josh era tão íntimo que muitos suspeitavam ser sexual, mas os dois viviam em uma época em que o tipo de amizade profunda que tinham era muito mais aceito do que é agora. O fatídico dia em que se conheceram na loja de Joshua Speed foi 15 de abril de 1837. Abe é um homem que conhecemos muito bem. Seu nome completo era Abraham Lincoln.

Em seu livro *Your Friend Forever, A. Lincoln: The Enduring Friendship of Abraham Lincoln and Joshua Speed* [Seu amigo para sempre, A. Lincoln: a amizade duradoura de Abraham Lincoln e Joshua Speed], o autor Charles Strozier escreve: "É preciso um salto de imaginação para entrar em um momento da história americana em que, por um lado, o sexo entre homens era considerado repugnante e, se revelado, era severamente punido e a base para o ostracismo social, enquanto, por outro, a intimidade, incluindo dormir juntos, e a proximidade, a reciprocidade e expressões de amor eram fortemente encorajadas e até consideradas desejáveis".

Uma vez, Lincoln dividiu um quarto de hotel com o juiz David Davis.[21] Quando seu amigo e conselheiro Leonard Swett entrou, ele encontrou os dois bufando depois de uma luta de travesseiros, Lincoln seminu, com apenas uma longa túnica amarela presa por um único botão no pescoço. Swett afirmou que estremeceu quando pensou "no que poderia acontecer se esse botão, por algum azar, se soltasse".

Na época de Lincoln, a homossexualidade era tão estritamente proibida que a intimidade entre amigos não gerava preocupações sobre sua presença. Isso liberava as pessoas para serem tão próximas dos amigos quanto desejassem, com o único limite sendo os genitais. Daniel Webster, congressista e ex-secretário de Estado, cumprimentava seu amigo James Hervey Bingham em cartas com "Amável garoto" e "Amado". Em uma dessas cartas, ele escreveu: "Você é o único amigo do meu coração, o parceiro das minhas alegrias, tristezas e afeições, o único participante dos meus pensamentos mais secretos". Se o casamento não desse certo para eles, Webster compartilhou sua esperança de que "vamos nos vestir como solteirões velhos, um terno de funeral e, tendo feito todos os atos rebeldes da juventude, com um chapéu redondo e uma bengala de nogueira; marcharemos até o fim da vida, assobiando alegremente como tordos".[22]

Não estou endossando um retorno a esta época, um período em que a intimidade sexual entre pessoas do mesmo sexo era mais profundamente estigmatizada. Joshua Speed escravizou pessoas, destacando ainda mais o óbvio: aquela não foi uma era de ouro para se relacionar com nossos semelhantes. Mas explorar esse tempo revela as profundezas do que a amizade poderia realmente ser.

Quando diminuímos a amizade, sufocamos o potencial de um relacionamento que pode se tornar tão profundo quanto o de Josh e Abe. Na verdade, não importa a nossa idade, provavelmente já passamos por um momento em que um amigo era a pessoa com quem nos sentíamos mais próximos no mundo. Mas, à medida que envelhecemos, adotamos uma amnésia coletiva que desconsidera as maneiras como nossos amigos nos impactaram. Fingimos que crescer significa abandonar a amizade, como trocar a pele morta, para nos concentrar nos relacionamentos que importam, desprezando as pesquisas que confirmam as conclusões de Harriet, as quais revelam que, à medida que envelhecemos, os amigos importam ainda *mais* para nossa saúde e nosso bem-estar.[23] De fato, nossas amizades provavelmente já nos transformaram, moldando-nos em quem somos e prevendo quem nos tornaremos.

A AMIZADE NOS COMPLETA

Em uma viagem de Uber de volta para o apartamento que dividiam, Selina e seu melhor amigo Jesse trocavam mensagens de texto sobre o anime *Higurashi no Naku Koro ni* [Quando eles choram] e o que ele mostrava sobre sua amizade. "Eu sempre lutarei ao seu lado", Jesse escreveu, referindo-se a um tema da série. Era a afirmação que Selina precisava ouvir para confessar algo que ela havia escondido de todos. "Posso te contar um segredo? Não posso contar a mais ninguém", Selina escreveu na mensagem a Jesse. Quando Selina chegou em casa para encontrar Jesse, sua respiração ficou ofegante e ela desviou os olhos. Se já não tivesse mandado uma mensagem para Jesse dizendo que estava pronta para confessar, provavelmente teria desistido. Ela imaginou a resposta de Jesse ao que estava prestes a compartilhar. "Isso não faz sentido. Por que você mentiria assim?"

O segredo de Selina? Ela não tinha doença celíaca, apesar de dizer às pessoas por uma década que tinha. Embora parecesse trivial, para Selina, essa mentira estava envolvida em vergonha. Antes de ela nascer, o primeiro filho de seu pai, fruto do casamento anterior, nasceu morto. Ao longo da vida de Selina, o pai temia que ela fosse morrer, assim como seu primeiro filho. Então, buscou incessantemente algo de errado com a filha. Dessa forma, ele poderia encontrar a cura e sentir como se tivesse retomado o controle da mortalidade dela. Selina era levada às pressas para consultas toda semana, e, quando um médico dizia que não havia nada errado, ela era arrastada para outro.

Por fim, seu pai chegou à probabilidade de que Selina tivesse doença celíaca. Ela, exausta depois de tantos médicos, exames e até mesmo pequenas cirurgias das quais seu pai a convenceu, rendeu-se. "Sim. Deve ser isso, pai. Eu tenho doença celíaca", disse ela, sabendo que estava mentindo.

E, então, começou uma década de mentiras: a seus amigos, seus familiares e a qualquer pessoa que a conhecesse. Embora as mentiras a tenham salvado de ser pega pela histeria do pai, ela sacrificou sua autoestima no processo: "Eu me sentia confusa e culpada, e estava questionando meu caráter. Lembro-me da minha prima Katie, que tinha doença celíaca e sofria convulsões se comesse glúten. Pensando nela, eu me sentia terrível fingindo isso. Era como se fingisse ter câncer".

Harry Stack Sullivan, um proeminente psiquiatra, tem uma palavra para o que Selina sentia na vergonha por sua mentira: "desumano".[24] Nossa vergonha, ele argumenta, é excruciante porque nos separa da humanidade. Quando somos demitidos, não nos sentimos mal porque estragamos tudo, mas porque, ao errar, alienamo-nos de todos que não erraram. Quando nos divorciamos, nossa dor é agravada porque o rompimento nos afasta daqueles que vivem "vidas normais" em casamentos felizes (mesmo que o divórcio seja normal). Quando sentimos vergonha de nossos corpos, é porque sentimos que nossa pele está flácida, caída ou balançando além da comparação (também normal). Nossa vergonha, de acordo com Sullivan, vem menos da agonia inerente de nossas experiências e mais da agonia dessas experiências que nos separam da humanidade.[25]

Como sentir-se humano novamente? Por meio da amizade, de acordo com Sullivan. Quando confidenciamos nossa vergonha e os amigos nos aceitam ou até se identificam conosco, aprendemos que nossas decepções não nos tornam desumanos, mas, sim, profundamente humanos. Nossos amigos nos permitem aceitar nossos defeitos e permitem a eles ser um pedaço de quem somos, em vez de uma condenação.

A experiência de Selina ilustra os pontos de Sullivan. Antes de revelar a verdade a Jesse, ela era confrontada com sua mentira todos os dias. Os amigos cozinhavam sem glúten ou escolhiam restaurantes sem glúten por sua causa. De vez em quando, Selina escondia um *bagel* ou *muffin*. Todas as mentiras a fizeram se sentir desumana: "Quando eu comia glúten, literalmente tinha essa imagem de ser um ogro na ponte rastejando das sombras e pegando algo do lixo".

Mas, quando ela compartilhou seu segredo, Jesse não questionou seu caráter como ela temia; pelo contrário, simpatizou e até celebrou Selina:

"Fui recebida com graciosidade e apoio imediatos. Sem problema nenhum. Jesse disse: 'Estou empolgado em poder comer essas comidas com você. Vamos reivindicar isso, ter uma ótima experiência. Vamos tomar um *brunch*, beber mimosas e comer uma tonelada de glúten'". Uma semana depois, Jesse e Selina foram tomar *brunch* e comeram *waffles* e rabanadas, ou, como diz Selina: "glúten com glúten extra". Naquela noite, compraram sorvete de massa de *cookie* (lotado de glúten) com pedaços de *brownie* e comeram juntos. Enquanto Selina chorava, Jesse disse: "Chore, Selina. Solte tudo. Estou tão feliz por você ter me contado isso".

A aceitação de Jesse deu a Selina a confiança para revelar seu segredo a todos em sua vida. "Eu não acho que vão julgar você. Eles podem só pensar que será divertido comer *donuts* conosco", disse Jesse, de forma tranquilizadora. Inicialmente, Selina contou a seu irmão, depois a outros amigos, enquanto Jesse a defendia. "Isso é empolgante e vamos todos sair para almoçar." Jesse entrava na conversa depois da revelação de Selina, mudando o tom para afastar qualquer pergunta mais investigativa. Por fim, Selina contou até mesmo a seu pai, quem ela mais temia.

Como evitamos o que nos faz sentir vergonha, perdemos as oportunidades de explorar essas partes de nossa identidade. Para Selina, revelar sua vergonha permitiu a ela entender a parte de si que foi suprimida. Ela diz: "Passei por uma transformação em relação à comida que eu consumia", percebendo que adorava cozinhar: cevada, farro e todos os tipos de glúten. Antes de compartilhar seu segredo, os atos de restringir e esconder alimentos para manter sua mentira sobre ter doença celíaca desencadeavam compulsão alimentar em Selina, pois, "mesmo que não sejam a mesma coisa, a situação e a motivação me colocavam em um espaço mental semelhante ao de quando eu tinha bulimia, onde eu estava tipo 'eu sou esse monstro que acumula comida'". Após sua revelação, seus sintomas de bulimia diminuíram.

Quando temos vergonha, sentimo-nos fragmentados, como Selina. A vergonha nos leva a ignorar, enterrar ou afastar um pedaço de nós mesmos. Mas, em nossa obsessão por esconder essa falha, ela nos absorve, e, ironicamente, à medida que tentamos nos desapegar dela, ela nos engole. Um dos meus vizinhos, que é gay, revelou que começou a se sentir como ele mesmo apenas quando se assumiu, porque esconder sua sexualidade esgotava toda a sua energia, consumindo sua personalidade. O que tentamos suprimir nos define (falarei mais a respeito disso no capítulo sobre vulnerabilidade) ou, nas palavras de um dos meus orientadores de Psicologia: "Qualquer coisa indescritível para você está lhe afetando". Por isso não curamos a vergonha ao escondê-la. Quando a compartilhamos e nossos amigos nos amam e nos aceitam, somos libertados do trabalho de ocultar nossa vergonha. Qualquer que seja a suposta falha que a desencadeou, ela se torna parte de quem somos, não nossa totalidade. É assim que a empatia que recebemos dos amigos nos torna inteiros.

Selina realmente se sentiu inteira de novo depois que compartilhou sua vergonha com Jesse. "Olho para cima e não há o ogro nem lixo", disse ela. "Foi como olhar para minhas mãos feias e deformadas e perceber que são mãos normais, como as de todas as outras pessoas. Eu sou normal. Olhei no espelho depois daquela noite e pensei: 'Por que me sinto tão bonita?'. Porque se alguém como Jesse amava alguém como eu, então sou alguém que vale a pena ser amada. Eu era humana novamente e merecia amor."

A AMIZADE NOS TORNA EMPÁTICOS

É claro que qualquer um pode nos oferecer essa empatia – nossa família, nosso cônjuge, nosso chefe, nossos seguidores no Instagram, um instrutor de zumba, um artesão de velas, um relutante motorista de Uber. Mas os amigos estão presentes quando mais precisamos dessa empatia. Pesquisas descobriram que a vergonha é maior quando somos adolescentes, diminuindo constantemente ao longo da vida e, depois, aumentando de novo para taxas igualmente altas apenas na velhice.[26] Pesquisas revelaram que, neste momento difícil, não recorremos à família ou ao namorado que inventamos quando éramos mais jovens para parecermos interessantes; recorremos aos amigos.[27] Eles têm um impacto tão duradouro em nossas identidades porque estão presentes durante esse período crítico e tumultuado em que descobrimos quem somos.

Os amigos são bons candidatos para nos oferecer empatia porque ela é provocada pela amizade. Na verdade, a amizade, segundo Sullivan, é *como* nos tornamos empáticos. Em sua teoria de camaradagem, ele argumenta que, por volta de 8 a 10 anos de idade, a amizade altera radicalmente a maneira como nos relacionamos com os outros. É o primeiro relacionamento em que valorizamos o bem-estar do outro tanto quanto o nosso. Na infância, quando se trata dos pais, nós recebemos; quando se trata de professores, nós obedecemos; mas, quando se trata de amigos, sentimos por e com eles.

Sullivan explica que uma criança "começa a desenvolver uma sensibilidade real para o que importa para outra pessoa. E isso não é no sentido de 'O que devo fazer para conseguir o que quero?', mas, sim, no sentido de 'O que devo fazer a fim de contribuir para a felicidade ou para apoiar o prestígio e o sentimento de valor do meu amigo?'... É uma questão de *nós*". Quando compartilhei essa teoria com minha amiga, ela assentiu e disse: "Eu poderia facilmente confundir meus filhos com pequenos tiranos se nunca os visse com seus amigos."

Isso tudo não é só teoria. Dezenas de estudos destacam o papel exclusivo da amizade em promover a empatia. Para os adolescentes, a amizade é um espaço distinto para praticar a empatia, pois pesquisas constatam que, durante a adolescência, a bondade para com os amigos aumenta, enquanto para com a família estagna ou diminui.[28] A amizade não é apenas um espaço para praticar a empatia; é um espaço para desenvolvê-la. Uma metanálise descobriu que ter amizades de alta qualidade está correlacionado com maior empatia.[29] Em outro estudo sobre crianças com dificuldades de linguagem, as que têm melhores amigos desenvolveram mais empatia, e aquelas com mais empatia desenvolveram melhores amizades.[30] Há também pesquisas que examinam o desenvolvimento da empatia e da amizade no cérebro. Foi revelado que ver os amigos sendo excluídos ativa a mesma parte do cérebro que é ativada quando nós mesmos somos excluídos.[31] E isso não acontece com estranhos. A empatia, portanto, é parte da amizade. E esta não apenas nos torna empáticos com nossos amigos, mas nos torna empáticos de maneira geral.

A empatia é uma das maiores conquistas da amizade; é suficiente para torná-la vital. Mas o impacto positivo da amizade vai além de nutrir empatia para melhorar nosso caráter de forma mais geral. Um estudo, por exemplo, testou se o fato de ter amigos durante os anos de formação afeta quem nos tornamos como adultos.[32] Ele comparou alunos do quinto ano que tinham amizade com alunos da mesma série que não tinham, examinando vários resultados na idade adulta. Os alunos com amigos eram menos deprimidos, com mais valores morais e com maior autoestima quando adultos.

Se nos perguntassem "Como você se tornou empático? Com mais valores morais? Desenvolveu uma autoestima mais alta?", a maioria de nós não diria que foi por causa de nossos amigos, mas responderia que foram a educação, a autorreflexão, a terapia ou os genes. Nem sempre temos consciência da maneira que a amizade nos transforma, mas é assim que acontece. E ela não apenas nos torna melhores versões de nós mesmos; ajuda-nos a descobrir quem somos.

OS AMIGOS NOS AJUDAM A DESCOBRIR QUEM SOMOS

Era verão de 2016, um dia abafado no distrito francês de Hanói, no Vietnã, quando Callee abriu as janelas de seu apartamento e gritou: "CALA A BOCA!" para a algazarra abaixo. Ela sabia que era inútil. Sua voz seria abafada pela agitação, mas tinha que tentar. Afundou de volta na cama e começou a chorar. Callee é americana, e sua mudança para o Vietnã deveria ser sua grande fuga, uma grande aventura. Mas, vários meses depois, ela se sentia mais exasperada do que recarregada. Claro, gostava de ensinar inglês, mas a vida fora de seu minúsculo apartamento era avassaladora, e ela estava sozinha.

"Você deveria sair comigo e meus amigos", sua colega de trabalho Gilda disse a ela quando notou que Callee parecia triste. Gilda apresentou Callee a seus amigos, um grupo bem-intencionado, mas desanimado, em um bar local. Eles não falaram muito com Callee quando ela entrou correndo no restaurante nem pelo resto da noite. Embora tenha gostado do convite de Gilda, saiu sentindo um tipo diferente de solidão, aquele que você sente quando está perto de pessoas, mas desconfortável sendo você mesma. Callee tem cabelos cacheados e vibrantes, e ela normalmente é muito animada, ri com facilidade e cumprimenta as pessoas com "olás" que ecoam pela sala. Mas, perto de Gilda e seus amigos calados, ela se sentiu pressionada a maneirar sua personalidade.

Callee não viu aqueles amigos novamente, mas continuou a passar tempo com Gilda. Logo depois, elas entraram em uma aula de *kung fu* com outros expatriados, e Gilda deu a ela um resumo dos outros alunos que incluía um conselho: "A garota, Lee, é uma australiana barulhenta e desagradável. Eu ficaria longe dela". O comentário confirmou algo que Callee suspeitava sobre sua amizade com Gilda: só poderia sobreviver se ela se diminuísse. Ela disse: "Porque se a Gilda *realmente* me conhecesse, é provável que estaria dizendo a outra pessoa 'O nome dela é Callee. Ela é uma americana barulhenta e desagradável. Fique longe dela'". Ironicamente, o comentário de Gilda colocou Lee no radar de Callee como alguém para conhecer.

Felizmente, Lee não era tímida e se apresentou a Callee. As duas se deram bem rapidamente, rindo no fundo da sala e se metendo em encrenca. Lee convidou Callee para almoçar depois da aula e a amizade foi firmada. A garota parecia boa e gentil. Elas também se sentiram confortáveis uma com a outra desde o início, algo que Callee não sentia com Gilda. Ela adorava Lee por sua positividade, o jeito que seu sorriso parecia uma lua crescente e suas bochechas faziam covinhas quando ela ria. Perto de Lee, Callee exalava seu eu vibrante e cheio de riso. Aquela garota recatada que estava com Gilda no bar não era Callee.

Lee era tão cheia de alegria quanto de coragem. Ela andava em uma *scooter* pelo Vietnã. Quando não sabia como chegar a algum lugar, pulava na moto e ia parando as pessoas na rua para perguntar sobre o caminho. Ela se aproximava de estranhos, dizia "olá" e os chamava para almoçar, como testemunhado por Callee. Lee era corajosa, e Callee não.

Durante um fim de semana, Callee visitou Lee em uma casa para a qual ela tinha acabado de se mudar. O namorado de Lee, um jogador de futebol brasileiro, estava lá: gentil, bonito e atencioso. A casa bem-arrumada ficava próximo à praia, pé na areia. Callee suspirou e pensou em sua vida. Ela estava cansada de viver na cidade, cansada dos motores barulhentos das *scooters*, dos gritos e dos bêbados cambaleantes do lado de fora do apartamento. E, de algum modo, essa frustração começou a dar as caras em suas interações com Lee.

Naquele fim de semana, quando Lee parou um estranho na rua para pedir direções, Callee explodiu: "Como é que você não sabe para onde ir? Você vive aqui!". Quando Lee fez uma curva errada, Callee a repreendeu: "Você está indo na direção errada". Quando Lee se atrapalhou com seu conhecimento sobre a língua vietnamita enquanto pedia comida, Callee interveio: "Não é assim que se diz!", e, quando Lee gesticulava loucamente enquanto contava uma história, Callee a imitava, zombando. Por fim, Lee, murcha, disse: "C! Por que você está sendo tão má comigo?".

Por que ela estava sendo tão má? Callee teve de encarar os fatos. "Eu tinha inveja porque ela estava tão avançada na vida. Ela é destemida, vai a qualquer lugar para o qual o vento a leve e não tem medo de mudar. Eu realmente me inspirava nela, mas não estava ciente disso, então começou a parecer opressivo ficar perto dela, porque Lee tinha sua vida em ordem", Callee admitiu. Ali estava alguém por quem ela tinha curiosidade, até mesmo inveja, e ela expressou isso com golpes. Lee era uma ameaça porque fazia Callee se lembrar de como sua vida era vazia.

Após essa revelação, Callee começou a abraçar sua inveja, como um sinal de como ela queria mudar sua vida. "Eu precisava me lembrar de que a jornada dela era diferente da minha", disse, "e o motivo pelo qual éramos amigas era que podíamos motivar uma à outra e nos ajudarmos mutuamente a crescer". E, então, Callee deixou que Lee a motivasse. Ela andou em uma *scooter* pela cidade. Convidou estranhos para comer *pho*. Um dia, enquanto Lee e Callee estavam na academia, Lee sugeriu que elas fizessem uma coreografia de dança juntas. Elas fizeram, e Callee nunca parou de dançar. Ela começou a fazer coreografias sozinha em seu quarto e acabou se tornando instrutora de zumba. Callee se tornou todas as coisas que Lee mostrou a ela que poderia ser.

Há um famoso estudo de psicologia chamado de "experimento do joão-bobo".[33] Ele envolvia crianças vendo um adulto bater em um enorme boneco joão-bobo inflável ou ignorá-lo e brincar com brinquedos. As crianças expostas ao joão-bobo, depois de verem o adulto espancá-lo, golpearam sua cabeça grande e velha e lhe deram socos em seu rosto idiota e sorridente. As que viram os adultos ignorarem o boneco e escolherem outros brinquedos deixaram-no em paz. O estudo foi revolucionário, porque ilustrou que a aprendizagem não acontece apenas quando um professor leciona em uma sala de aula. Absorvemos o que experimentamos. Nossa sala de aula é o que testemunhamos em primeira mão. Lee foi o experimento do joão-bobo de Callee. Por mais que Gilda tenha dito a Callee para aproveitar e curtir no Vietnã, o que a convenceu a fazer isso foi ver Lee fazer isso. A amizade delas demonstra como nossos amigos nos mudam. Eles promovem o caleidoscópio de maneiras pelas quais podemos viver. Expõem-nos a novas formas de ser no mundo, mostrando que outra vida é possível. Como diz Anaïs Nin, a escritora cubana-francesa: "Cada amigo representa um mundo em nós, um mundo possivelmente não nascido até que eles cheguem, e é somente por esse encontro que um mundo novo nasce".

No jargão da psicologia, a amizade de Callee e Lee ilustra os princípios da teoria da autoexpansão.[34] Ela enfatiza que nossa identidade precisa se expandir constantemente para que nos sintamos realizados, e os relacionamentos são nosso principal meio de expansão. Isso acontece porque, quando nos aproximamos de alguém, nós o incluímos em nosso senso de nós mesmos, um fenômeno apropriadamente chamado de "inclusão dos outros no eu". Quando nossos amigos sobem o Kilimanjaro, é quase como se tivéssemos feito o mesmo, e, então, nós nos sentimos mais prontos para fazer a escalada. Quando nossa amiga desiste de seu trabalho de contabilidade para pintar aquarela, ficamos curiosos em deixar o nosso ofício para fazer joias. Quando alguns amigos desenvolvem uma obsessão por *frozen yogurt*, pegamo-nos olhando pela janela do Pinkberry. A inclusão dos outros no eu é, na verdade, parte do motivo pelo qual somos empáticos com os amigos; é como ser empático consigo mesmo.

Arthur Aron, um renomado professor na Universidade Stony Brook, desenvolveu um conceito de inclusão dos outros no eu. Aron me contou sobre testes interessantes que ele fez, que sugerem que incluímos os outros em nós mesmos. Ele descobriu que as pessoas que recebiam dinheiro provavelmente o dividiam de maneira justa entre elas e um melhor amigo, mas eram mais egoístas ao compartilhá-lo com um estranho.[35] Em outro de seus estudos, pediu-se às pessoas que atribuíssem características a si mesmas ou a outra pessoa e, em seguida, recordassem quais características atribuíam a quem. Elas mostraram maior propensão a confundir os traços que atribuíam a si mesmas com outra pessoa próxima (amigo ou parceiro romântico) do que a uma personalidade da mídia.[36] Outro estudo descobriu que as pessoas demoravam mais para reconhecer seu rosto como seu quando apresentadas ao lado do rosto de um amigo, em comparação ao de uma celebridade.[37] Ao tentar avaliar as diferenças entre nós e outras pessoas próximas, ficamos confusos porque elas parecem parte de nós.

Embora a inclusão dos outros no eu possa nos fazer sentir animados, íntimos e evoluídos, também tem desvantagens. Aron me disse que uma pequena fatia de pessoas relata que se confundiu com outras e perdeu sua identidade. Isso também abre uma lacuna para assumirmos os traços desagradáveis de outra pessoa – sua gargalhada, seu amor por mortadela ou sua rotina matinal de beber uísque.

A inclusão dos outros no eu explica por que somos mais suscetíveis à pressão dos amigos. Os pais se preocupam quando seus filhos se envolvem com a turma errada e, com base na pesquisa de Aron, eles deveriam. Mas Aron acredita que os pontos positivos superam os negativos. "Escolhemos as pessoas para relacionamentos porque queremos ser como elas, afinal de contas", ele disse. "É uma forma de enriquecermos quem somos."

Aron sustenta que a amizade é um gatilho poderoso para a autoexpansão. Um pesquisador obstinado, ele se aproximou tanto de seus colaboradores de pesquisa que às vezes esquece quem é especialista em quê. Eu acrescentaria que a amizade tem vantagens únicas para a autoexpansão. Mesmo nos meus melhores relacionamentos românticos, quando não vejo amigos o suficiente, sinto minha personalidade remexer por dentro. Uma pessoa, não importa quão bacana seja, pode trazer à tona apenas um lado de mim. Sair com amigos diferentes expande minha personalidade como um pavão exibindo sua cauda.

A amizade de Lincoln e Speed revela as consequências de incluir outras pessoas no eu. Não é apenas que compartilhamos alegria e tristeza. Também nos tornamos mais semelhantes, menos distinguíveis. Como Aron explica: "Se sou próximo a você, quem eu sou é, profunda e centralmente, diferente por causa de você; e essa diferença é que quem eu sou, profunda e centralmente, é você."[38] Aron chega ao ponto de argumentar que o eu é simplesmente um reflexo do que aprendemos de nossos relacionamentos ao longo de nossas vidas.[39]

A maioria de nós anseia pelo dia em que nossa identidade endurecerá, como um gesso protegendo contra os danos da vida. Quando somos mais jovens, ansiamos pelo momento em que estaremos totalmente formados e com a vida definida. Talvez seja quando encontrarmos o amor, ou tivermos filhos, ou escrevermos aquele livro, ou nos aposentarmos. E, então, ficamos mais velhos e percebemos que esse momento nunca acontece. Você nunca termina de descobrir, mas espero que esteja mais bem-equipado para tolerar o não saber. Essa incerteza também é uma oferta – uma oportunidade não apenas de expandir, evoluir e crescer, mas também de aprofundar nossas amizades, deixando que os outros sejam agentes de nossa transformação.

A AMIZADE NOS TORNA MAIS AMIGÁVEIS

A amizade afeta quem somos – nosso comportamento, nossas características e nossa identidade. Para ter mais evidência de sua importância, vamos explorar seus efeitos em nossa biologia.

Imagine que você se apresentou para um experimento científico e o responsável pediu-lhe que inale um spray nasal.[40] Depois de esperar a substância fazer efeito, o pesquisador disse que lhe daria dez dólares e que você teria de dividir a quantia com um estranho. Fica a seu critério quanto dividir. Você é generoso?

Ou imagine outro cenário. Desta vez, depois de aplicar o spray, o pesquisador deu o dinheiro e disse que você poderia dar toda a quantia ou uma parte a um fiduciário. O pesquisador cobrirá qualquer quantia que você der, para que o fiduciário possa pagar-lhe de volta e mais um pouco, e, ainda, manter uma quantia considerável para si mesmo. Mas ele também pode ficar com o dinheiro e deixar você com nada. Você confia nele?

Sua resposta aqui, de acordo com dois estudos, dependerá do que aquele spray nasal continha. Algumas pessoas receberam um placebo de solução salina, enquanto outras receberam um hormônio mágico que nos torna mais generosos e amigáveis de modo geral. Chama-se oxitocina. As pessoas que a receberam foram mais confiantes. De acordo com outros estudos, o hormônio ativa a empatia e a atenção para com os outros.[41-42]

No entanto, a oxitocina não apenas gera conexão. A conexão nos traz oxitocina. Quando nos sentimos conectados, nossa oxitocina aumenta. Um estudo descobriu que chimpanzés machos saindo com amigos experimentam um aumento nesse hormônio.[43] Outro estudo revelou que macacas que tinham melhores amizades liberavam uma quantidade maior de oxitocina mais tarde na vida. O mesmo aconteceu com os machos, em relação a um hormônio social diferente, a vasopressina.[44] Crianças com mães que tinham níveis mais altos de oxitocina exibiram níveis mais altos também, além de melhores amizades.[45]

Ao longo deste capítulo, tentei convencer você de que a amizade nos transforma, e a oxitocina nos mostra como. Enquanto as evidências ainda estão aumentando, estudos sugerem que ter amizades de qualidade em nosso passado aciona nossa oxitocina e nos torna mais empáticos, morais e atenciosos, e, ao fazê-lo, posiciona-nos como melhores amigos.

Nossas amizades passadas, sugerem as evidências, preparam-nos para a conexão durante toda a nossa vida. De acordo com Sullivan, o psiquiatra que criou a teoria dos camaradas, "seguir a vida com membros do mesmo sexo requer relações com um amigo na pré-adolescência". Amizade gera amizade. Mas, para aqueles que ainda não vivenciaram o ciclo virtuoso da amizade, não se preocupem; as informações aprendidas em *Como fazer e manter amigos para sempre* farão vocês se envolverem também.

Mas a oxitocina, como um estudante universitário com débitos estudantis, assume vários trabalhos. Ela não é apenas a chave para a conexão; é também a chave para a saúde – tanto que os cientistas a consideram o "elixir da juventude".[46] Embora grande parte da pesquisa sobre os efeitos benéficos da oxitocina tenha sido realizada em animais, os resultados são promissores. Estudos revelaram que ela acalma as respostas ao estresse e reduz a inflamação.[47] Em experimentos com ratos, descobriu-se que ela diminui os níveis de cortisol e a pressão arterial.[48] Em nossa busca para descobrir por que ter amigos nos torna melhores conectores e por que a amizade beneficia nossa saúde mental e física, encontramos a mesma origem: a oxitocina. Nas palavras de Esther Perel, uma famosa terapeuta de casais, "a qualidade de nossos relacionamentos determina a qualidade de nossas vidas". A oxitocina é o denominador comum.*

A AMIZADE FAZ NOSSA ALMA CRESCER

"A amizade é desnecessária como a filosofia, como a arte, como o próprio universo", C. S. Lewis escreveu com ironia, insinuando totalmente o oposto. Em determinado momento de nossas vidas, a amizade estava no centro de todos os nossos universos, como foi para Selina. E, naquele momento – se foi saudável –, ela elevou nosso caráter, tornando-nos mais morais, empáticos e inteiros. A história de Callee demonstra que, por meio da autoexpansão, a amizade nos ajuda a descobrir quem somos. Não nos

---

* Mesmo quando se trata dela, não é ideal ter uma coisa boa em excesso. Ao nos conectar às pessoas, a oxitocina traz alguns riscos. Há evidências, pelo menos nas mulheres, de que ela aumenta a ansiedade de perder pessoas (enquanto, nos homens, está ligada a uma menor ansiedade). Outra pesquisa descobriu que, embora nos faça aproximar dos outros se estivermos sendo aceitos, em ratos, isso pode levar a evitar os outros após uma rejeição.

conhecemos completamente até que nos experimentemos em outra pessoa e reconheçamos essa força dentro de nós. Ou, como diz o ditado zulu, "uma pessoa é uma pessoa por meio de outras pessoas".

As amizades são pequenas intervenções de amor, empatia e oxitocina que acalmam nosso corpo, que nos mantêm saudáveis e nos preparam para a conexão. Nas palavras de Lydia Denworth, autora de *Friendship: The Evolution, Biology, and Extraordinary Power of Life's Fundamental Bond* [Amizade: a evolução, biologia e o poder extraordinário da conexão fundamental da vida]: "As pessoas pensam o tempo todo em competição e sobrevivência dos mais fortes, mas, na realidade, é a sobrevivência dos mais amigáveis. A amizade é a chave para viver uma vida longa e feliz".

Ela é o meio pelo qual encontramos nosso eu mais verdadeiro, bondoso e rico. É a aula *in vivo* sobre relacionamentos que nos ensina o que significa conectar-se com os outros. A amizade, ao nos aprimorar de tantas maneiras, prepara-nos para, bem... a amizade. Nossos amigos nos moldam em pessoas mais bem-preparadas para formar conexões mais saudáveis, ricas e duradouras. O filósofo francês Michel de Montaigne, em seu ensaio *Sobre a amizade*, chama-a de "espiritual", uma relação que permite que a "alma se torne mais refinada pela prática". Que possamos valorizar nossos amigos e ver nossas almas crescerem.

CAPÍTULO 2

Como nossos relacionamentos do passado afetam nosso presente

O PODER DA TEORIA DO APEGO NA AMIZADE

Imagine que você esteja de volta ao refeitório da escola. As funcionárias servem a carne misteriosa de hoje em um lado do refeitório, e as crianças se reúnem em suas mesas retangulares do outro. Todo mundo está falando tão alto que suas vozes se entrelaçam em uma confusão de ruído, como misturar todas as cores até ficarem pretas. Sua mesa é chamada para ficar na fila do almoço. Por mais tentado que você esteja a pular a gororoba de hoje e ir para a cantina atrás de salgadinhos, você sabe que vai deixar seu estômago roncando no final do dia, então entra na fila.

À medida que a fila se move, você olha para a mesa e vê onde deixou sua sacola de livros. É onde você e seu melhor amigo, Eric, sentam-se todos os dias. Você não vê a sacola ou a jaqueta de Eric, somente a sua, e pensa onde ele pode estar. Você o viu na aula de Álgebra mais cedo, então sabe que ele está na escola. Normalmente, vocês esperam na fila juntos, atualizando-se sobre o que cada um fez na manhã. Você começa a sentir um pouco de solidão, enquanto vê os outros alunos na fila conversando com seus amigos, perguntando: "Você viu o último episódio de *Os Simpsons?*".

A fila anda até você estar na frente. Você considera suas opções de refeição. Há um grande tijolo de pizza com uma fatia de queijo branco ou um prato de sanduíches – mortadela, presunto e queijo, manteiga de amendoim e geleia, rosbife, queijo americano alaranjado. Você escolhe a pizza e pega uma porção de cenouras. Às vezes tem suco também, que você esperava, mas hoje só tem leite. Você pega uma caixa de leite vermelha e vai para o seu lugar.

Ao chegar, sente alívio ao ver que sua amiga Amanda está sentada à sua mesa. Amanda às vezes se senta com você e Eric, mas às vezes com os amigos dela da peça teatral da escola. Hoje, a escolha dela salvou você de ter que almoçar sozinho, esperando que Eric aparecesse.

"Você viu o Eric?", você pergunta a ela.

"Sim. Estávamos juntos na aula de Geografia. Ele parou para falar com a professora depois da aula. Não sei quanto tempo vai levar."

Você move a sua mochila, dá uma olhada no relógio e se arruma na cadeira. Já se passaram quinze minutos de almoço. Olha para trás, em direção à fila, para ver se consegue notar Eric. Ele também não está lá. Volta-se para Amanda e começa a conversar sobre sua nota na última prova de Matemática. Enquanto Amanda dá os parabéns pela nota, ela espia atrás de você. De repente, arregala os olhos. Assim que você vira a cabeça, sente um líquido sendo derramado pelos seus ombros, o cheiro dominando suas narinas. É leite. Ele vai pingando pelo seu peito e em seu colo antes de a caixa cair no chão. Alguns garotos por perto começam a rir como as hienas de *O rei leão*. Você olha para trás para descobrir o que está acontecendo e vê Eric. Ele está pálido. A bandeja dele está quase cheia: um tijolo de pizza, um pacote de cenouras, mas o quadrado onde a bebida deveria estar está vazio. O leite se foi.

Cabe a você entender o que aconteceu. Eric estava com tanta vontade de tomar o leite que deu um gole enquanto caminhava para a mesa? E então tropeçou quando se aproximava, talvez correndo porque estava ansioso para ver você? A caixa de leite aberta caiu da bandeja dele em cima de você? Ou Eric estava perfeitamente equilibrado? Ele decidiu, de forma sinistra, abrir a caixa e despejar o conteúdo sobre você, como uma cachoeira de leite? Ele estava tentando humilhar você ou foi apenas um desastrado bem-intencionado?

Por que as pessoas podem interpretar os mesmos acontecimentos na amizade de maneiras tão diferentes? Neste capítulo, exploraremos a teoria do apego, uma estrutura inovadora que responde a essa pergunta, e, ao longo do caminho, resolveremos outras questões sobre amizade: quem somos nós como amigos e como nos tornamos assim? Como nossas percepções e nossos comportamentos afetam nossas amizades? Que tipo de pessoas são mais propensas a fazer e manter amigos? Em nossa busca pela amizade, responder a essas perguntas é vital e nos guiará pelo restante deste livro.

Descobriremos que centenas de estudos revelam que a maneira como vemos os outros, interpretamos acontecimentos e nos comportamos tem impactos previsíveis sobre se fazemos e mantemos amigos. Nem tudo é sorte, gritam esses estudos; fazer e manter amigos depende de nós. Há pequenas escolhas que fazemos – as quais, muitas vezes, não percebemos – que determinam o destino de nossas amizades. Mas quais são elas?

O PODER DO ESTILO DE APEGO

Quando criança morando em Israel, Omri Gillath se esforçava para fazer amigos e se perguntava por que outras pessoas não precisavam fazer isso. Ele se perguntou novamente sobre o assunto quando se mudou para os Estados Unidos para seus estudos de pós-doutorado em Psicologia, separado de todos os amigos que conhecia. Foi uma luta para reinventar suas amizades nos Estados Unidos, onde, ele percebeu, as pessoas viam as amizades como descartáveis. Elas se mudavam e esqueciam seus amigos, observou Omri. Agora um imigrante nos Estados Unidos, mudando-se bastante, ele temia que não houvesse muita esperança.

O que Omri tinha a seu favor, porém, era a curiosidade. Agora, aos 50 anos, ele é careca e barbudo como Sigmund Freud, mas, mesmo na faculdade, seus amigos o apelidaram de Freud por causa de seu interesse voraz no motivo pelo quais as pessoas fazem o que fazem. Como estudante de pós-graduação, ele saltou entre conselheiros e estudou suicídio e o sentido da vida, até que finalmente acabou satisfazendo sua curiosidade sobre as pessoas por meio do estudo de estilos de apego.

A teoria do apego o ajudou a identificar pessoas especialistas em fazer e manter amigos. De acordo com a pesquisa, esses "superamigos" não são apenas melhores em iniciar novas amizades, mas elas também são mais próximas e duradouras.[49-50] Eles são bons em fazer o que Omri descreveu como "amigos da pá" – amigos que, "se você aparecer às duas da manhã na casa deles e disser que precisa de ajuda para enterrar um corpo, eles perguntarão: 'Onde está a pá?'".

Esses superamigos não apenas floresciam em seus relacionamentos, mas em todos os aspectos da vida, revelando que nossa capacidade de nos relacionarmos com os outros determina não apenas nossas amizades; ela tem gravidade sobre tudo o que fazemos. Estudos descobriram que esses superamigos têm melhor saúde mental e são mais propensos a sentir que são importantes; são mais abertos a novas ideias e abrigam menos preconceitos; estão mais satisfeitos no trabalho e são vistos de forma mais positiva pelos colegas; sentem menos arrependimento e são mais capazes de lidar com as pancadas da vida.[51-55] Em eventos normalmente estressantes, como provas de Matemática ou falar em público, eles mantêm a calma; são menos propensos a ter doenças físicas, como ataques cardíacos, dores de cabeça, problemas estomacais e inflamação.[56-57] Quando conversei com Omri, agora dr. Gillath, professor da Universidade do Kansas, estávamos no meio da pandemia da Covid-19. Ele especulou que os superamigos estavam se adaptando melhor ao caos.

Os superamigos responderam de forma distinta no fiasco do leite descrito no início deste capítulo.[58] Em vários estudos, jovens foram questionados sobre como interpretariam as ações de seus amigos em um cenário semelhante (embora menos dramático; licença poética, pessoas). Alguns julgaram que Eric tinha motivos sinistros, fazendo de tudo para humilhá-los, e, posteriormente, sentiram-se mais irritados com o leite derramado. Alguns queriam se vingar – jogar leite em Eric como resposta. Os superamigos, porém, viram a saga como um acidente. Eles perdoaram e deram a Eric o benefício da dúvida, assegurando a ele que tudo estava bem.

Qual é a qualidade distintiva dos superamigos? A segurança. De acordo com a teoria do apego – a teoria que mudou a vida e a carreira de Gillath para sempre –, o apego seguro é um dos três principais estilos de apego, descritos a seguir:

1. **Apego seguro**. Pessoas seguras presumem que são merecedoras do amor e que podem confiar nos outros para oferecê-lo a elas. Essa crença torna-se um modelo inconsciente que se infiltra em todos os seus relacionamentos, levando-as a dar aos outros o benefício da dúvida, abrir-se, perguntar sobre o que precisam, apoiá-los, supor que os outros gostam delas e atingir a intimidade.

2. **Apego ansioso**. As pessoas ansiosamente apegadas supõem que os outros as abandonarão. Para evitar que sejam abandonadas, elas agem de forma grudenta, são excessivamente abnegadas para acomodá-los ou mergulham na intimidade muito rapidamente.

3. **Apego esquivo**. Pessoas com apego esquivo também têm medo de que os outros as abandonem, mas, em vez de grudar para evitar esse resultado, elas os mantêm à distância. A intimidade sinaliza, para elas, que podem se machucar, então elas afastam os outros, evitam a vulnerabilidade e abandonam os relacionamentos de forma prematura.

Desenvolvemos nossos estilos de apego com base em nossos relacionamentos iniciais com nossos responsáveis (embora a pesquisa de Gillath também tenha descoberto que nossos genes desempenham um papel).[59] Se nossos responsáveis foram calorosos e validadores, tornamo-nos seguros. Se, em vez disso, eles foram indiferentes, frios, intrusivos ou agiram com rejeição – se gritam para pararmos de chorar quando estamos tristes, negligenciam-nos quando queremos brincar ou batem-nos quando acidentalmente deixamos o cereal cair no chão, então desenvolvemos apego inseguro, em que vemos o mundo como traiçoeiro, acreditando que os outros estão destinados a nos abandonar ou nos maltratar. Para nos proteger contra os maus-tratos que pensamos que vamos ter de suportar, agimos com ansiedade ou de forma esquiva. Há também o apego desorganizado, que descreve pessoas que alternam entre esses dois estilos de maneira mais extrema.

Mas o apego não é só culpa de nossos pais. Um estudo descobriu que 72% das pessoas mantiveram o estilo de apego desde a infância até a idade adulta.[60] Outro, no entanto, revelou que essa taxa chega a 26%.[61] Ambos os estudos foram pequenos e mais pesquisas são necessárias. Everett Waters, professor da Universidade Stony Brook que conduziu um dos estudos, disse-me que, embora as primeiras experiências de apego com os responsáveis estabeleçam expectativas sobre nossos relacionamentos com as pessoas em geral, essas expectativas provavelmente evoluem em outros relacionamentos, com nosso relacionamento parental servindo apenas como ponto de partida. "Uma vez que você tenha alguma experiência em um grupo de pares, as expectativas iniciais darão lugar a expectativas que se baseiam na experiência real com eles", disse ele. Em outras palavras, cada novo relacionamento pode mudar seu estilo de apego.

Mesmo que o apego evolua com base em nossos relacionamentos constantes, a teoria do apego ainda ilustra que a maneira como vemos nossos relacionamentos não é objetiva, mas é influenciada por nosso passado e pelo modo como nossos pais, e depois outras pessoas em nossas vidas, responderam a nós. Mas a maioria de nós não reconhece isso. Vemos nossas percepções – refletidas por meio de nosso estilo de apego – como realidade.

Eu tive amigos que suspeitavam que um amigo em comum não gostava deles quando, na verdade, esse amigo os elogiava em minha companhia. Recebi mensagens de pessoas famintas por conselhos de amizade, que deixaram relacionamentos promissores acabarem porque "se não estão iniciando uma conversa, não querem saber de mim". De onde vêm essas suposições? Não de como os outros nos veem, porque não sabemos com certeza as percepções e os motivos das outras pessoas. Em vez disso, estamos apenas vasculhando inconscientemente nosso passado para entender o mundo.

- Quando presumimos, sem evidências claras, que a única razão pela qual alguém está nos procurando é que está entediado e solitário, o apego está em jogo.
- Quando ficamos esperando a outra parte agir em uma amizade feliz, o apego está em jogo.
- Quando sentimos um desejo irresistível, mas misterioso, de nos retirarmos, o apego está em jogo.
- Quando presumimos que as outras pessoas irão decepcionar-nos, julgar-nos quando estivermos vulneráveis ou rejeitar-nos quando precisarmos de apoio, o apego está em jogo.
- Quando presumimos que os amigos na verdade não gostam de nós para início de conversa, o apego está em jogo.
- Quando permitimos que as pessoas vejam apenas nosso lado forte, nosso lado "alegre" ou nosso lado sarcástico, o apego está em jogo.
- Quando mantemos relacionamentos com pessoas que nos tratam mal, o apego está em jogo.

O apego é o que projetamos na ambiguidade dos relacionamentos, e esses estão cheios de ambiguidade. É a "intuição" que usamos para deduzir o que realmente está acontecendo. E esse pressentimento é impulsionado não por uma avaliação fria dos acontecimentos, mas pelo colapso do tempo, a sobreposição do passado ao presente.

Compreender nosso apego é esclarecedor não para que possamos nos castigar mentalmente por nossas interpretações tendenciosas, mas para que possamos nos entender melhor e crescer em nossas amizades. Se você já se perguntou: "Não sei o que estou fazendo de errado. Por que não posso fazer ou manter amigos?", identificar como seu apego molda a maneira como você se relaciona com os outros pode trazer uma nova esperança e criar as bases para o caminho a ser seguido.

DETERMINANDO SEU ESTILO DE APEGO

A tabela a seguir descreve os padrões de comportamento na amizade com base no estilo de apego.* Percorra a lista e, na tabela, marque x nos comportamentos que você demonstra. Em seguida, some todos os seus x em cada coluna. Sua pontuação mais alta representa seu apego principal na amizade.

COMPORTAMENTOS NA AMIZADE COM BASE NO APEGO

SEGURO	ANSIOSO	ESQUIVO
Confortável ao iniciar amizades	O medo de rejeição impede o início de novas amizades	Não tenho interesse em novas amizades
Desenvolvo amizades profundas	Desenvolvo amizades íntimas	Desenvolvo amizades rasas

---

* Embora o apego temeroso seja importante para explorar, infelizmente não há muita pesquisa sobre ele, então me concentro nos apegos ansioso, esquivo e seguro ao longo deste livro.

COMPORTAMENTOS NA AMIZADE COM BASE NO APEGO

SEGURO	ANSIOSO	ESQUIVO
Quando os amigos estão longe, presumo que o contato será reiniciado em algum momento	Quando os amigos estão longe, preocupo-me que não gostem mais de mim; ressentido	Quando os amigos estão longe, sou esquecido
Generoso, com limites apropriados	Extremamente generoso, a ponto de autoesgotamento	Não sou generoso
Levanto problemas de forma ponderada	Ignoro os problemas e depois explodo por causa deles	Ignoro os problemas; minimizo ou desvio quando os outros os mencionam
Confortável sendo vulnerável	Compartilho demais	Sinto-me "fraco" quando estou vulnerável; evito a vulnerabilidade
Os amigos conhecem todos os meus lados	Os amigos conhecem todos os meus lados	Os amigos conhecem apenas meu lado positivo ou forte
Confortável em pedir apoio	Temo que pedir apoio fará de mim um fardo	Temo que pedir apoio fará com que eu pareça fraco

COMPORTAMENTOS NA AMIZADE COM BASE NO APEGO

SEGURO	ANSIOSO	ESQUIVO
Confortável em oferecer apoio	Confortável em oferecer apoio, mas posso me envolver demais nos problemas dos amigos: insistindo em conselhos ou tendo uma crise	Sinto-me sobrecarregado quando os outros precisam de apoio
Priorizo tanto as minhas necessidades quanto as dos outros	Quando provocado, priorizo as minhas próprias necessidades sobre as dos outros ou priorizo as necessidades dos outros sobre as minhas	Priorizo minhas próprias necessidades sobre as dos outros
Confortável em admitir a culpa e assumir a responsabilidade	Quando admito culpa, sou extremamente crítico comigo mesmo ou nego a culpa ou a responsabilidade; vejo a outra parte como culpada	Nego a culpa ou a responsabilidade; vejo a outra parte como culpada

COMPORTAMENTOS NA AMIZADE COM BASE NO APEGO

SEGURO	ANSIOSO	ESQUIVO
Autêntico e genuíno	Inautêntico ao fazer os outros gostarem de mim	Inautêntico ao evitar sentimentos desconfortáveis; muitas vezes, sarcástico ou brincalhão quando temas sérios surgem
Feliz pelo sucesso dos amigos	Tenho inveja do sucesso dos amigos; interpreto isso como uma afronta ao sucesso pessoal	Tenho inveja do sucesso dos amigos; sinto que mereço mais
Busco relacionamentos de reciprocidade	Deixo os outros me dominarem	Busco dominar os outros
Comunicação direta	Comunicação passivo-agressiva ou hostil	Falta de comunicação; desapareço ou abandono
Confio que os outros me amam e se preocupam comigo	Presumo que os outros não gostam de mim ou não se importam realmente	Presumo que, se os outros demonstram que gostam ou se preocupam comigo, têm motivos ocultos; desconfiado

Se você obtiver a pontuação mais alta em um tipo de apego, poderá demonstrá-lo com mais frequência, mas haverá pessoas ou eventos que levarão você a demonstrar outros. Embora tenhamos um tipo principal, o apego é um espectro e não uma categoria. É comum que as pessoas exibam padrões de apego mais inseguros quando estão estressadas. Por exemplo, obtive a pontuação mais alta no apego seguro, mas também foi mais alta em apego esquivo do que normalmente obtenho. Tenho estado tão ocupada (trabalhando em tempo integral e escrevendo este livro) que isso limita meus recursos para fornecer apoio emocional aos outros. Depois de trabalhar tanto, eu só quero trancar a porta, deitar-me no sofá e assistir a programas de TV inúteis e dramáticos.

Agora que você tem uma melhor compreensão de seu apego, vamos nos aprofundar em como ele afeta a maneira como você se orienta na amizade.

APEGO SEGURO

*TODO MUNDO ESTÁ FAZENDO O MELHOR QUE PODE,
E VAI DAR TUDO CERTO NO FINAL.*

O psicólogo Fred H. Goldner cunhou o termo "pronoia" para descrever o equivalente positivo da paranoia.[62] Pessoas com pronoia têm a ilusão de que, apesar de qualquer evidência em contrário, o universo está planejando seu sucesso e que os outros gostam, confiam e querem o melhor para elas. Como você chama um pronoide não delirante? Uma pessoa segura. A menos que haja evidência em contrário, sua suposição-padrão é a de que os outros são confiáveis, como elas, e querem seu melhor. Eles não têm síndrome de Poliana; eles ajustam esse otimismo com base em dados adicionais. Mas esse otimismo inicial, a crença de que tudo vai dar certo no final, é o motivo pelo qual "a vida é mais fácil" para os seguros, explica Gillath. "Estar seguro em nossos relacionamentos nos prepara para estarmos seguros em todos os aspectos de nossas vidas."

É tentador presumir que pessoas seguras vão acabar caindo em uma decepção. Ao pensar que os outros são confiáveis, elas não vão se machucar? E elas não vão ignorar as pessoas que querem prejudicá-las? Mas, na verdade, presumir o melhor prepara as pessoas para receber o melhor. Um estudo envolveu um jogo de finanças, no qual os alunos foram instruídos a investir dinheiro com um "fiduciário" e a ameaçar ou desconsiderar uma penalidade financeira exigida se não retornassem o investimento.[63] O agente fiduciário forneceu os maiores retornos quando a penalidade foi desconsiderada e os menores retornos quando foi ameaçado. "Se você confia nas pessoas, você as torna mais confiáveis", disse Ernst Fehr, professor da Universidade de Zurique e um dos autores do estudo.[64] O estudo dá credibilidade a uma teoria psicológica chamada de "teoria da reciprocidade", que enfatiza que as pessoas nos tratam como nós as tratamos. Se formos gentis, abertos e confiantes, é mais provável que elas respondam da mesma forma. As pessoas seguras, portanto, não apenas supõem que os outros sejam confiáveis; elas tornam os outros confiáveis por meio de sua boa-fé.

E quando pessoas não confiáveis conseguem se infiltrar e causam danos, as pessoas seguras são menos – e não mais – impactadas do que as inseguras. Estudos constatam que a segurança é um forte preditor de resiliência e regulação do estresse.[65-66] Um estudo descobriu que, quando as pessoas estavam preparadas com segurança, a variabilidade da frequência cardíaca (mudanças no tempo entre os batimentos cardíacos) não flutuava significativamente quando eram socialmente excluídas.[67] Mas, quando não estavam preparadas com segurança, isso acontecia. A variabilidade da frequência cardíaca flutua quando nosso coração está respondendo ao estresse, levando os autores do estudo a concluir que o "apego pode fornecer um mecanismo importante para aumentar a resposta adaptativa à experiência angustiante da exclusão social". Enquanto as pessoas inseguras esperam maus-tratos dos outros, carregando o peso da suspeita o tempo todo, mesmo quando desnecessário, as seguras só enfrentam isso quando os outros as decepcionam. Sua fé nos outros também garante que elas terão apoio quando desapontadas.

Acompanhadas de resiliência e boa-fé, as pessoas seguras ficam livres para assumir riscos na amizade. "O que você faria se não pudesse falhar?", um cartão da Whole Foods me perguntou uma vez, arrastando-me para uma crise existencial quando eu estava apenas esperando para comprar alguns salgadinhos de queijo. As pessoas seguras vivem a resposta a essa pergunta. Como mencionado, elas são mais propensas a iniciar novas amizades, bem como a abordar conflitos de maneira produtiva e compartilhar intimidades sobre si mesmas.[68-70] Como descobriremos mais adiante neste livro, esses comportamentos de risco são vitais para o sucesso da amizade (mas têm seus limites, como descobriremos ao explorarmos o apego ansioso). Quando Nick, um médico seguro, mudou-se para St. Louis, ele conheceu Lawrence por intermédio de um amigo em comum, e os dois criaram um laço instantaneamente. Embora Lawrence estivesse para se mudar para Nova York em alguns meses, "eu disse que, mesmo que você esteja indo embora, ainda vamos nos divertir. Expressei o compromisso de sermos amigos, algo que faço com frequência. O pior que pode acontecer é nada acontecer". Quando Nick conheceu os amigos de Lawrence e gostou deles também, ele disse a Lawrence: "Gosto dos seus amigos, mas você está indo embora e foi nosso conector. Talvez possamos iniciar um bate-papo em grupo?".

Nick ficou próximo dos amigos de Lawrence, mas depois ouviu de Lawrence que eles falavam sobre ele pelas costas: sua esposa pediu o divórcio, deixando-o de coração partido, e, segundo seus amigos em comum, Nick não parava de falar naquilo. Mas em vez de ficar irritado, ele foi compreensivo: "Eu os compreendi. Às vezes um amigo passa por algo e você está tipo: 'Ele fica falando sobre isso. É tão irritante'. Você desabafa para outro amigo, mas isso não exclui o amor que tem por aquela pessoa e o apoio que continua a oferecer a ele. Eu aceito isso e entendo que é parte da dinâmica da amizade".

Um sólido senso de si mesmo, inabalado pelos confrontos que inevitavelmente surgem em relacionamentos próximos, dá às pessoas seguras a compostura para serem benevolentes com os outros, o que explica por que, segundo a pesquisa, elas são melhores em manter amizades e menos propensas a entrar em conflito.[71-72] E, quando um conflito surge, as pessoas seguras são menos propensas a usar estratégias prejudiciais, como desistir ou conformar-se demais. Enquanto as pessoas inseguras pensam apenas se os outros atenderão às suas necessidades, as seguras fazem uma observação emocional e consideram suas necessidades com as dos outros. Como Nick revelou, mesmo quando criticada, a pessoa segura não entra em um modo de autodefesa em que se protege, desconsidera os outros e involuntariamente prejudica seus relacionamentos; ela expressa livremente suas necessidades, não procurando culpar ou acusar, mas entender e ser compreendida (veremos mais acerca disso no capítulo sobre raiva).

Muitas outras qualidades positivas surgem quando não nos sentimos ameaçados. Pessoas seguras são mais generosas, tolerantes e autênticas;[73] elas se sentem confortáveis com a intimidade e com comportamentos que as promovam, como dar e receber apoio e ser vulnerável.[74] Terry Real, terapeuta e escritor, estava certo quando escreveu em seu livro *How Can I Get Through to You* [Como fazer você me entender]: "Manter relacionamentos com outras pessoas exige um bom relacionamento conosco mesmos. A autoestima saudável é um senso interno de valor que não leva a pessoa à grandiosidade de 'melhor que' nem à vergonha de 'menos que'".

Ao abrir-se às necessidades dos outros, vendo-as não como um ataque ao ego, mas como uma oportunidade de tratá-los melhor, as pessoas seguras continuamente se tornam amigos melhores. Essa falta de defesa as ajuda a atender melhor os outros e, segundo a pesquisa, aumenta sua segurança ao longo do tempo.[75] Jack, um editor de texto que mora em Washington, D.C., lembra-se de uma época em que sua amiga estava conversando com ele pelo Google Chat sobre coisas difíceis pelas quais ela estava passando. Ele ficava dando conselhos e ela respondeu: "O que eu preciso de você é dizer 'sinto muito' ou 'isso é uma merda'". "Nossa comunicação ficou muito melhor depois disso", disse ele. "Ela desabafava, eu mostrava empatia, podíamos seguir em frente e conversar sobre outras coisas. Se continuasse a usar 'meu modelo' de oferecer conselhos, estaríamos discutindo o assunto com um vaivém em que ela não estava interessada nem havia pedido." Agora, Jack está melhor em validar os sentimentos dos amigos.

Amigos seguros fazem-no sentir-se seguro. Você tem medo de contar a alguém que tem crises de depressão, que rompeu os laços com sua tia-avó ou que colocou ketchup em seus ovos, mas seus amigos seguros fazem-no sentir-se amado de qualquer maneira. Pesquisadores descobriram que as pessoas seguras relatam aceitar mais e escutar melhor os outros.[76] No Capítulo 1, discutimos como os amigos podem nos fazer sentir humanos novamente quando experimentamos a vergonha. Os amigos seguros fazem isso melhor do que ninguém. Eles nos proporcionam amizades que curam.

O "dilema do porco-espinho" é uma boa metáfora que pode explicar o apego. Criado pelo filósofo alemão Arthur Schopenhauer, o dilema descreve um grupo de porcos-espinhos tremendo no frio. Eles se juntam para se aquecer, mas seus espinhos picam uns aos outros, então se afastam: porcos-espinhos esquivos. Mas, quando ficam com frio novamente, eles se juntam perto demais: porcos-espinhos ansiosos. É a metáfora de Schopenhauer para os perigos da intimidade: ficamos ao relento sem ela, mas machucados com ela. Porém, a intimidade não é tão perigosa para todo porco-espinho: os seguros aprenderam a atingir o equilíbrio certo entre segurança e calor.

APEGO ESQUIVO
EU NÃO PRECISO DE NINGUÉM. PRECISO APENAS DE MIM MESMO.

Na sociedade americana individualista, definida pela ética de trabalho protestante, somos incitados a nos erguermos, valorizados por nossa capacidade de suportar os obstáculos da vida sozinhos e aclamados por nossa força quando ficamos impassíveis diante das tragédias da vida. "Não chore" é o que nos dizem, em vez de "Chore, é saudável sentir". Nossa noção de manter a cabeça fria é marcada por uma despreocupação antinatural: bendito é aquele que simplesmente não se importa. Alguns cientistas atribuíram a palavra "frio" à condutância da pele: pessoas imperturbáveis liberam menos suor quando sob pressão, tornando sua pele literalmente mais fria e "mais espessa".[77] Os cascas-grossas, insensíveis, são nossos heróis, o que torna difícil para nós admitir que, quando as pessoas exibem esses comportamentos, algo está errado. Eles são demonstram um apego de forma esquiva.

Jared, um ex-oficial militar de 59 anos, nasceu quando sua mãe tinha 15 anos. Sua lembrança mais antiga era dela fazendo as malas para abandoná-lo. Ele se lembra de ter ciúmes dos namorados dela, pois eles podiam se aproximar mais dela do que ele. Seus avós, que o criaram, incutiram nele uma independência extrema. "Não dependa dos outros e não deixe que os outros dependam de você." Era um pecado capital, dizia sua avó, ir à casa de alguém e aceitar o chá que lhe ofereciam.

Jared, como a maioria dos esquivos, aprendeu com sua família que, se você se aproximar demais das pessoas ou depender delas, elas o decepcionarão. Então ele não o fazia. Jared tinha um melhor amigo, mas mantinha a maioria das pessoas à distância. De sua família, ele "sempre teve a sensação de que os amigos eram um aborrecimento, não algo que tornava sua vida melhor". Certa vez, seu avô reclamou de um vizinho que pediu emprestada sua marreta, uma ferramenta na qual ele não tocava havia uma década.

Os esquivos, como Jared, afastam as outras pessoas, percebendo os relacionamentos não pela alegria e pela satisfação que nos trazem, mas por suas pressões e suas responsabilidades. Quando as pessoas tentam se conectar com os esquivos, eles se fecham e se tornam desconfiados, supondo que os outros têm segundas intenções. Seus amigos geralmente os descrevem como um "mistério" ou um "enigma", pois evitam compartilhar muito sobre si mesmos.

Para manter os outros afastados, os esquivos mergulham no trabalho, satisfazendo ainda mais os ideais americanos. Em comparação com outros estilos de apego, os esquivos, segundo pesquisas, são mais propensos a afirmar que seu trabalho afeta sua felicidade mais do que seus relacionamentos.[78] Um paciente esquivo em uma terapia de casais com um psicólogo comentou sobre sua parceira: "Ela não consegue trabalhar quando está chateada. Eu devo trabalhar quando estou chateado."[79] Philippe Lewis, um instrutor sobre amor e relacionamentos de cabelos compridos, meia-idade e anteriormente esquivo, costumava preferir amigos que também fossem parceiros de negócios, justificando seu valor ao fornecer a ele algo além de uma conexão pura.

Mas o trabalho não é a única forma pela qual os esquivos mantêm a distância. Eles também impõem rígidos limites para amizades e tendem a não se interessar em misturar amigos de círculos diferentes ou migrá-los de um contexto para outro, como convidar um amigo do trabalho para um lanche em sua casa. Como Gillath explicou em um de seus artigos: "Ao permitir a cada amigo que desempenhe apenas uma função ou um número menor de funções que os indivíduos não esquivos, as pessoas esquivas reduzem sua dependência de cada amigo específico.[80] Isso potencialmente reduz suas preocupações em relação à confiança."

Uma forma pela qual os esquivos afastam os outros tem a ver com um conceito psicológico chamado de "permanência de objeto". Sem a permanência de objeto, as coisas deixam de existir quando não estão diretamente na nossa frente, capazes de ser vistas e sentidas. Se um bebê estiver absorto por um chocalho e você esconder o brinquedo debaixo de uma toalha bem à frente, ele olhará em volta, confuso sobre o paradeiro do objeto. Os bebês superam esse estágio aos sete meses, mas os esquivos nunca o fazem, psicologicamente falando. Amigos se mudam ou mudam de emprego e, quando estão fora de vista, desaparecem da mente. Lewis disse: "Quando os amigos não estavam mais por perto, eu não sentia falta deles. Não ligava nem escrevia, e eles ficavam chateados, mas eu não via necessidade".

Os esquivos também se distanciam simplesmente terminando amizades, mesmo aquelas com amigos que conhecem há algum tempo. O desconforto com as emoções torna difícil para os esquivos lidar bem com o conflito. Pesquisas revelaram que os esquivos são mais propensos a terminar amizades.[81] E, como os rompimentos podem trazer à tona emoções poderosas, os esquivos, de acordo com a pesquisa, preferem sair usando rotas indiretas, como o *ghosting* (termo em inglês para a prática de terminar um relacionamento de forma repentina e sem dar explicações).[82] Quando Jared notou seu colega de quarto na faculdade, Leroy, recontando as histórias de outras pessoas e se encaixando nelas como protagonista, percebeu que Leroy não era confiável. "Eu simplesmente parei de atender a seus telefonemas", lembra Jared. Ele se afastou de outro amigo que conheceu enquanto estava servindo, ignorando-o em seu bate-papo em grupo compartilhado.

Pode parecer que os esquivos são fortes. Eles possuem uma autossuficiência incrível e não *parecem* precisar de ninguém. Mas somos criaturas sociais, lembra? Somos programados para precisar de pessoas e, quando alegamos que não, algo fica faltando. Estudos descobriram que, embora os esquivos pareçam frios e controlados durante os tempos de conflito, por dentro estão assustados, com o sistema nervoso frenético e a pressão sanguínea disparada.[83] A dor que reprimem não desaparece; ela os devasta por dentro (algo sobre o qual aprenderemos mais no capítulo de vulnerabilidade).

Seria mais correto dizer que, como todos nós, os esquivos precisam de pessoas, mas têm medo de depender delas. Seu comportamento distante compensa em excesso seu medo: o de que, se deixarem as pessoas se aproximarem, serão rejeitados e ficarão desapontados. Charlie, um empreendedor que anteriormente era esquivo e vive em Denver, disse-me que costumava ver suas amizades como uma questão de poder: a pessoa que menos se importa vence (um mantra dos esquivos). Quando os amigos pediam-lhe que fosse à casa deles, ele recusava, porque rejeitá-los fazia-o sentir-se poderoso e no controle. Já adulto, Charlie percebeu que estava escondendo suas inseguranças. "Eu tinha muito, muito medo de ser rejeitado", disse ele. "Eu manifestava esse medo fingindo que não me importava ou minimizando as oportunidades de amizade para que, se algo desse errado, pudesse dizer que não significava muito para mim."

Esse medo e essa desconfiança dos outros fazem os esquivos lutarem para pedir e receber apoio. Então, em vez de se voltar para os outros em momentos de necessidade, eles se fecham e se retraem. No Capítulo 1, aprendemos a importância de expressar nossa dor para nos sentirmos totalmente humanos e neutralizar a vergonha. Isso significa que, sem depender dos outros, os esquivos são propensos à vergonha.[84] As outras pessoas normalmente nos ajudam a liberar e processar nossas emoções, mas, nos esquivos, as emoções ficam bloqueadas em seus corpos. Estudos descobriram, por exemplo, que o apego esquivo está relacionado a um pior funcionamento imunológico, fortes dores de cabeça e dor crônica.[85] Apesar de todos esses danos, a vergonha dos esquivos justifica seu afastamento contínuo, em um ciclo de autorreforço, pois estão convencidos de que ninguém realmente se importa se eles se forem. Nas palavras de Jared: "Minha mãe tinha 14 anos e estava grávida. Meu pai nunca me reconheceu. Meu avô era alcoólatra. Minha mãe costumava me dar os dez dólares que ganhava em cupons de alimentação todo mês, mas eu nunca os usava porque tinha muita vergonha".

A estratégia dos esquivos para lidar com as emoções é reprimir sentimentos. Quando surgem sentimentos desconfortáveis, eles se retraem ou se fecham. Muitas vezes, os outros percebem esse desengajamento como insensível, mas, quando os esquivos se afastam, na verdade, estão emocionalmente sobrecarregados. Lewis, o instrutor sobre amor e relacionamentos, disse que sentia "sensações e não sentimentos" antes de se tornar seguro. Ele descreveu o ato de tolerar emoções como um "músculo" que os esquivos não desenvolveram. Quando ele se sente esquivo, "as emoções de outras pessoas são muito altas e não consigo ouvir mais nada", então ele inevitavelmente se afasta.

O afastamento frustra aqueles próximos aos esquivos, que procuram uma explicação para seu comportamento. Outros bisbilhotam, apresentando hipóteses complexas e, muitas vezes, pouco lisonjeiras para o comportamento esquivo, como: "Ele é um sociopata!". Lewis, por não entender a si mesmo, sentia-se indefeso para refutar essas duras acusações. Sem os sentimentos como guia, é comum os esquivos não saberem o que está acontecendo com eles ou por que agem da maneira que agem. Quando Lewis está sofrendo, é como se ele estivesse "tentando gritar sem boca". Outra pessoa esquiva descreveu a vontade de chorar como "abrir a torneira, mas não sair água". O alto custo de parecer estar com a cabeça fria o tempo todo, ao que parece, é sentir-se distante de si mesmo.

Embora Lewis se preocupasse em ser visto como um vilão, a verdade é que muitos comportamentos esquivos prejudicam as outras pessoas. Sua necessidade compulsiva de ser forte e evitar sentimentos é uma regra que esperam que seja cumprida não só por eles, mas pelos outros. Uma esquiva, a gerente de projeto Leanne, contou-me sobre como ela achava "fraco" e "patético" alguém estar chateado e pedir apoio no Facebook. Mas "tudo o que nos irrita nos outros pode nos levar a uma compreensão de nós mesmos", segundo o psiquiatra suíço Carl Jung. Quando as outras pessoas estão angustiadas e precisam de segurança, os esquivos têm dificuldade em oferecer isso, dizendo aos amigos que eles são sensíveis demais ou que precisam superar seus problemas, e, ao fazê-lo, transmitem seu comportamento evasivo aos outros. Esse padrão é aparente, embora menos sofisticado, em crianças esquivas, que são mais propensas a intimidar outras crianças.[86] "Sempre que vejo uma professora que parece querer pegar uma criança pelos ombros e jogá-la no lixo, sei que aquela criança teve um histórico de apego esquivo", disse Alan Sroufe, pesquisador de apego e professor da Universidade de Minnesota.[87]

Como veremos mais adiante neste livro, mostrar-se vulnerável, pedir apoio, lidar com conflitos, aceitar os outros – a gama de comportamentos que os esquivos rejeitam – são a força vital da amizade. Isso explica por que esquivos têm amizades menos calorosas, solidárias e próximas.[88] Eles se comportam de várias maneiras que explicam por que suas amizades são fracas. Estudos revelam que são menos empenhados, comprometidos e, em última análise, satisfeitos em suas amizades.[89] Outro estudo descobriu que eles são menos propensos a iniciar novas amizades e a manter as existentes.[90]

Os esquivos largariam Eric por causa do leite derramado, nunca confiando nele de verdade. Poderiam sentar-se sozinhos no almoço pelo resto do ano ou juntar-se a um grupo de amigos com o qual não se importariam muito para manter as aparências. Eles poderiam sentir-se mais seguros dos outros à distância, mas estariam desistindo da alegria e do propósito da própria vida. Os esquivos podem argumentar que estão bem sozinhos, mas pesquisas revelaram que, ao evitar conexões, eles experimentam menos prazer e intimidade.[91] Ao manter os outros à distância, os esquivos excluem-se das responsabilidades da conexão, mas também optam por recusar seu bálsamo: a capacidade de nos fazer sentir inteiros, vistos e apoiados. Eles abrem mão das maneiras pelas quais a conexão nos imbui de entusiasmo pela vida, nos anima e traz significado às nossas vidas.

APEGO ANSIOSO
TENHO MEDO DE QUE TODO MUNDO ME ABANDONE.

Depois de seu divórcio, Carolina juntou-se a uma turma de dança do ventre que se encontrava por quatro horas todo domingo e, depois, socializava na casa de alguém. Foi assim que Carolina se aproximou de Zoe, a instrutora de dança, conhecida por ter uma personalidade forte. Mas Carolina foi atraída por Zoe porque ela, às vezes, era doce, comentando em seu Friendsgiving anual que "esperou 364 dias para passar esse tempo com [Carolina]". Carolina também apreciou a rapidez com que se tornou confidente de Zoe, enquanto esta desembaraçava seu próprio divórcio. Zoe buscava o apoio de Carolina com frequência, o que a fez se sentir especial. "Meu padrão era me sentir indesejada. Eu acordo de manhã e me sinto sozinha até que alguém se aproxima", disse ela.

Mas Zoe também podia ser abrasiva. Ela fez uma sessão de fotos no estúdio de dança e começou a chutar os pertences das pessoas e a jogar seus casacos de lado. "O que há de errado?", perguntou Carolina. "Nada", Zoe respondeu. Meia hora depois, Zoe soltou: "Eu passei por um divórcio e ninguém se importa comigo. Você só perguntou se eu estava bem uma vez. Estou indo embora!". Ela também explodiu com Carolina quando desabafou sobre seu ex-marido durante um jantar. "Ele parece realmente horrível", respondeu Carolina. Para sua surpresa, Zoe, magoada pela forma negativa com que Carolina falou do ex, mesmo depois de ela mesma ter feito isso durante a conversa, gritou: "Isso é mentira!" e abandonou o jantar.

Como Carolina reagiu a toda essa volatilidade? Agarrando-se a Zoe com mais força. "Eu me desculpei por ser condescendente, para pedir a ela, por favor, que não me deixasse. Eu tinha 40 anos. Um mestrado. Várias casas. Mas ainda me sentia como uma garotinha."

Pessoas com apego ansioso tentam se fundir com pessoas próximas, construindo relacionamentos de tal proximidade que seu senso de identidade se dissolve. Essa intimidade acalma o medo de abandono enquanto as torna vulneráveis a uma dinâmica de amizade nociva, como a de Carolina e Zoe. Pessoas ansiosas demonstram qualidades que as preparam para entrar em relacionamentos tortuosos nos quais dão mais do que recebem, também conhecidos como "codependentes" ou, mais recentemente, evocados no termo "vínculo de trauma". Elas desejam criar intimidade rapidamente para mitigar o medo de rejeição, mergulhando em relacionamentos em que a confiança não é construída. Você as encontrará em uma festa e perguntará como estão, e elas contarão sobre seus traumas de infância, suas cirurgias, seus impulsos suicidas, esperando que a vulnerabilidade implore a você. As pessoas seguras, ao contrário, permitem que os relacionamentos se desenvolvam ao longo do tempo e, o mais importante, enquanto confiam, elas ajustam seu otimismo inicial com base nos comentários que recebem de outras pessoas em tempo real.[92] Pesquisas constatam, por exemplo, que pessoas seguras modulam o que divulgam dependendo se a outra pessoa retribui, enquanto as ansiosas divulgam independentemente da resposta da outra parte.[93]

Outra razão pela qual as pessoas ansiosas podem acabar em amizades desequilibradas é que elas se martirizam nos relacionamentos, silenciando suas necessidades e priorizando as dos outros, convencidas de que sua expressão afastará os outros. Mas como sua doação pode ser mais um meio de ganhar amor do que de expressá-lo, elas se doarão para pessoas que as maltratam e de maneiras que comprometem os limites pessoais (veremos mais sobre isso no capítulo que falaremos de generosidade), como Carolina fez quando se desculpou depois que Zoe a repreendeu.

As necessidades reprimidas das pessoas ansiosas não desaparecem; elas vão guardando, criando ressentimento por suas necessidades não atendidas, endossando declarações como: "Estou fervendo por dentro, mas não demonstro".[94] Elas deixam vazar seus sentimentos de forma passiva-agressiva, de acordo com outros estudos.[95] Quando a amiga de infância de Carolina, Clara, voltou para sua cidade natal e não a atualizou sobre os acontecimentos locais, Carolina se sentiu magoada. Quando ela visitou sua cidade e Clara entrou em contato para obter os detalhes da viagem, Carolina disse: "Eu não respondi muito porque estava com raiva por ela não me incluir. É uma resposta infantil, mas decidi segurar e rejeitá-la".

Por fim, a pressão dos sentimentos abafados torna-se excessiva, e as pessoas ansiosas explodem. Lexi Darcel, uma influenciadora do YouTube com apego ansioso, descreveu esses episódios como "birras" e compartilhou: "Quando eu, como uma pessoa ansiosa e preocupada, tenho meus episódios, é como se estivesse entregando uma criança para outra pessoa criar".

Borey, um ansioso que trabalha em TI, descreveu essas erupções como uma experiência extracorporal, como "ficar louco". Ele se lembrou de um caso em que explodiu com uma amiga. Certa vez, Borey enviou à sua colega de trabalho Sherry um e-mail gentil identificando todas as coisas que ele apreciava nela e desejando-lhe o melhor na transição para um novo emprego. Ela respondeu com brevidade: "Foi um prazer trabalhar com você. Desejo tudo de bom". A mensagem se repetiu em sua cabeça, deixando-o mais irritado a cada vez. Ele enviou uma mensagem sincera, e isso era tudo o que ela tinha a dizer? Ele tinha feito algo errado? Ela não gostava dele? Ele ficou obcecado. Isso o distraiu do trabalho, acordava-o às três horas da manhã e levou-o a ter dificuldade para comer. Estudos constataram que pessoas ansiosas tendem a ficar obcecadas e afogar-se nos problemas, culpando a si mesmas.[96] Como Lexi explica: "Lidar com pensamentos ansiosos é incessante. É ininterrupto e muito desgastante. Realmente, há um esgotamento mental e físico".

Para muitas pessoas, as reações de Borey e Lexi parecem intensas, mas, para as ansiosas, um episódio de rejeição parece um ataque a seu corpo e sua mente. Considere como sua resposta seria diferente caso alguém roubasse seu almoço e você tivesse uma geladeira abastecida com comida em casa ou caso essa fosse toda a comida que você tinha; ou se alguém pegasse suas roupas e você pudesse facilmente vestir outra do seu guarda-roupa ou se agora você tivesse de ficar nu. Por causa de seu histórico de amor disponível e abundante, as pessoas seguras internalizam a sensação de que estão conectadas aos outros e que permanece com elas, mesmo quando rejeitadas. Elas não têm tais recursos. Quando os outros as rejeitam ou as abandonam, a solidão parece onipresente e insuportável. Elas podem se sentir, como Carolina descreveu, "um pedaço de papel queimado até virar cinzas".

A neuropsicologia esclarece por que os ansiosos são mais sensíveis à rejeição. Um estudo descobriu que, quando a rejeição era simulada em laboratório, quanto mais ansioso alguém estava, mais as regiões do cérebro associadas à angústia se iluminavam.[97] De forma similar, outro estudo revelou que, quando as pessoas ansiosas viam um rosto ameaçador, sua amígdala cerebral (a parte do cérebro associada a emoções negativas e estresse) era acionada com mais intensidade.[98] Quando os outros estão confusos sobre por que as pessoas ansiosas perdem a cabeça com questões triviais, eles presumem que elas têm a mesma rede neural que eles, mas a resposta cerebral das pessoas ansiosas mostra que elas experimentam os mesmos acontecimentos de maneira fundamentalmente diferente e mais dolorosa.

Se você se sentisse tão sozinho quanto as pessoas ansiosas tendem a se sentir, provavelmente faria qualquer coisa para ficar melhor e, para elas, isso parece raiva. "Quando você sente que a outra pessoa está prestes a deixar você, há uma quantidade avassaladora de emoções que o faz querer avançar nessa pessoa para que ela o faça sentir-se melhor. Sinto que estou fora do controle das minhas emoções e preciso de alguém para me acalmar porque não consigo fazer isso", afirmou Lexi. Quando Borey chegou ao seu ponto de ruptura, ele atacou Sherry: "Sua resposta à minha mensagem sincera foi fria e impessoal. Claramente, você não é a pessoa que pensei que fosse. Eu nunca responderia a uma mensagem como você respondeu. Você é uma péssima amiga".

As ações de Borey exibem algo chamado de "narcisismo vulnerável". Os narcisistas vulneráveis revelam o egocentrismo da dor, a maneira como priorizamos nossas necessidades e evitamos as dos outros quando estamos sofrendo. Eles concordam com afirmações como: "Preciso de elogios dos outros para ter certeza sobre mim mesmo" e "Quando os outros percebem minhas necessidades, eu me sinto ansioso e envergonhado". Eles têm baixa autoestima e são reativos e hostis.[99] Os narcisistas vulneráveis não querem causar danos; eles se concentram em atender às suas necessidades e descartam as dos outros, porque, como a pesquisa descobriu, presumem (muitas vezes incorretamente) que são os menosprezados.[100] Para narcisistas vulneráveis, ou até certo ponto para pessoas ansiosas (e esquivas também), há tanta atenção dada a como os outros os desprezam que essa preocupação eclipsa sua avaliação de como eles tratam as pessoas. Mario Mikulincer, um especialista em apego e professor na Universidade Bar-Ilan, escreveu que "enquanto o apego esquivo está associado ao narcisismo explícito ou à grandiosidade, que inclui tanto o autoelogio quanto a negação de fraquezas, a ansiedade do apego está associada ao narcisismo oculto, caracterizado por atenção autocentrada, hipersensibilidade às avaliações de outras pessoas e um sentimento exagerado de merecimento".[101]

Essa dinâmica de ser ferido e tão absorto por sua própria realidade que você não considera os outros foi o que aconteceu entre Borey e Sherry. Quando Sherry recebeu a mensagem de Borey, ela ficou surpresa. Seu e-mail fora breve porque ela estava no meio de uma mudança internacional para seu novo emprego em Singapura. Também estava encerrando seu antigo emprego, devolvendo o laptop e as chaves, bem como delegando tarefas a novos funcionários. Então, no dia em que seu trabalho terminou, ela sentiu um caroço no seio e ficou nervosa porque poderia ser câncer. A brevidade de sua resposta, ela explicou, não tinha nada a ver com Borey.

A história de Borey e Sherry também revela como as pessoas ansiosas geralmente supõem erroneamente, projetando rejeição em circunstâncias benignas. Por exemplo, pessoas ansiosas foram mais rápidas em reconhecer letras embaralhadas como palavras que expressavam rejeição, como "abandonado" ou "ridicularizado", mesmo que fossem precedidas por um sinal de aprovação, como um sorriso.[102] Elas são tão vigilantes quanto à rejeição que registram sinais dela enquanto ignoram os de sua aceitação.

Mas o que tudo isso significa para as amizades das pessoas ansiosas? Por se sentirem confortáveis com a intimidade, são capazes de desenvolver laços próximos com a mesma facilidade que as pessoas seguras, mas pesquisas mostram que seus relacionamentos são mais emocionalmente intensos e voláteis.[103] Ao não registrar sinais de alerta nos outros, como Carolina com Zoe, e ao projetar raiva e presumir a rejeição, como Borey, suas amizades são atrapalhadas pela fragilidade. Como levam os problemas de relacionamento para o lado pessoal, elas percebem as transgressões como mais graves e perdoam outras mais leves, revelam estudos.[104] Têm dificuldade em considerar os motivos dos outros e em entender como o comportamento dos outros é explicado por fatores que não sejam delas pessoalmente. Elas supõem que Eric derramou o leite porque ele as odeia, e supor uma intenção negativa dos outros fragiliza seus laços e sua tranquilidade.

UMA PROFECIA QUE SE CUMPRE

O apego inseguro é uma forma de nos protegermos do leite derramado da conexão, mas é um sistema que deu errado. Mantemos os outros à distância para nos proteger, mas isso também nos prejudica. Rejeitamos antes de ser potencialmente rejeitados para nos proteger, mas isso também nos prejudica. Nós nos agarramos para nos proteger, mas isso também nos prejudica. Em algum momento, toda a autoproteção torna-se automutilação. Robert Karen, em seu livro *Becoming Attached: Unfolding the Mystery of the Infant-Mother Bond and Its Impact on Later Life* [Tornando--se apegado: desvendando o mistério da conexão entre mãe e bebê e seu impacto na vida futura], escreveu: "O comportamento da criança apegada de forma insegura – seja agressiva, seja sentimental demais, toda inflada ou facilmente esvaziada –, muitas vezes, testa a paciência de outras crianças e adultos. Ele provoca reações que repetidamente voltam a confirmar a visão distorcida que a criança tem do mundo. As pessoas nunca vão me amar, elas me tratam como uma irritação, não confiam em mim e assim por diante". Alan Sroufe, da Universidade de Minnesota, disse da mesma forma: "A condição leva a circunstâncias que promovem a condição."[105] Agimos de maneiras que convidam à profecia de nossos maiores medos.

Eu não estou *descontrolada*, pensei comigo mesma antes de começar as entrevistas para este capítulo e mergulhar fundo na pesquisa. Às vezes fico ansiosa em relacionamentos românticos, mas experimentei a amizade como um santuário no qual estou protegida. Sem as angústias do romance e as ambiguidades do processo de namoro, o meu melhor lado surgiu em torno dos amigos. Ou assim eu pensei.

Ao ouvir histórias de pessoas com apego inseguro, fiquei surpresa com a maneira como me relacionava com elas. Percebi que o apego na amizade pode se manifestar com sutileza. Lembro-me de recusar convites de amigos do ensino médio para sair e ficar confusa sobre meu comportamento. Eles me convidavam para ir ao shopping e eu simplesmente dizia não. "Ela não quer sair com a gente", diziam uns aos outros. Mas eu queria. Apenas parecia vulnerável admitir isso. Era a minha evasão falando.

Enquanto ouvia os ansiosos, tive uma epifania. Minha tendência a entreter apenas um círculo pequeno, em vez de uma rede extensa, e meu exclusivismo na amizade mascararam meus sentimentos de insegurança e medo de rejeição em conexões mais casuais. Quando conheço um novo grupo de pessoas, minha inclinação é encontrar as poucas com as quais posso me sentir confortável e esquecer o resto. Os amigos que mantenho são íntegros, confiáveis, emocionalmente inteligentes e "centrados na pessoa": eles não falam apenas sobre si mesmos, mas são curiosos sobre os outros. Eles fazem eu me sentir segura. Essas são qualidades que qualquer pessoa aprecia em um amigo, mas pessoas com inseguranças podem valorizar mais essas características.

Minha compulsão por segurança é ativada, sobretudo, quando estou em grupos. Quando era assistente residente (AR) na faculdade, eu me sentia excluída pelos outros ARs. Não me identificava com a energia alegre, extrovertida e construtora de quadros de avisos, então pulava nossos encontros sociais. Na minha avaliação semestral, meu chefe me disse que gostaria que eu colaborasse mais com os outros ARs. Racionalizei meu comportamento presumindo que "simplesmente não temos clima", mas a verdade é que eu me sentia ameaçada por todas as novas pessoas, preocupada que não gostassem de mim, então não dei a chance de nos conectarmos. Eu disse a outro AR, Ife, que me sentia excluída. Lembro-me de estar sentada na sala de correspondências, separando pacotes, conversando com Ife quando outros ARs vieram e, ignorando-me, convidaram-no para almoçar. Ele se virou para mim e perguntou se eu queria participar. Eu disse que não, e ele inclinou a cabeça, perplexo. Recusei porque imaginava que me sentiria desconfortável se me juntasse a eles para o almoço, mas o sentimento mais profundo que temia era a insegurança. Ife nunca me convidou novamente.

Reconheço como meu medo de rejeição me levou a rejeitar outras pessoas, mas, quando tinha medo ou estava nervosa, não pensava na maneira como estava tratando os outros. O estresse restringe seu foco; esse é o egocentrismo da dor, o esquecimento de como perpetramos os danos quando estamos magoados. Quando os outros nos veem como fechados, como eu fui com os ARs, eles normalmente presumem que é porque não gostamos deles ou somos cruéis, mas muitas vezes nos fechamos porque sentimos medo. Não estamos tentando rejeitar os outros, mas apenas nos proteger. Precisamos, acima de tudo, que alguém demonstre amor e aceitação por nós e, no entanto, ao excluí-los, o oposto acontece.

Há também muitas maneiras pelas quais fico segura na amizade. Quando conheço alguma pessoa de quem gosto, não tenho vergonha de convidá-la para sair e até mesmo checar se não tiver resposta. Não levo para o lado pessoal quando os amigos param um pouco, verificando novamente depois de passado algum tempo. Quando minha amiga fez uma viagem angustiante ao Alasca com uma ex-namorada, eu a ajudei a processar a situação. Quando descobri que meu pai ficou doente, foi a vez dela de me ajudar a processar.

Assim como eu, a maioria de nós não é apenas insegura ou segura; somos inseguros algumas vezes e seguros em outras. O crescimento está em pender para a segurança, mesmo que a segurança total nos iluda. Lewis criou uma comunidade on-line para ajudar as pessoas a fazer isso. Ele vê o apego como uma assíntota, uma linha que se aproxima do eixo x da segurança, mas nunca o toca. Charlie, que agora está seguro, exceto quando está muito estressado, diz que precisa ter "cuidado quando estou no meu porão, porque, então, fico esquivo novamente".

Estaremos pendendo para a segurança na Parte II deste livro, quando exploraremos seis práticas comprovadas que nos levarão a fazer e manter amigos na idade adulta. Elas são iniciativa, vulnerabilidade, autenticidade, raiva, generosidade e afeição. Para realizá-las corretamente, para permitir que elas nos tornem melhores amigos, em vez de faladeiros habilidosos, cada prática exigirá que nos tornemos mais seguros. Se fizermos o trabalho interno, se enfrentarmos a nós mesmos, então não faremos amigos apenas dizendo as coisas certas; sentiremos as coisas certas dentro de nós.

Em nossa essência, somos amáveis e corajosos, empáticos e gentis; só as tragédias nos desconectam dela. Quando estamos inseguros, essa essência existe, mas está oculta, como a luz solar passando pela persiana de maneira confusa. A persiana está lá para nos proteger do sol, mas mantém nosso mundo escuro e pode escurecer até o mundo daqueles ao nosso lado. Encontrar a segurança é encontrar nossa essência. Como eu disse no início deste livro, não se trata de nos transformarmos, mas de escavarmos, descobrirmos quem somos debaixo das covas que cavamos e dos nossos pedaços que enterramos para autoproteção.

É uma jornada exaustiva para chegar à segurança porque, como diz o poeta W. H. Auden, "preferimos ser arruinados a ser mudados". Mas se você está sozinho, afasta as pessoas, usa o humor para esconder sentimentos desconfortáveis, tenta ser forte o tempo todo, pensa que será rejeitado por todos, continua magoando aqueles que amam você, é dominado pelo ciúme, não se sente verdadeiramente visto ou não se acha suficiente, a estagnação é sua própria agonia.

Jared tem uma analogia de como é evoluir para segurança. Enquanto estava no exército, ele fez uma viagem à Arábia Saudita e chegou a uma área apelidada de "bairro vazio", porque lá é deserto por quilômetros. "Tivemos uma tempestade de areia naquela noite, a primeira em que estivemos lá. Assim que a tempestade acabou e as nuvens se dissiparam, olhei para cima e, pela primeira vez na vida, vi a Via Láctea. Foi de tirar o fôlego. Eu não podia acreditar. E eu fico tipo... uau. Isso esteve aqui o tempo todo. E fiquei acordado o resto da noite observando a galáxia." A conexão é nossa galáxia e está esperando por nós. Vamos encontrar nosso caminho até lá.

PARTE II

OLHANDO PARA A FRENTE

Práticas para fazer e manter amigos

CAPÍTULO 3

Tomando iniciativa

COMO TRANSFORMAR ESTRANHOS EM AMIGOS

Apareci na Universidade de Nova York (NYU) usando bata verde elegante que cobria meu bumbum, uma calça *legging* que usava como se fossem calças normais e um desejo secreto: fazer amigos. Eu cresci em Nova York, então alguns dos meus amigos do ensino médio estariam na NYU comigo, mas eu queria sair do meu pequeno círculo e conhecer novas pessoas. *A faculdade supostamente deve ser os melhores quatro anos da minha vida, e eu devo conhecer as pessoas que serão minhas melhores amigas para sempre*, pensei enquanto carregava as malas para meu novo dormitório.

A NYU tem uma semana de boas-vindas prolongada, cheia de atividades como uma filmagem de *Rocky Horror Picture Show* intercalada com comentários de *drag queens* ao vivo, um show de improvisação, uma peça encenada pelos ilustres alunos da Escola de Artes Tisch da universidade, eventos para fazer amizades e almoços com comida de restaurantes ao redor do *campus*. Mas, apesar de todas essas oportunidades para conhecer pessoas, grudei nos meus amigos do ensino médio que viraram amigos da faculdade, Krizia e Byron, durante toda a semana de boas-vindas. Eu achava que as pessoas se aproximariam e se apresentariam. Mas, de alguma forma, elas não fizeram isso.

Felizmente, porém, Byron me apresentou a uma nova pessoa de quem eu gostei. Lauri esbanjava alegria e empatia, do tipo que vai dar uma risada de pena se sua piada der errado. Adorei as boas vibrações e toda a atitude de Lauri (e o fato de ela rir de todas as minhas piadas terríveis). Quando Lauri, Byron e eu saíamos, ela e eu nos sentíamos mais próximas uma da outra que de Byron. Algo parecia fácil, natural e familiar. A autoconsciência e a confusão com as palavras que normalmente coincidem com novos relacionamentos não estavam presentes. Era fácil sermos nós mesmas. Mas só via Lauri quando Byron nos convidava para sair.

Ainda que eu gostasse de Lauri, não fazia ideia de que, para nos tornarmos amigas, uma de nós precisaria ser proativa. Uma parte de mim presumiu que nossa amizade, de alguma forma, simplesmente aconteceria. Chamar Lauri para sair era como se eu estivesse violando algum tipo de roteiro social, no qual estava escrito que a amizade deveria acontecer naturalmente. O destino não deveria unir os amigos? A intencionalidade parecia trair essa magia.

Acreditar na "magia" da amizade também me protegia dos sentimentos de vulnerabilidade que surgiam quando pensava em me expor e chamar Lauri para sair. Era muito mais fácil encarar um mundo onde as pessoas gostavam de *mim* em vez de *eu* gostar das pessoas. Se elas eram as iniciadoras, isso me libertava da vulnerabilidade de uma possível rejeição. Minha estratégia, na época, era me tornar tão irresistivelmente amável e interessante que as pessoas, incluindo Lauri, iriam me procurar. Isso fez eu me sentir segura para construir amizades pelo magnetismo. Mas essa estratégia grandiosa de amizade era um disfarce para um medo mais profundo: de que os outros não gostassem de mim. A rejeição confirmaria esse medo e, ao esperar que as pessoas viessem até mim, eu escapava dele.

Uma noite, Byron deu uma festa em seu dormitório. Era uma pequena reunião com a mesma proporção de pessoas e garrafas baratas de álcool. Lauri e eu estávamos sentadas no chão uma ao lado da outra quando ela disse: "Marisa, acho você muito legal e quero muito sair com você". Vejam só, eu senti pura alegria ao ver que a conexão que eu sentia com Lauri era palpável para ela também. Quando decidi que gostava dela, sua opinião sobre mim importava mais e, portanto, seu apoio também.

Lauri me salvou da solidão do primeiro ano de faculdade. Minha abordagem de "vou ser impressionante e deixá-los virem até mim" para a amizade não deu certo, mas Lauri e eu saíamos quase todos os dias, aproveitando juntas até demais a comida nos refeitórios do *campus*, fazendo o dever de casa com altas doses de cafeína, sendo o braço direito uma da outra durante muitas noites que só poderiam ser caracterizadas como horrivelmente universitárias e até mesmo nos distraindo na frente da televisão na companhia uma da outra. Sem Lauri, meu primeiro ano teria parecido vazio.

Do meu lado, era como se a "magia" da amizade estivesse acontecendo entre Lauri e eu, que, de alguma forma, fomos pegas pelo *chi* divino que nos impulsionava juntas. Mas a verdade é que Lauri teve a intenção de iniciar nosso relacionamento. Agora que ela é uma das minhas melhores amigas, vejo como é uma pessoa que toma a iniciativa em todos os aspectos de sua vida, e é algo que respeito profundamente nela. Lembro-me de quando me falou de uma discussão que teve com sua mãe sobre um provérbio chinês. Ela disse que algumas pessoas esperam as coisas acontecerem, enquanto outras têm garra para abrir espaço para si mesmas. A mãe dela e eu concordamos que Lauri tem a garra, e eu estou melhor nisso.

Na minha relutância em tomar a iniciativa com Lauri, eu supunha que as amizades deveriam acontecer "naturalmente" (assim como Lauri tomando a iniciativa comigo). E a razão pela qual eu pensava assim era para não ter de enfrentar meus medos de ser odiada ou rejeitada. Mas as amizades exigem iniciativa, e isso significa que devemos enfrentar nossos maiores medos.

NÃO DEVERIA SER TÃO DIFÍCIL FAZER AMIGOS

Por que é tão difícil fazer amigos na idade adulta? Não parece acontecer de maneira orgânica, como costumava ser. Já é difícil o suficiente no ensino médio ou na faculdade. Mas, para muitos, fica exponencialmente mais difícil depois disso. Às vezes, parece que, uma vez que você perdeu algum tipo de janela minúscula para fazer amigos mais cedo, já era. Onde conhecer as pessoas? É especialmente difícil vivendo em uma nova cidade, na qual todo mundo já parece estar saindo com seus grupos formados. Como ter acesso a eles?

Antes de nos culparmos pela falta de amigos, é importante mencionar quão difícil é fazer amizade, um problema agravado em nossa era moderna. Embora tenhamos a tendência de falar sobre a solidão como uma característica inevitável da condição humana, ela não é. Antes de 1800, as pessoas viviam entre seus familiares, cultivando e, de maneira mais geral, vivendo uma vida mais estabelecida e local. Elas tinham uma comunidade de família estendida e amigos; além disso, estavam envolvidas na vida da aldeia e com seu local de culto. A comunidade já fazia parte, não era procurada. Antes de 1800, não havia sequer uma palavra para a solidão como a conhecemos hoje. A palavra "solitário" descrevia o estado de *estar* sozinho, em vez da dor extraordinária disso.[106]

Com o surgimento da industrialização e dos pais saindo de casa para trabalhar nas fábricas, os laços comunitários diminuíram e a família nuclear tornou-se o centro do mundo das pessoas. Elas começaram a se mudar para trabalhar, mas o aumento da mobilidade residencial fez a amizade tornar-se mais descartável, de acordo com um estudo.[107] E, como as pessoas deixavam a família para trabalhar, passaram a viver sozinhas pela primeira vez, o que aumentava a solidão. John Bowlby, um dos pais do apego, disse: "Se as pessoas se conhecem e têm relacionamentos de longo prazo, a ajuda mútua faz sentido, porque posso ajudar você hoje e daqui a cinco anos você pode me ajudar. Mas, se você não estiver aqui em cinco anos e a comunidade está mudando constantemente, não é mutuamente útil por definição".[108] O aumento das demandas de trabalho, a mobilidade residencial e as casas para uma pessoa só explicam por que o *The Economist* chamou a solidão de "a lepra do século XXI".

Fora da mobilidade residencial, a tecnologia tem um papel a desempenhar no aumento da solidão. Em seu livro *Bowling Alone* [Jogando boliche sozinho], Robert D. Putnam examina com rigor os culpados que explicam nosso desligamento crescente da vida cívica. Um dos maiores culpados, revelou ele, é a televisão. Ela não só nos deu outra coisa para fazer para que não tivéssemos de bater à porta dos vizinhos para ver o que eles estavam fazendo, mas também, de acordo com Putnam, "parece encorajar a letargia e a passividade", um fenômeno que meu amigo Mikelann e eu chamamos de "efeito estatelar-se": estatele-se no seu sofá e você nunca mais sairá. O livro de Putnam foi lançado antes das mídias sociais, mas pesquisas desde então descobriram que a maneira como essas mídias afetam a solidão é mais complicada. Um grande estudo descobriu que as pessoas que fazem uso extenso de mídia social eram as menos solitárias ou as mais, dependendo de a mídia social ser usada para agendar interações pessoais ou substituí-las.[109]

Por causa desse caldeirão de fatores, nos últimos séculos, sacrificamos cada vez mais a comunidade pelo trabalho e pela conveniência. Vivemos em uma sociedade em que é aceitável cancelar planos com amigos para trabalhar, mas nunca vice-versa. Uma em que desistir de uma promoção para ter tempo livre para as pessoas que você ama é um potencial desperdiçado.

Em que mencionar que você está sozinho ainda é um tabu, apesar de 61% dos estadunidenses admitirem isso a portas fechadas.[110] Em que o aumento da riqueza significa uma passagem só de ida para casas maiores, mais terras e isolamento. Em que o bate-papo com o balconista da mercearia tornou-se o toque da campainha e a materialização das caixas de entrega. Em que nosso amigo que nos buscou no aeroporto foi substituído pelo motorista do Uber. Apesar de a conexão ser um valor fundamental da nossa espécie, não é um valor fundamental da sociedade ocidental.

Estamos vivendo o que o sociólogo Émile Durkheim chama de "anomia", uma disjunção entre as normas da sociedade e o que as pessoas precisam para prosperar. A antropóloga Sharon Abramowitz concluiu no livro *Tribe: On Homecoming and Belonging* [Tribo: regresso ao lar e pertencimento]: "Somos uma sociedade *anti-humana*. Nossa sociedade é alienante, técnica, fria e mistificadora. Nosso desejo fundamental, como seres humanos, é estar perto dos outros, e nossa sociedade não permite isso". O resultado? Em 2013, uma análise de 177.653 participantes entre 277 estudos revelou que as redes de amizade encolheram nos últimos 35 anos. Alguém vivendo nos anos 2000 tem quatro menos amigos, em média, que alguém que vivia no começo da década de 1980.[111] Outra análise descobriu que quatro vezes mais pessoas não têm amigos em 2021, em comparação a 1990.[112] As circunstâncias são ainda mais graves para os homens, com cinco vezes mais deles relatando não ter amigos em 2021, em comparação com 1990.[113]

Talvez os resquícios de nosso passado evolutivo nos levem a supor que a amizade acontece organicamente. Porque antes acontecia. Mas agora não mais. Se quisermos fazer e manter amigos, precisamos nadar contra a corrente de desconexão que tem nos contaminado por séculos. Não é justo. Não deveria ser tão difícil. Mas estou aqui para equipar você com as ferramentas para chegar lá, apesar de ser mais difícil fazer amigos agora do que jamais foi na História.

AS AMIZADES ADULTAS NÃO ACONTECEM DE FORMA ORGÂNICA

Aqui está uma verdade simples e, às vezes, surpreendente: fazer amigos na idade adulta requer iniciativa. Temos de sair e tentar. De forma simples, é um processo de fazer contato repetidamente. É encontrar alguém de quem gostamos e, em vez de deixar o momento passar na esperança de que a pessoa possa pedir nosso número de telefone, aproveitar o momento e pedir o dela. Em seu livro *We Should Get Together: The Secret to Cultivating Better Friendships* [Deveríamos ficar juntos: o segredo de cultivar melhores amizades], Kat Vellos descreve como mudou o curso de suas amizades por meio de um processo contínuo de tomar a iniciativa. Como ela diz: "Uma parte básica, mas crítica, de nutrir relacionamentos é o ato de acompanhar e ver como as pessoas estão. Programei lembretes repetidos no meu telefone para contatar meus velhos e novos amigos".

Na verdade, acreditar que as amizades acontecem de forma orgânica e que as energias cósmicas concederão um amigo a você *dificulta que as pessoas façam* amigos, porque as impede de terem a intenção de fazê-lo. Nancy E. Newall, professora associada de Psicologia da Universidade Brandon, e seus colegas entrevistaram adultos mais velhos para determinar as diferenças nos mundos sociais de pessoas que acreditavam que as amizades eram feitas com base no esforço ou na sorte. Eles descobriram que aqueles que acreditavam que fazer amigos era uma questão de sorte estavam mais solitários cinco anos depois, enquanto aqueles que acreditavam que a amizade exige esforço eram menos solitários.[114] O motivo? A crença de que é preciso esforço estava relacionada a envolver-se em atividades mais sociais, como visitar amigos e familiares ou ir à igreja. E o envolvimento nessas atividades sociais trouxe amigos às pessoas.

Você deve tomar a iniciativa para fazer amigos, mas a boa notícia é que pode escolher como fazer isso. Talvez não seja seu estilo aparecer naquele evento de *networking* para quem faz agricultura urbana ou naquele passeio de oito quilômetros com o clube de ciclismo. Mas iniciativa não significa apenas ir a encontros e eventos de *networking*. Uma boa estratégia para introvertidos é procurar velhos amigos para se reconectar. Outra é entrar em contato com um conhecido sobre o qual você deseja saber mais. Gosto especialmente dessas opções porque o amigo é pré-selecionado e você sabe que tem evidências sólidas de uma conexão. Tara e Mika são amigas que se conheceram brevemente no trabalho antes de Mika sair, mas depois se seguiram no Instagram. Elas comentavam nas postagens uma da outra, construindo uma afinidade, até Tara perguntar se Mika queria almoçar algum dia. Com a tecnologia agindo como atenuante, tomar a iniciativa pode ser ainda mais fácil.

A iniciativa pode até ser chamar um colega de trabalho para um café, aquele de cuja companhia você gosta, mas quem ainda não viu fora do local de trabalho. Pode significar tomar a iniciativa de ingressar em uma liga de esportes recreativos, matricular-se em um curso ou envolver-se com uma organização pela qual você tem paixão, para que se coloque consistentemente em um ambiente onde possa desenvolver amizades. A pesquisa de Newall nos leva a desafiar a abordagem passiva de fazer amigos que a maioria de nós admitiria tomar. Ela nos pede para abraçar o que eu chamo de "iniciativa sem remorso", forçando-nos a reconhecer que, mesmo que o panorama social não facilite a amizade, ainda temos influência.

Para afastar a passividade e a desesperança, é importante cultivar o que é chamado de "lócus de controle interno", que é o jargão da pesquisa para assumir a responsabilidade de alcançar seus objetivos. Pessoas com um lócus de controle externo, por sua vez, acreditam que sua vida é determinada por forças fora de seu controle e, portanto, têm dificuldade em tomar iniciativas para alcançar seus objetivos. Quem você acha que é o piloto do seu avião? As pessoas com um lócus de controle interno diriam que são elas mesmas, enquanto aquelas com um lócus externo diriam outra coisa: horóscopo, chefe, cônjuge ou Mercúrio retrógrado. Alguém com um lócus interno que queira fazer amigos pode juntar-se a um grupo de caminhada e apresentar-se a seus companheiros da atividade, enquanto alguém com um lócus externo se sentará no sofá assistindo a fabulosos destinos de caminhada na tv.

Um dos meus parceiros românticos anteriores lembrou-me de todos os meus conselhos sobre iniciativa quando andávamos no corredor do nosso prédio. Alguns outros vizinhos reuniram-se lá também. Ele sabia que eu queria fazer amizade com meus vizinhos, mas, quando os vi conversando, fiquei intimidada demais para dizer olá. Quando entramos em nosso apartamento, ele me perguntou: "Que conselho você daria a si mesma?".

"Tomar iniciativa; apresentar-se", eu murmurei.

"Perfeito", ele respondeu enquanto me empurrava de volta ao corredor. Por mais estranha que me sentisse, eu sabia que a responsabilidade de dizer olá – o lócus de controle – estava em minhas mãos.

"Oi. Mudei-me para cá recentemente. Eu só queria me apresentar." Os vizinhos foram abertos e amigáveis, e encerramos essa interação trocando números e conversando em um grupo de WhatsApp. Nesse grupo, começamos um piquenique semanal ao ar livre com os vizinhos. As pessoas acham que os pequenos gestos, como dizer olá, podem não ter consequências colossais em suas vidas, mas eles podem. Um olá pode ser a diferença entre estar sozinho e encontrar seu melhor amigo.

Manter seu lócus interno beneficiará você não apenas no estágio de tomar a iniciativa, mas em todos os estágios da amizade. Podemos desenvolver um lócus de controle interno mudando nossa mentalidade para ver a amizade como algo que acontece quando fazemos acontecer. Podemos acreditar que é possível nos aproximar das pessoas se tentarmos. Podemos parar de supor que a amizade deve acontecer sem nenhum esforço ou que fazer amigos exige que esperemos até que alguém nos escolha.

Nós fazemos a escolha. Nós aparecemos. Nós acompanhamos. Nós convidamos para sair quando queremos sair. Assumimos a propriedade do processo. Mas, para isso, temos de explorar e abordar algumas suposições subjacentes que podem nos atrapalhar.

AMOR (NÃO) É TUDO DE QUE VOCÊ PRECISA

A vida de Rob estava indo bem na maior parte do tempo.

Ele era um cara bonito, musculoso, com cabelo castanho espesso e olhos combinando; usava óculos largos e quadrados que completavam seu visual de Clark Kent. Ele havia se mudado recentemente para Chicago, onde conseguiu um emprego decente como assistente jurídico em um escritório de advocacia poderoso. O salário o salvou de se encalacrar com os pagamentos mensais do empréstimo estudantil. Ele encontrou um bom apartamento por um preço decente em um bairro acessível a tudo o que a cidade tinha a oferecer.

Ele morava com a namorada, Leila, e o relacionamento ia bem. Leila trabalhava em uma creche e voltava para casa com histórias de seus pequeninos: *Hoje um garoto chorou como uma alma penada porque seu amigo comeu uma fruta no lanche e sua mãe não enviou uma para ele. Tadinho.*

COMO FAZER E MANTER AMIGOS PARA SEMPRE

O casal se conheceu logo depois da faculdade e, embora fossem diferentes em muitos aspectos, eles se davam bem.

Muitas de suas diferenças se resumiam ao estilo de comunicação pessoal. Rob era naturalmente extrovertido com uma vibração inconfundível. Sua vitalidade contrastava com a atitude silenciosa de Leila. Rob gostava de conversar e sair, mas Leila, muitas vezes, desejava se esconder em seu quarto e ler. Rob estava interessado em algumas coisas que Leila não tinha interesse, como videogames, *kung fu* ou fumar maconha. Conhecer novas pessoas ajudaria a satisfazer esses interesses, mas ele se sentia ambivalente quanto a fazê-lo. Claro, ele poderia sair e bater um papo constrangedor com estranhos sobre o outono chuvoso que eles estavam tendo ou a textura do bagel de pizza, ou ele poderia ficar em casa e abraçar Leila.

Mas, por mais que gostasse das noites em frente à TV bebendo Coca Diet e comendo bolinhos de frango chinês, Rob sabia que faltava algo. Sabia que não era bom para ele depender de Leila para todas as suas necessidades sociais. No entanto, enquanto tomava a iniciativa sobre a maioria dos aspectos de sua vida, contatando suas conexões para conseguir um emprego, ingressando em uma academia (bem, pelo menos por um tempo) ou ligando diligentemente para seus pais, como um bom filho, ele nunca foi assim para fazer amigos. Ele nunca precisou ser.

No passado, as amizades simplesmente aconteciam. Ele estava em uma aula ou em um novo dormitório e as pessoas gravitavam em torno de umas das outras. Os ambientes escolares forneceram-lhe os ingredientes que os sociólogos consideram essenciais para a conexão: interação contínua não planejada e vulnerabilidade compartilhada.[115] Desde que se mudou para sua nova cidade, Rob supôs que não precisava se esforçar para fazer amigos; eles acabariam entrando em sua vida, como sempre aconteceu. Mas, a cada novo dia, ele se decepcionava.

Houve algumas exceções nos últimos dois anos. Rob conheceu um homem, Mike, em um jogo de basquete e ficou encantado quando Mike manifestou interesse em conhecê-lo melhor. Eles se encontraram algumas vezes e Rob gostou da companhia de Mike, até que este começou a contar sobre suas fabulosas facas, que podiam cortar os ossos de um frango com um corte rápido. Mike perguntou a Rob se ele estaria disposto a organizar uma festa clandestina para seus amigos, e foi quando Rob percebeu

87

que Mike estava em um esquema de pirâmide e a amizade tinha uma intenção diferente.

Depois, havia o colega de trabalho com quem Rob tinha grandes esperanças. Eles saíram juntos e jogaram tênis. Foi bastante agradável, mas não a ponto de Rob se sentir compelido a ligar para ele novamente. Após o jogo, não se falaram e a amizade definhou. Eles voltaram a ser apenas colegas.

A longa seca de amizades de Rob começou a afetar como ele agia com os outros. Ele começou a se sentir inseguro ao interagir com as pessoas que não conhecia bem. Quando conhecia alguém novo, seu cérebro ficava falando como a pessoa provavelmente não estaria interessada nele de qualquer maneira, como ele não tinha nada substancial para acrescentar à conversa, como se ele tentasse sair com a pessoa, certamente ela não aceitaria, e por que arriscar passar pela inevitável rejeição? O mundo social revelando-se em seu cérebro era muito mais sombrio do que a realidade poderia ser, mas ele acreditava nessas histórias assustadoras. A solidão havia começado a distorcer sua percepção do mundo.

Rob queria fazer amigos, mas não sabia como. Ele ansiava por conexões mais profundas, mas não tinha paciência para passar pelo tortuoso processo de formar uma. Sentia-se ansioso, às vezes até com medo dos outros, mas também precisava que os outros se sentissem como ele. Ele tinha certeza de que, se algo fosse melhorar sua vida, seriam amigos e, ainda assim, adotou uma abordagem passiva para fazer amizades.

Infelizmente, o relacionamento de Rob e Leila não durou. Foi um término difícil, mas o coração de Rob se recuperaria. O que o devastou, porém, foi o abismo de solidão em que ele mergulhou. Sua recuperação ficou mais difícil por causa do vácuo de amigos que poderiam tê-lo ajudado a amenizar o golpe. Em vez de voltar para casa, comer comida pronta e assistir a filmes com Leila, ele retornava para um sofá e uma cama visivelmente vazios.

Olhando para trás, Rob desejou que não tivesse esperado até o término do relacionamento para começar a construir uma comunidade. Ele se sentia como uma casca de si mesmo, em tanto desespero que a ideia de botar a cara para fora o fazia recuar. Mas ele não voltaria com Leila, então ficou com apenas duas opções: contorcer-se na solidão ou fazer amigos.

COMO FAZER E MANTER AMIGOS PARA SEMPRE

Rob matriculou-se em uma aula de *kung fu*, fez contato com uma conexão da faculdade e, lentamente, começou a construir uma comunidade para si. Seus novos amigos escutavam com empatia ele falar sobre seu relacionamento com Leila, sua relutância em sair e conhecer alguém novo, seu desejo de ser pai logo e como ele sentia que tudo isso havia sido roubado dele. A empatia deles não o curava, mas ajudava.

A situação de Rob revela um impedimento à amizade que mencionei no Capítulo 1: a ideia de que nossos relacionamentos românticos são tudo de que precisamos. Essa crença leva as pessoas a negligenciar a amizade ou até mesmo a rejeitá-la, a fim de que possam passar mais tempo com seus parceiros românticos. Até mesmo pessoas solteiras abraçam essa ideia. Seus polegares estão feridos de ficar arrastando fotos para o lado em aplicativos de encontros, mas elas não levantam um dedo para encontrar amigos. Elas podem deixar de marcar compromissos com os amigos por várias noites na semana para o caso de a pessoa em que estão interessadas tiver um tempo livre. Já tive esse comportamento também e compartilho isso como uma observação em vez de um julgamento. A exaltação dos relacionamentos românticos sobre a amizade é um subproduto de nossa esfera cultural mais ampla. Priorizar as amizades requer desaprender essa mensagem cultural.

Podemos reaprender uma verdade importante que se baseia na ciência dos amigos e do romance: ter amigos próximos melhora nossos relacionamentos românticos.[116] O conflito com o cônjuge, revela um estudo, faz com que excretemos um padrão não saudável de hormônios do estresse,[117] mas apenas se não temos amizades de qualidade fora do casamento. Estudos revelaram que a boa amizade ainda se relaciona a uma melhor autoestima até para homens que sentem ter encontrado suas almas gêmeas românticas.[118] Essa pesquisa, combinada com outro estudo que descobriu que as pessoas são mais resilientes a acontecimentos negativos em seus relacionamentos românticos quando têm amigos (especialmente mulheres que tendem a ter amizades mais fortes), sugere que manter amizades enquanto se está em um relacionamento romântico é parte do que seria um romance saudável, um que não seja esmagado pelo peso de cada parceiro ter de ser tudo para o outro.[119] Estudos como esses são prova de que fazer amigos ajuda os relacionamentos românticos a prosperar e que uma pessoa nunca pode nos completar ou nos satisfazer de forma tão profunda que não precisamos ou não nos beneficiamos da amizade.

Se você está em um relacionamento, certifique-se de ter tempo para os amigos. Se você depende de seu parceiro ser seu único amigo, é hora de fazer novas amizades. Encontre amigos que tenham os mesmos interesses que você e que seu parceiro não tenha. Separe um tempo toda semana para colocar o papo em dia. Encoraje seu parceiro a passar tempo com amigos também. Se você é solteiro e está em busca de um relacionamento romântico saudável, estabeleça as bases desenvolvendo amizades mais fortes. Lembre-se: os amigos só tornarão seu romance melhor.

PRESUMA QUE AS PESSOAS GOSTAM DE VOCÊ

Já sabemos que nosso estilo de apego (seguro ou inseguro) afeta o modo como fazemos conexões. Aprendemos que, quanto mais segura a pessoa é, melhor ela é em tomar a iniciativa em relação à amizade e que as pessoas inseguras são melhores em iniciar nos momentos em que se sentem seguras. Um estudo revelou que, quando as pessoas inseguras foram preparadas para a amizade, escrevendo sobre alguém que era amável, que as apoiava e as tranquilizava, elas relataram que estavam melhores em tomar a iniciativa da amizade.[120] "Quão corajosa uma pessoa se torna quando tem certeza de ser amada", disse Freud certa vez.

Mas por quê? Uma pesquisa sobre casais românticos sugere que, quanto mais positivos nos sentimos sobre nós mesmos, maior a probabilidade de presumirmos que os outros gostam de nós e, quanto mais desmerecedores nos sentimos, maior a probabilidade de *subestimar* o quanto as outras pessoas gostam de nós.[121] O estudo revelou que a maneira de pensar em como seus parceiros românticos as viam era menos uma reflexão de como isso era verdadeiro e mais de como elas viam a si mesmas. As pessoas dizem: "Você deve amar a si mesmo antes que alguém possa te amar" porque, se você não ama a si mesmo, não notará quando elas o fizerem.

Esse estudo sugere que a maneira como achamos que as pessoas nos veem não é um fato. O mesmo acontece com relacionamentos platônicos. Os humanos são péssimos em ler mente. Apesar de todas as evidências, quando conhecemos alguém novo e pensamos *Eu não acho que ela está interessada em sair comigo*, fazemos essa suposição não porque temos algum tipo de telepatia sobre como a nova pessoa se sentirá a nosso respeito, mas porque achamos que somos desinteressantes. Se eu me amo, acho que o mundo é minha ostra social; se não, acho que o mundo é cruel e impiedoso. Nas duas suposições, o mundo é o mesmo, mas minha experiência dele é diferente com base no meu universo interior. Isso é perigoso, porque as pessoas que se sentem mal sobre si mesmas são as que *mais* precisam de amigos, mas tendem a ser as mais derrotistas.

As pessoas seguras sabem o seu valor, então supõem que os outros também sabem; elas presumem que os outros gostam delas. As inseguras, no entanto, supõem o contrário; a sensibilidade à rejeição – a tendência de projetar a rejeição na ambiguidade – é uma característica fundamental do apego ansioso e prejudica as pessoas ansiosas e seus relacionamentos. A pesquisa descobriu que os sensíveis à rejeição são mais propensos a serem deprimidos, ansiosos, solitários e infelizes em seus relacionamentos.[122] Eles relatam que seu parceiro romântico quer deixá-los, mesmo quando não há essa intenção.[123] Também são mais propensos a responder a situações sociais ambíguas (como alguém ficando mais quieto em uma interação) tornando-se distantes ou frios.[124] Como pensam que são os prejudicados, são mais propensos, em relacionamentos, a se tornarem ciumentos (para homens) ou hostis e pouco solidários emocionalmente (para mulheres), o que acaba deixando seus parceiros insatisfeitos.[125] Essa pesquisa sugere que, quando projetamos rejeição, ela é uma profecia que se cumpre; tornamo-nos os rejeitadores – hostis, retraídos e ciumentos – e aceitamos a rejeição que tememos.

Quando as pessoas seguras supõem que os outros gostam delas, é uma profecia que se cumpre, chamada de "profecia da aceitação". Danu Anthony Stinson, professora de Psicologia da Universidade de Waterloo, e seus colegas trabalharam com a hipótese de que "se as pessoas esperam aceitação, elas devem se comportar de maneira mais gentil, o que faz os outros as aceitarem; se elas esperam rejeição, irão se comportar de maneira fria, levando a menos aceitação".[126] Para testar essa hipótese, ela disse às pessoas que elas participariam de um grupo de discussão, pediu-lhes para relatar o quanto achavam que os membros do grupo gostariam delas e, então, solicitou-lhes que gravasse um vídeo para que pudessem se apresentar ao grupo. Os observadores classificaram quão agradável o participante era no vídeo. Os participantes que presumiam que as pessoas gostariam deles foram, de fato, vistos como mais agradáveis. Esse estudo baseou-se em um semelhante realizado na década de 1980, o qual revelou que os voluntários que acreditavam que um parceiro de interação gostava deles compartilharam mais informações sobre si, discordavam menos e tinham uma atitude mais positiva, fazendo, no final, a premonição tornar-se real.[127]

Grande parte da amizade é definida pela ambiguidade; é raro que as pessoas nos digam diretamente se gostam ou não de nós. Assim, nossas projeções acabam desempenhando um papel maior em nossa compreensão de como os outros se sentem sobre nós do que como realmente se sentem. Nosso apego determina como nos relacionamos com a ambiguidade. Quando não temos todas as informações, preenchemos as lacunas com base em nossa segurança ou falta dela. A segurança nos leva a navegar pela ambiguidade com otimismo. Nós nos valorizamos, então, quando temos dados limitados, presumimos que os outros também nos valorizam.

No geral, essa pesquisa revela um dos segredos mais importantes para tomar iniciativa na amizade. Suponha que as pessoas gostem de você. Quer convidar um amigo para um café? Suponha que ele esteja interessado. Ficou tentado a perguntar a um amigo da academia se ele quer se tornar uma companhia para o *happy hour*? Suponha que sim. Quer se reconectar com um amigo com quem você está triste por ter perdido contato? Suponha que ele queira também. Quando fazemos essa suposição, a iniciativa não é mais assustadora. E essa suposição não apenas nos torna mais propensos a tomar iniciativas, mas a navegar no processo de fazer amizade e na vida com mais paz, leveza e prazer.

Quando supomos que os outros gostarão de nós, não apenas exibimos comportamentos que prenunciam nossa aceitação, mas também nos tornamos mais precisos em nossas previsões da realidade. Em 2018, a dra. Erica J. Boothby, então pesquisadora de pós-doutorado na Universidade Cornell, realizou um estudo em que as pessoas interagiam em vários ambientes – em um dormitório universitário, no laboratório, em uma oficina de desenvolvimento profissional – e perguntou aos parceiros de interação o quanto eles gostavam um do outro. Em todas essas configurações, as pessoas evidenciaram o que é chamado de "lacuna do gostar": elas *subestimaram* sistematicamente o quanto seu parceiro de interação gostava delas. Presumir que outros gostam de nós corrige esse nosso viés.[128]

Você pode estar pensando *Isso pode ser verdade para a maioria das pessoas, mas não para mim. Eu sou uma pessoa estranha. O apelo à Suprema Corte é desnecessário, porque meu caso está encerrado.* Mas, mesmo quando supomos ser desagradáveis e, consequentemente, tornamo-nos retraídos e frios, as pessoas gostam de nós mais do que pensamos. A pesquisa de Boothby revelou que as pessoas que têm a visão mais negativa de si mesmas são as mais imprecisas sobre como são percebidas. Boothby pediu aos participantes da pesquisa que relatassem sobre pensamentos proeminentes que tiveram durante a conversa com um estranho e o quanto seus pensamentos eram negativos ou positivos. Talvez eles pensassem que eram campeões sociais criando uma conexão vencedora (positivo) ou que suas habilidades sociais ríspidas davam nojo no parceiro de interação (negativo). Quanto mais negativos os pensamentos das pessoas eram, maior a probabilidade de elas subestimarem o quanto eram agradáveis. Em outras palavras, os participantes acreditavam em seus pensamentos autocríticos quando, na realidade, esses pensamentos estavam distorcendo a verdade.

O que essa pesquisa mostra é que muitos de nós nos sentimos inseguros e presumimos que os outros podem sentir nossa inadequação, mas *sentir-se* socialmente inadequado não é o mesmo que ser socialmente inadequado. Se você derramar vinho no tapete elegante do anfitrião da festa em um encontro chique (aconteceu comigo; a anfitriã era minha orientadora do doutorado), você provavelmente acabará sendo mais duro com você mesmo do que os outros serão (espero; obrigada por ser legal comigo sobre isso, Karen). Provavelmente, você *pensará* que os outros estão julgando-o e, quando se trata de psicologia humana, pensar isso tem o mesmo efeito em você do que o julgamento em si. Nossos pensamentos frequentemente nos prejudicam mais do que as pessoas que nos intimidam. A verdade é que ninguém se importa sobre sua falta de jeito social tanto quanto você. As pessoas estão atarefadas demais preocupando-se com a falta de jeito social delas.

Quando você acha que uma interação não está indo bem, pergunte a si mesmo se quem lhe deu essa sensação foram seus pensamentos ou se foi o comportamento da outra pessoa. Quais comportamentos dessa pessoa indicaram que ela desaprova você? Se você não consegue identificar nenhum comportamento específico, então os pensamentos ansiosos podem ser excessivamente cínicos em adivinhar o que ela está pensando.

Mesmo que você se exponha e não faça novos amigos em uma ou várias vezes, isso não significa que não seja bom em fazer amigos. Na verdade, como psicóloga, encorajo meus clientes a se recompensarem pelo processo, e não pelo resultado. Estou orgulhosa de você se for capaz de tomar a iniciativa, não importa se faz amigos. De qualquer maneira, você ainda está desenvolvendo uma nova habilidade. O esforço confirma que está se posicionando para obter os resultados que busca. Você ganha, seja como for.

DIGA OLÁ

Clive, um analista de negócios negro de trinta e poucos anos, estava tentando fazer novos amigos e, portanto, foi a um evento de *networking* organizado pelo LinkedIn. O evento era para jovens profissionais de minorias que desejavam iniciar um pequeno negócio. Clive apareceu vestido para impressionar, com uma camisa de botão cor de neve, calças prateadas e uma gravata-borboleta listrada preta e verde-limão que ele esperava transmitir: "Sou convencional, mas também interessante". Além disso, ele imaginava que o evento fosse formal, já que era no Empire State Building.

Quando ele chegou ao topo do que parecia ser um número considerável de andares, os elevadores abriram-se para uma sala que parecia uma planta baixa roubada da sede do Google. Havia quadros brancos inteligentes, paredes feitas de janelas e mesas circulares onde todos podiam sentar-se juntos. Os anfitriões pareciam lembrar aos participantes, no entanto, que aquele não era um encontro de tecnologia, e sim um evento de *networking* para profissionais de minorias, servindo arroz e feijão, frango preparado à moda caribenha e banana-da-terra.

Depois que as pessoas terminaram de comer, os corajosos participantes levantaram-se e começaram a misturar-se. No passado, Clive teria se sentado à sua mesa e esperado que os outros se aproximassem dele – e, se não o fizessem, ele teria presumido que o clube era exclusivo e hostil. Mas, dessa vez, acabou percebendo que um contexto social não era apenas algo que estava acontecendo *com* ele; era algo que ele poderia criar. Então, em

COMO FAZER E MANTER AMIGOS PARA SEMPRE

vez de ficar sentado à sua mesa, Clive levantou-se e apresentou-se a uma mulher que se parecia com a Alicia Keys. Suas mães eram, ambas, magnatas do setor imobiliário. Clive sentia boas vibrações dela, mas ela parecia estar com pressa para chegar a algum lugar. Antes que Clive pudesse perguntar se eles podiam trocar informações para manter contato, ela teve de sair.

Ele, então, começou a conversar com Cameron, que trabalhava para as Nações Unidas e parecia ansioso para falar com ele. Cameron havia passado recentemente por um treinamento de trabalho que envolvia enfiar-se e pular para fora de um caminhão em movimento, a fim de prepará-lo para trabalhar em áreas perigosas. Clive ficou fascinado e perguntou: "Você acha que realmente vai trabalhar em uma área de risco?".

"Eu adoraria!", disse Cameron. Clive achou Cameron intrigante e aventureiro, e o envolvimento de Cameron na conversa ajudou-o a sentir-se confiante o suficiente para perguntar se eles podiam trocar informações. Sua frase pronta: "Deveríamos manter contato. Como posso falar com você?".

Havia outro homem no evento de *networking* com o qual Clive pensou em se conectar, Adrian. Ele estava fazendo consultoria de diversidade e estudou na *alma mater* de Clive, a Universidade de Michigan. Adrian tinha uma energia enraizada que fazia Clive sentir-se confortável. Quando se aproximou de Adrian e pediu suas informações de contato, Adrian colocou seu LinkedIn no telefone dele. *Ele está se livrando de mim?*, Clive se perguntou. Ou essa era a cena *millennial* de Nova York, com contas de LinkedIn antes dos números de telefone? Ou esse era o ponto de contato presumido porque eles estavam em um evento do LinkedIn? Clive não tinha certeza se estava sendo rejeitado.

Ele decidiu presumir que *não estava* sendo rejeitado por Adrian. Em geral, quando se trata de fazer amigos, aprendemos que essa suposição é uma boa ideia. Adrian deveria estar apenas acostumado a compartilhar suas contas de mídias sociais em vez de seu número. Depois do evento, Clive enviou uma mensagem a Adrian no LinkedIn perguntando se ele gostaria de se conectar pessoalmente. Adrian respondeu que sim.

Clive acabou fazendo contato com duas pessoas do evento de *net-working*, um número que seria zero se ele não tivesse tomado a iniciativa. A história de Clive também revela que iniciativa não significa apenas aparecer; exige mais que isso. Você deve se envolver com as pessoas quando chegar lá, às vezes com várias. A persistência, ao que parece, compensa.

Se você for persistente, provavelmente terá uma experiência mais positiva em seu ambiente social. Em um estudo finlandês, os participantes avaliaram a si mesmos e a seus colegas de classe em relação às impressões uns dos outros, bem como o clima social da turma.[129] O estudo descobriu uma ampla variedade de como as pessoas classificaram o mesmo clima. Foi visto como mais saudável por quem teve a intenção de se envolver nele, enquanto as mulheres que, no estudo, foram mais desconectadas viram o clima como mais frio. Embora não saibamos o que veio primeiro, se as pessoas mais afáveis experimentaram o clima como mais amigável ou vice-versa, essas descobertas podem sugerir que o clima social não é uma realidade estática e que nossa percepção está relacionada às ações que tomamos dentro dele.

Aqueles que são mais ativos em um clima social – cumprimentando os outros, apresentando-se, contando sobre seu fim de semana, fofocando sobre a peruca torta do professor – superaram não um, mas dois tipos de evitação social: a aberta e a oculta. A evitação aberta é quando as pessoas não aparecem nos eventos porque estão muito desconfortáveis. Quando alguém o convida para sair e você não aparece, é menos provável que a pessoa faça um novo convite; ela não sabe que você pode ter ansiedade e, em vez disso, entenderá suas ações como um significado de que você não está interessado nela (as pessoas presumem a rejeição facilmente, como descobrimos). Para os estudantes finlandeses, a evitação aberta parece ser como não comparecer às aulas ou aos encontros sociais. As pessoas se envolvem nesse tipo de evitação para reduzir sua ansiedade no curto prazo, mesmo que isso a perpetue no longo prazo.

Em contraste, a evitação oculta é como estar presente fisicamente, mas afastado mentalmente. É estar no evento, mas não se envolver com os outros, não fazer contato visual, falar muito rápido, mexer no celular, brincar com o cachorro, fazendo guerrinha de polegares e ganhando, porque a pobre criatura não os tem. A iniciativa exige que superemos a evitação aberta e a oculta. Você não deve apenas aparecer, mas apresentar-se, estar presente e envolver-se.

É importante reconhecer os tipos de comportamento oculto que você pode ter e que parecem estar protegendo-o do julgamento dos outros (mas, na verdade, estão afastando as pessoas). Então, da próxima vez que for a um *happy hour*, não fique parado, apresente-se. Quando você começar em um novo trabalho, diga olá aos seus novos colegas. Quando chegar ao seu local de culto, chegue cedo para dizer olá. Quando encontrar amigos de amigos, faça perguntas e demonstre interesse.

A evitação é a força vital por trás da ansiedade social que a maioria de nós experimenta em algum grau (ou ansiedade em torno de outras pessoas, junto ao medo de elas não gostarem de nós). As pessoas superam sua ansiedade expondo-se repetidamente aos seus medos e percebendo que o leão que elas temiam é, na verdade, um shih tzu com uma sombra. Quando você não evita mais o que teme, a ansiedade acaba dissipando-se, mas a evitação consistente cristaliza o medo. Por meio de experiências, você acumula provas de que a voz sórdida em sua cabeça que diz que você é terrivelmente desagradável não está falando a verdade. Também prova sua resiliência, sua capacidade de sobreviver até mesmo às circunstâncias mais notoriamente desconfortáveis. Então, vá em frente!

A lição que podemos aprender com Clive é que, para sermos bons em iniciar uma amizade com os outros, não precisamos apenas ser bons em sair de casa; temos de ser bons em dizer olá, apresentar-nos, convidar as pessoas para um café. Devemos fazê-lo repetidamente também. Temos de superar a evitação aberta, aparecendo nos lugares, e a evitação oculta, envolvendo-nos com as pessoas quando chegarmos lá. Para fazer isso, talvez tenhamos de confrontar nossa voz interior dizendo-nos que seremos rejeitados e, em vez disso, dizer a nós mesmos que os outros gostam de nós, que ficariam felizes em conectar-se, que somos afáveis.

COMO TOMAR A INICIATIVA

As barreiras à iniciativa que exploramos – concentrar-se demais nos relacionamentos românticos, supor que as pessoas nos rejeitarão, aparecer sem nos envolver ao chegar no local – são apenas parte da história. Você pode ter outros problemas com que deverá lidar para chegar ao momento em que possa estar pronto para iniciar uma amizade.

- Talvez você ainda pense que está muito ocupado, tendo de trabalhar das 9h às 18h e cuidando de seus filhos (além de equilibrar uns cinco pinos de boliche porque resolveu se inscrever em uma aula de malabarismo no centro comunitário local). Você precisa de fisioterapia para o seu pulso, por causa do malabarismo antes de pensar em fazer amigos.

- Ou talvez esteja convencido de que não precisa realmente de amigos, porque, de alguma forma, você é uma exceção na experiência humana.
- Ou talvez (*muito menos provável* que os outros cenários, claro) você reconheceu que tem tido uma atitude passiva em relação a fazer amigos e espera melhorar. Está pronto para tomar uma ação e está pensando: *Bem, e agora?*

Vamos falar sobre o que você pode esperar quando começa a sair e como pode se orientar de maneira eficaz para tomar a iniciativa.

Imagine-se em um encontro social. Você está em um *happy hour* para pessoas da sua profissão e não conhece nenhum dos participantes. No início, você nota um punhado de pessoas que podem estar lá para o evento de *networking* e começa a se sentir acanhado. *Por que eu me forço a vir a essas coisas bobas?*, você se pergunta. A mulher ao seu lado lança-lhe um olhar, e você se pergunta se disse isso em voz alta. Você devolve o olhar para ela, fingindo estar confiante de que aqueles eram pensamentos e não palavras. Espera que ela não continue olhando para você, porque você não tem como encará-la e está começando a sentir um pouco de ansiedade. Nervosismo, relutância, tudo isso é de se esperar ao se expor a um bando de hienas desconhecidas, háááá... seres humanos.

Você pega uma bebida no bar e mastiga o canudo vermelho de plástico para evitar beber tudo de uma vez. Essa bebida é sua evitação oculta em forma líquida, assim como a tagarelice em seu cérebro sobre como você não deveria ter usado plástico por causa do inevitável apocalipse da mudança climática. Mas, se é inevitável, então por que deveria abrir mão do luxo de usar o canudo? Você está muito desconfortável agora; merece a droga do canudo. Ah, a doce evitação oculta... Você tem alguém com quem conversar, mesmo que seja sua própria mente crítica.

Alguém paira perto de você, um *networker* indesejado como você, também fascinado pela bebida. Ele está vestindo um paletó cinza e uma calça jeans. Esta é a sua chance, você pensa. Mas e se ele rejeitá-lo? Você inventa uma história sobre como ele provavelmente está esperando por alguém, como você provavelmente é o único perdedor aqui que não tinha um amigo para trazer. Pensamentos autocríticos, você reconhece. O que aquele livro dizia? Ah, certo! Você provavelmente está presumindo que os outros estão rejeitando-o mais do que o que acontece realmente. Agora você sabe que as pesquisas dizem que, quando você critica a si mesmo, projeta que os outros não gostam de você, embora isso não seja necessariamente verdade. Então, repete uma afirmação em sua cabeça: *Posso supor que as outras pessoas gostem de mim.*

Uma parte do seu cérebro sussurra que o *networker* indesejado aí perto provavelmente acha que algo está errado com você agora, enquanto você continua a murmurar seu mantra cafona. Mas outra parte sua começa a sentir-se mais confortável, menos ameaçada. Seus ombros relaxam, sua testa não está mais franzida e você aproxima-se do sr. Paletó.

"Oi! Eu sou [insira seu nome aqui, ou o nome falso que você inventou para que as pessoas não possam procurá-lo nas mídias sociais até que você queira]. O que traz você aqui?", você pergunta.

"Ah, eu sou Obi. Trabalho para a empresa tal", ele responde. Empresa tal? Hmm, não ouvi falar dela, você pensa. Vocês começam a conversar. Felizmente, Obi é de conversa fácil e parece aliviado, em vez de horrorizado por sua abordagem. Vocês conversam por cerca de cinco minutos até que o bate-papo começa a diminuir e Obi parece querer dar uma volta pela sala.

"Bem, foi ótimo falar com você", você solta. "Sinto o mesmo", ele responde.

Passar pela primeira barreira de tomar a iniciativa torna-o mais confiante e você se aproxima de um monte de pessoas naquela noite. Há a mulher animada usando um vestido verde, Keshia, que parece fascinada por você. Você gosta dela. Há o homem corpulento e arisco de suspensórios que é bastante seco. Algumas outras pessoas, mas você não consegue lembrar seus nomes: alguém que mora no seu bairro, outra que exibiu fotos de seu cachorro fofo, uma mistura de dálmata e *dachshund*. Como isso aconteceu mesmo?

Há momentos em que você é deixado sozinho, no purgatório, entre parceiros de conversa, mas o recorde de interações não horríveis que está atingindo é confortante. As pessoas até começam a aproximar-se de você. Clark, o anfitrião do evento de *networking*, aborda-o para perguntar se você está curtindo. Você responde, mas ele parece distraído. Você não tem certeza do que pode ser a distração e espera que não seja sua resposta chata sobre querer expandir sua rede de contatos profissionais.

Você se questiona: deveria dizer a ele que está sentindo uma solidão torturante, sobretudo durante os fins de semana, e como estava chegando ao ponto em que a dor da solidão eclipsou seu medo de ter de fazer algo sobre isso? Então, lembra-se de não projetar a rejeição em uma circunstância ambígua. Talvez Clark tenha outras coisas em mente. Você estava certo, pensa, enquanto olha para o relógio e percebe que ele provavelmente estava distraído porque seu evento está terminando. Ele pausa sua conversa para fazer um anúncio: "Muito obrigado a todos por terem vindo. Este evento foi um grande sucesso, e é por causa de todos vocês. Juntem-se a nós para o nosso *happy hour* mensal. Mas, antes de irem embora, certifiquem-se de trocar muitos cartões de visita e se conectar".

E agora você enfrenta uma escolha. Com quem exatamente deveria dar seguimento? Você passou a maior parte do tempo conversando com Obi, sentiu uma conexão com a Keshia do vestido verde e sentiu-se bem com o cara que tem o cachorro fofo de mistura improvável.

Pesquisas mostraram que vale a pena ser estratégico sobre quem acompanhamos após iniciar o contato. Em um estudo conduzido por Michael Sunnafrank, da Universidade de Minnesota, e seu colega Artemio Ramirez, da Universidade do Estado de Ohio, pesquisadores acompanharam estudantes universitários enquanto interagiam uns com os outros por nove semanas. Após o primeiro encontro, os alunos tiveram de prever sua probabilidade de se tornarem amigos. Os pesquisadores descobriram que as avaliações dos alunos sobre o potencial de amizade um do outro após o primeiro encontro previram se eles haviam se tornado realmente amigos nove semanas depois.[130]

Em outras palavras, aquele brilho é real. Confie em você mesmo quando conhecer alguém que pareça familiar ou com quem se sinta confortável, quando há química, quando você sente que podem ter afinidade. Dar seguimento com essas promissoras sementes de conexão aumentará suas chances de encontrar as amizades profundas que busca. Plim, plim, plim, sua primeira vencedora é a Keshia do vestido verde. Meu lema é: se eu encontrar uma pessoa que acho que deva ser realmente legal, manterei contato e perguntarei se ela quer me encontrar novamente. Esse brilho é precioso demais para desperdiçar.

CONTINUE DANDO AS CARAS

Um meio alternativo para tirar o máximo proveito de sua iniciativa é confiar no que os pesquisadores chamam de "propinquidade", que significa que você tem mais propensão a desenvolver relacionamentos com pessoas com quem tem mais proximidade física. Os nova-iorquinos sabem que isso é verdade. Quando a Amazon desistiu de construir sua sede relativamente longe no bairro de Queens, perto do aeroporto JFK, em Nova York, li um *tweet* que dizia: "Com toda a sinceridade, eles não são a primeira pessoa que desistiu depois de se comprometer a ir para o Queens".

Mady Segal, professora de Sociologia da Universidade de Maryland, descobriu o poder da propinquidade durante um estudo que visava prever quais policiais se tornariam amigos. Ela concluiu que o segredo da amizade estava nos sobrenomes. Os cadetes com sobrenomes que começavam com a mesma letra, digamos, Carlton e Cassidy, tinham mais chance de se tornarem amigos. Não era exatamente por causa dos sobrenomes, mas por suas implicações. Os cadetes foram colocados em ordem alfabética, e a probabilidade era de que os Carlton e os Cassidy se sentariam um ao lado do outro. Quando cada um deles teve de indicar alguém como um amigo próximo, 90% indicaram alguém que estava sentado ao seu lado.[131]

A propinquidade é a prova de que a amizade não é mágica; é preponderantemente determinada pelos espaços em que nos encontramos ou nos colocamos. Se tivermos sorte, nosso trabalho, nossa escola ou nossos *hobbies* já nos proporcionarão ampla proximidade com outras pessoas com quem podemos nos dar bem. Se não tivermos, teremos de criar a nossa própria. Isso significa que, se ficarmos em casa o dia todo assistindo à televisão, só poderemos alcançar a proximidade com programas de entrevistas noturnos. Não importa quantas almas gêmeas possam estar disponíveis lá fora se nunca conseguirmos qualquer tipo de proximidade com nenhuma delas; elas não entrarão em nossas vidas como as moscas-da-fruta fazem com as frutas, a menos que as convidemos. Quando nos colocamos regularmente em proximidade física com outras pessoas com quem podemos nos conectar, estamos escrevendo nosso próprio destino, reconhecendo que temos controle sobre nossas amizades e aumentando nossas chances de conexão.

Uma razão pela qual a propinquidade funciona tão bem é que ela reduz os custos envolvidos em ver alguém. Quando amigos em potencial moram longe, você precisa se esforçar para entrar no carro ou pegar o ônibus para chegar até eles, mas, quando eles já estão por perto, é fácil se ver. De acordo com um pequeno estudo conduzido por Robert Hayes na Universidade da Califórnia, Los Angeles, quando você está construindo relacionamentos iniciais, os custos diminuem a probabilidade de eles progredirem.[132] Então, se vocês tiverem de se deslocar uma hora para se ver, pode perceber que, embora haja uma amizade nascente, o deslocamento não vale a pena.

Mais adiante no relacionamento, os custos são muito menos correlacionados com a manutenção dele, então as pessoas farão o trajeto para a conexão, mas não apenas para descobrir se elas talvez se tornem amigas. É por isso que tantas pessoas têm "amizades locais" ou amizades de baixo custo que se mantêm porque os amigos moram no mesmo local. Voltando ao nosso evento de *networking,* mesmo que você tenha conversado brevemente com aquela pessoa que mora no seu bairro e esqueceu o nome dela, é alguém para manter contato.

Outra razão pela qual a propinquidade funciona é porque, se sabemos que podemos ver alguém novamente, gostamos mais dessa pessoa. Em um estudo mais antigo, realizado na década de 1960, mulheres receberam perfis de duas mulheres que eram semelhantes. Elas foram informadas de que estariam envolvidas em grupos de discussão contínuos com uma mulher de um dos perfis. Elas relataram gostar mais do perfil da que supostamente veriam novamente.[133] Quando sabemos que veremos alguém outra vez, tendemos a investir mais.

Uma última razão pela qual a propinquidade funciona é que gostamos das pessoas quando estamos mais expostos a elas e elas se tornam familiares para nós. No mundo da psicologia, isso é chamado de "efeito da mera exposição", pois passamos a gostar de uma pessoa ao sermos simplesmente expostos a ela de maneira contínua. Em um estudo realizado na Universidade de Pittsburgh, um pesquisador escolheu quatro estranhos para comparecer a uma grande aula de Psicologia, com um número variável de aulas. Um estranho infiltrou-se em quinze aulas, outro em dez, outro em cinco e o último não compareceu a nenhuma. Os estranhos não interagiram com ninguém da turma e, ainda assim, os alunos relataram gostar mais do

COMO FAZER E MANTER AMIGOS PARA SEMPRE

estranho que compareceu ao maior número de aulas, que foi cerca de 20% mais querido que o estranho que nunca apareceu.[134] Em geral, os alunos nem reconheceram que os estranhos estavam na aula, demonstrando que o mero efeito de exposição acontece de maneira inconsciente.

A mera exposição significa que as pessoas que acabam construindo relacionamentos são aquelas que estabelecem mais tempo de contato com quem está ao seu redor. É por isso que pesquisas em dormitórios universitários revelaram que as pessoas que moram nas extremidades dos corredores desenvolvem menos amizades do que aquelas que moram no centro.[135] Os quartos localizados no centro oferecem tempo cara a cara com mais colegas e o benefício da mera exposição.

Você pode aproveitar o efeito da mera exposição participando de um evento social contínuo em vez de um evento único; é escolher clubes do livro em vez de *happy hours*, ou um curso de idiomas em vez de uma oficina de idiomas. A propinquidade também nos diz para fazer amizade com pessoas que já vemos com frequência, talvez nossos vizinhos, nossos colegas de trabalho ou alguém que mora perto. Você também pode fazer tanto a propinquidade quanto a mera exposição trabalharem a seu favor, tornando-se um frequentador regular da cafeteria, do bar ou da academia local. Alcançar regularidade tornará mais provável que os outros se sintam positivos em relação a você. Por sua vez, a mera exposição significa que, para fazer amigos, você precisa aparecer constantemente.

A mera exposição por si só, no entanto, não constrói relacionamentos; tomar a iniciativa, sim. Sugiro desenvolver uma "comunicação espontânea" com outros frequentadores ao longo do tempo e ver se essas interações dispersas constroem a base para a amizade. A comunicação espontânea é uma conversa não planejada que ocorre porque duas pessoas estão no mesmo lugar ao mesmo tempo. É em momentos fugazes de bate-papo que os relacionamentos brotam.

Podemos iniciar uma conversa com estranhos usando o método de percepção e pergunta desenvolvido por David Hoffeld, CEO e treinador de vendas do Grupo Hoffeld. Esse método envolve simplesmente compartilhar uma declaração ou uma percepção e fazer uma pergunta para acompanhar.[136] Podemos dizer: "Eu realmente amei a personagem principal do livro que lemos para o clube do livro. O que você achou dela?", "Esta bebida é tão doce e é deliciosa. Como está a sua?" ou "Faz tanto tempo que não vou à praia e estou tão feliz por estar aqui. Do que você gosta na praia?".

É realmente assustador falar com estranhos e, para isso, tenho de me revigorar, lembrando-me de presumir que as pessoas vão gostar de mim e estarão abertas a falar comigo, o oposto do que normalmente presumimos, entretanto, uma hipótese mais próxima da verdade. Em um estudo de Nicholas Epley e Juliana Schroeder, da Universidade de Chicago, foi solicitado aos participantes que conversassem com um estranho no trem.[137] Você consegue adivinhar quantas conversas foram rejeitadas? Nenhuma! De acordo com Epley e Schroeder, "os passageiros pareciam pensar que falar com um estranho representava um risco significativo de rejeição social. Até onde sabemos, não representava nenhum".

Falar com estranhos ajudou-me a transformar meu bairro em minha comunidade. Como estudante de pós-graduação, passei muitos dias no Starbucks em uma mesa comunitária com estranhos, escrevendo e lendo artigos de pesquisa. No início, as pessoas ao meu redor desapareceriam no fundo, um papel de parede humano, mas, por fim, por meio de "conversas espontâneas", como: "Estou trabalhando por tanto tempo. Como está indo o seu trabalho?", comecei a conectar-me a elas. Eu reconhecia seus rostos familiares por toda a vizinhança: na piscina, em um restaurante ou andando na rua. Dizíamos oi e toda a vizinhança começou a se sentir muito menos anônima. Há algo em esbarrar em pessoas que eu conhecia que me fez sentir como se pertencesse. Aqueles dias no Starbucks transformaram meu bairro em minha comunidade.

É assim que acontece comigo quando quero fazer amigos: apareço em algum tipo de reunião ou encontro. Geralmente, sinto-me desajeitada e desconfortável como uma nova participante que aparece em um encontro de pessoas que já desenvolveram conexões, fica desanimada e nunca mais volta. Mas a mera exposição é meu lembrete para continuar aparecendo se estou em um novo clube social, em uma liga de futebol ou em um espaço de *coworking* e fico tentada a sair quando as coisas parecem estranhas. É por isso que você deve vivenciar nosso cenário de *networking* e continuar aparecendo nesses eventos mensais. A mera exposição significa não apenas que as pessoas vão começar a gostar de você no grupo social ao longo do tempo, mas também que você vai gostar mais *delas*. Tome a iniciativa sem remorso e depois repita a experiência.

A mera exposição é a justificativa para o valor da persistência. Em vez de se comprometer com um único *happy hour* para fazer amigos, comprometa-se com um grupo por pelo menos três meses antes de desistir, senão você desperdiçará a mera exposição. Então, tome a iniciativa convidando sua pessoa favorita no grupo para tomar uma vitamina. A mera exposição também nos leva a esperar que (1) fazer amigos será desconfortável no início, com todos aqueles rostos desconhecidos dos quais estamos programados para desconfiar, e (2) começará a ficar mais fácil gradualmente, à medida que aparecemos mais.

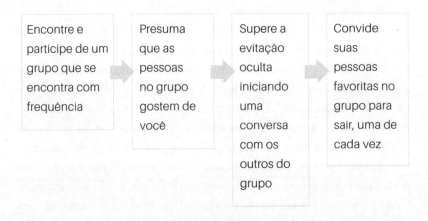

SEJA O AMIGO QUE VOCÊ QUER

A lição que aprendemos neste capítulo é que, para fazer amigos, precisamos tomar a iniciativa. Mas a lição maior é que, para fazer um amigo, devemos *ser* um. "Seja o amigo que você quer ver no mundo", para distorcer as sábias palavras de Gandhi. Em vez de esperar que alguém nos puxe para seus mundos de amizade, somos nós quem devemos puxar as pessoas. Percebi, e pesquisas corroboram, que pessoas inseguras (como eu, na faculdade, e às vezes ainda hoje em dia) muitas vezes não conseguem fazer isso. Elas se perguntam: *Por que ninguém está se aproximando de mim? Por que ninguém me convidou? Por que não me cumprimentaram?*

Por que não me contataram para saber como estou? Elas não me amam? Se suas respostas a essas perguntas não forem favoráveis, elas entrarão em negação. *Elas que se danem. Eu não gostei delas mesmo. Eu não preciso de ninguém além de mim e daquele cachorro de que eu gostei na festa.*

Mas, embora eu teria gostado que alguém tivesse me dito na faculdade, devemos, em vez disso, fazer-nos estas perguntas: Eu *estou convidando as pessoas para sair?* Eu *estou dizendo olá?* Eu *estou me envolvendo com elas?* Eu *estou vendo como elas estão?* Quando estamos tão consumidos pela maneira como os outros nos tratam, desejamos responsabilizá-los sem nos responsabilizar, exigindo mais de nossas amizades do que oferecemos a elas. O segredo para fazer amigos, no entanto, é não esperar que todos se esforcem e passem por nossas barreiras enquanto esperamos. Isso não é justo. Nem para nós, nem para os outros.

Elizabeth Gilbert, autora de *Comer, rezar, amar*, definiu melhor: "Nas mídias sociais, eu falei sobre amigos incríveis que tive e compartilhei histórias de incríveis atos de amizade, e, invariavelmente, nos comentários, alguém que está sentindo muita pena de si mesmo diz: 'Você tem sorte. Eu não tenho amigos assim'. E eu sempre quero dizer: 'Então seja um amigo assim'. Seja um amigo assim para alguém. Se você não tem ninguém que seja generoso, amoroso e cheio de graça em sua vida, então seja assim na vida de outra pessoa. Não é sobre o que você recebe. É sobre o que você pode contribuir para esse relacionamento. O que você pode oferecer? E é assim que uma comunidade é construída, com as ofertas dos generosos e dos amorosos". Vamos aprender essa lição sempre.

LIÇÕES

- ▸ A amizade não se baseia em sorte. Adote a postura de tomar a iniciativa sem remorso, colocando-se em situações que permitam interações não planejadas contínuas e vulnerabilidade compartilhada para desenvolver amizades.
- ▸ Tente não ignorar a amizade priorizando o romance. Ter amigos torna seu relacionamento romântico melhor.
- ▸ Presuma que as pessoas gostem de você. Quando tiver receio de abordar alguém desconhecido, lembre-se da "lacuna do

gostar": você provavelmente está subestimando o quanto as pessoas gostam de você.

- ▸ Quando você acha que uma interação não está indo bem, pergunte a si mesmo se são seus pensamentos que deram esse sentido ou se são os comportamentos da outra pessoa. Que comportamentos ela demonstrou que indicaram que ela o desaprova? Se você não conseguir identificar nenhum comportamento específico, lembre-se de supor que ela gosta de você.
- ▸ Supere a evitação aberta e a oculta. Assim que passar pela porta, não se esconda em um canto. Tome a iniciativa e mantenha contato com quem você sentiu conexão, com quem vive perto de você e com quem você já tem contato no dia a dia.
- ▸ Participe de algo recorrente para aproveitar a mera exposição. Matricule-se em um curso em vez de participar de uma oficina. Algumas opções são aulas de improvisação e de escrita, grupos de afinidade, clubes do livro, grupos de caminhada, voluntariado etc.

CAPÍTULO 4

Expressando vulnerabilidade

Como confiar nos amigos sem sentir fraqueza

Sam encontrou-se com outros estudantes de pós-graduação para um evento de *networking* na Busboys and Poets, uma cafeteria e restaurante local em Hyattsville, Maryland. Cerca de vinte alunos apareceram, e a noite começou com um microfone aberto. A Busboys and Poets é conhecida por performances de palavra falada, e Sam ouviu poemas sobre amor, racismo e depressão. Era evocativo, só que ela não conseguia concentrar-se na poesia.

Sam esperava receber uma mensagem de um cara com quem estava se relacionando havia alguns meses. Mas, cada vez que checava seu telefone, percebia que isso era cada vez menos provável. Ainda assim, ela verificava compulsivamente. No entanto, cada olhada só a deixava com uma tela de telefone vazia e uma onda de ansiedade.

No fim da noite, o coordenador da pós-graduação reuniu os alunos para uma foto. Sam estava preocupada que sua tristeza ficasse registrada. Ela foi para o canto da foto e tentou parecer séria em vez de triste. Enquanto as pessoas gritavam e riam ao seu redor, ela percebeu que havia tomado a decisão errada ao ir. Sam estava aflita demais para se divertir, e a felicidade de outras pessoas parecia uma provocação, acentuando seu isolamento.

Enquanto dirigia de volta para casa naquela noite, ela não pôde deixar de se sentir patética. Ali estava ela, obcecada por alguém que nem retornava suas mensagens de texto. Sam gostava de ser uma mulher forte, que não exigia o afeto de um homem, mas sua obsessão revelava o contrário. Envergonhada, ela tomou a decisão calculada de simplesmente parar de pensar nele. Ela o bloquearia em seu telefone, assim como em sua mente. Toda vez que pensava nele, afastava o pensamento. Ninguém saberia de sua vergonha, nem ela mesma. Em vez de ficar se lamentando, ela seria invulnerável.

Por cerca de uma semana, Sam ficou feliz com sua decisão. Ela não estava especulando tanto sobre o cara. Pensava nele e afastava o pensamento como uma mosca em seu quarto. No passado, quando falava sobre ele com os amigos, ela geralmente expressava sua preocupação. Mas agora, quando seus amigos perguntavam, ela dizia que o relacionamento tinha acabado e que estava bem.

Naquela semana, Sam sentiu-se forte e no controle, o oposto do que sentia antes. Suprimir suas emoções não só a ajudou a se sentir menos consumida por elas, mas também reforçou sua identidade como uma mulher forte. Ela sentiu-se aliviada por não ter de incomodar os amigos com mais de seus medos. Sentiu orgulho de sua decisão durante seu hiato de mágoa: por que admitir seus sentimentos quando ela podia controlá-los? Por que sobrecarregar os amigos com sua dor, deixá-los vê-la como fraca? Por que ser vulnerável?

Sam logo descobriria o porquê. Nós também.

O QUE É VULNERABILIDADE?

A vulnerabilidade é a forma mais profunda de autenticidade e envolve compartilhar as verdadeiras partes de nós mesmos que tememos poder resultar em nossa rejeição ou alienação, as partes pelas quais sentimos mais vergonha. Vergonha é a sensação de que nossos segredos nos tornam indignos de conexão humana. É por isso que, quando estamos vulneráveis, não parece apenas que nossos segredos estão em jogo, mas todo o nosso ser.

"A vulnerabilidade é uma construção", explicou o dr. Skyler Jackson, professor da Universidade de Yale que estuda a dissimulação e a revelação de identidades estigmatizadas. "Não há nada inerentemente vulnerável. É uma construção que se baseia em se algo capacita alguém a ter poder material ou emocional sobre você." O que nos parece vulnerável reflete nossa psique, nossa cultura e nossa história, que são únicas. O que parece vulnerável para mim pode não significar nada para você. Compreender e sentir-se sintonizado com a vulnerabilidade dos outros é a chave para desenvolver e aprofundar amizades, e não perceber esses sinais pode prejudicá-las.

Sam sentia vergonha de ficar obcecada por um cara, provavelmente porque ela aderiu a um "ideal" de ser uma mulher forte que não deixava os homens afetá-la. Um amigo me contou sobre sua vergonha por seu divórcio, e eu não entendi completamente o porquê, até perceber que ele habita uma comunidade fortemente cristã cujas pessoas podem ter empregos negados se forem divorciadas. O código penal islâmico do Irã "estipula que a pena para fornicação é a flagelação, ou seja, cem chicotadas, para infratores solteiros dos sexos masculino e feminino", o que significa que as pessoas no Irã provavelmente sentem, em média, mais vergonha pelo sexo antes do casamento que as pessoas nos Estados Unidos, berço de *Sex and the City*. Algumas pessoas podem falar sobre sua falência, sua clamídia e seus antecedentes criminais como se estivessem pedindo uma baguete a um garçom. Para outras, a ideia de compartilhar esse tipo de informação as faz até ter coceira. A verdade é que o que parece vulnerável para nós revela algo mais profundo sobre aquilo de que aprendemos a nos envergonhar.

O dr. Jackson também explicou que comunicamos a vulnerabilidade não apenas pelo conteúdo de nossas palavras, mas pela forma *como* as dizemos. "Sua voz treme? Você é emotivo? Você está nervoso? Na verdade, isso é comunicar à pessoa: 'Isso é importante para mim.' Eu dizendo algo que parece vulnerável, isso é vulnerabilidade. Mas ainda *mais* é eu deixá-los saber, pelo comportamento ou por meio de sinais não verbais: é a nossa vontade de não apenas compartilhar algo vulnerável, mas realmente *o ser* no momento de compartilhá-lo." É quando há uma incompatibilidade entre o conteúdo (*essa sou eu sendo vulnerável*) e os sinais não verbais (*não é grande coisa*) que o mal-entendido pode surgir. Chamo essa incompatibilidade de "vulnerabilidade empacotada".

O dr. Jackson e eu fizemos pós-graduação juntos, e ambos conhecemos bem a vulnerabilidade empacotada: quando as palavras parecem vulneráveis, mas a entrega não. Como estávamos estudando para ser psicólogos, expor nossas entranhas nas aulas era a norma, mas muitos de nós empacotamos nossas histórias sobre experiências ou traumas passados de uma forma que *soava* vulnerável, mas não *parecia*. As pessoas falavam sobre seu relacionamento tumultuado com a mãe como se estivessem conversando sobre levar seu poodle ao parque, não necessariamente porque não se importassem, mas porque queriam apresentar a história de determinada maneira para a turma. Elas empacotavam sua vulnerabilidade para torná-la mais palatável para o resto de nós.

Segundo o dr. Jackson, o problema da vulnerabilidade empacotada é que "as emoções são sinais para outras pessoas, então elas sabem como reagir". Quando empacotamos nossa vulnerabilidade para parecermos menos indefesos, corremos o risco de receber uma resposta morna, não porque as pessoas não se preocupam, mas porque elas não percebem que este é um momento em que o cuidado é importante. Para sustentar essa afirmação, um estudo revelou que as pessoas que suprimiam suas emoções acabaram recebendo *menos* apoio social em seu primeiro ano da faculdade. Elas também relataram sentir-se menos próximas dos outros e menos satisfeitas em seus relacionamentos.[138]

Em contrapartida, se estou nervosa e demonstro isso publicamente, é provável que eu descubra que as pessoas me acalmam e me dizem que, o que quer que seja que está me preocupando, tudo vai ficar bem. Se estou triste ou ansiosa, elas podem contatar-me no dia seguinte e dizer: "Ei, como você está se sentindo sobre aquilo?". Em uma pesquisa, estudantes universitários mostraram mais propensão a buscar informações para ajudar uma mulher a fazer um discurso quando ela admitia estar nervosa.[139] Nessa pesquisa, de maneira mais geral, as pessoas que expressavam abertamente emoções negativas, independentemente de seu gênero, tinham mais laços sociais. A vulnerabilidade plena, alinhando nossas ações às nossas palavras, dá-nos a conexão e o apoio de que precisamos.

Sam aprendeu essa lição sobre vulnerabilidade empacotada quando comentou brevemente a uma amiga que não conseguia superar o cara. Ela não fez muito alarde sobre isso, embora estivesse destruída por dentro, mas, mesmo assim, ficou surpresa com a reação leviana da amiga. "Você realmente deve esquecê-lo", disse a amiga. Foi um breve comentário, talvez até bem-intencionado, mas fez Sam mergulhar mais fundo na vergonha. *Sim, por que eu não consigo esquecê-lo? O que há de errado comigo? Por que disse algo sobre isso para início de conversa?*, ela se torturou. Isso só confirmou que, se ela pedisse ajuda, apenas ampliaria sua vergonha, lembrando-a do que havia perdido.

Mas era um erro de Sam ser muito vulnerável ou talvez ela não fosse vulnerável o suficiente? Talvez, se ela pedisse ajuda de maneira mais completa, não apenas por um comentário passageiro, mas com todos os seus sentimentos, ela *conseguiria* a ajuda de que precisava. Sua amiga sentiria que essa era uma grande crise para ela e seria mais carinhosa. Ninguém quer ser mal interpretado, mas, quando minimizamos nossos sentimentos, atraímos a incompreensão.

A VULNERABILIDADE ME TRAZ FRAQUEZA?

Assim como Sam, você pode relutar em adotar a vulnerabilidade total. Ela é assustadora. Se as pessoas receiam compartilhar algo vulnerável, podem temer *parecer* ainda mais vulneráveis. Uma coisa é admitir a fraqueza, outra bem diferente é incorporá-la. Mas é vulnerabilidade admitir fraqueza? Recentemente temos sido mais críticos dessa visão graças a líderes do pensamento como Brené Brown.

"A vulnerabilidade não é sobre ganhar ou perder; é sobre ter a coragem de dar as caras e ser visto quando não temos controle sobre o resultado. Vulnerabilidade não é fraqueza; é nossa maior medida de coragem", Brown disse em seu livro *Mais forte do que nunca*. Revelar segredos exige coragem. É necessário ter confiança e otimismo para supor que os outros não o deixarão de lado. As pessoas que estão vulneráveis sabem que elas importam e merecem o tempo e a atenção dos outros. Então, sim, há força na vulnerabilidade.

Mas há fraqueza nela também.

William B. Stiles, professor emérito de Psicologia na Universidade de Miami, usou a metáfora da febre para descrever a vulnerabilidade. Quando temos febre, nosso corpo está usando seus guerreiros internos para afastar a doença, fervendo-nos no processo, mas ainda estamos doentes. A febre reflete nossa capacidade de conter uma pluralidade de coisas: doença e força, angústia e cura, perturbação e restauração. Da mesma forma, a vulnerabilidade captura-as. Somos fortes em tomar a iniciativa de nos curar, em acreditar que nossa dor importa o suficiente para compartilhar, em ser corajosos apesar do risco de compartilhar, enquanto nosso desejo de compartilhar sugere nossa angústia. Quando vulneráveis, incorporamos o *yin* e o *yang* da força e da fraqueza. Suprimir a vulnerabilidade não abole a fraqueza: nos impede de praticar a força junto a ela.

Há sabedoria em nos permitir reconhecer a fraqueza da vulnerabilidade. "Os sentimentos comunicam informações para você, e isso é benéfico. Você não é apenas uma reação. Eles nos dão dados sobre nós mesmos, sobre a importância das coisas", disse o dr. Jackson. E a fraqueza comunica algo poderoso se a permitirmos; ela nos diz para desacelerarmos e sermos brandos conosco, revelando a verdade de nossa capacidade de derrota, o conhecimento de que somos mortais e devemos cuidar de nós mesmos. Nossa fraqueza é um convite para experimentar nosso valor inerente, um valor que não evapora quando estamos cansados demais para sustentar, criar ou produzir. Não há melhor oportunidade para uma autoaceitação profunda do que aquela que podemos praticar quando estamos fracos. Na fraqueza, temos uma necessidade maior do amor e do apoio dos outros, o que aprofunda nossos relacionamentos e destaca nossa inter-relação fundamental. Nossa fraqueza nos lembra de sermos mais sensíveis com nossos semelhantes, pois nossa compreensão de seu conflito sofre um curto-circuito quando nós mesmos somos fortes.

Lily Velez, *coach* de vida e palestrante, sentiu-se abalada quando seu pai faleceu de câncer de cólon. No início, ela escondeu seus sentimentos, até que eles explodiram como a água rachando uma represa. Quando finalmente reconheceu seu desespero, esses sentimentos que a fizeram sentir-se tão fraca, ela surpreendentemente sentiu paz e libertação. Lily também descobriu que admitir sua fraqueza aproximava-a dos outros: "Um vínculo incrível é estabelecido entre você e outra pessoa quando você abraça sua fraqueza. A transparência, a honestidade e a comunicação aberta vencem. Senti o fluxo de amor entre mim e aqueles ao meu redor. Foi edificante e inebriante; fortalecedor e encorajador. Era amor como eu nunca tinha visto em ação antes, o tipo de amor que só pode ser aperfeiçoado em nossas próprias fraquezas".[140]

A fraqueza é uma parte inerente da vida de cada um de nós. Não podemos escapar dela, certamente não a negando. O problema da fraqueza não é que há momentos em que estamos perdidos, fragilizados ou precisamos de apoio e descanso, mas é a maneira como a estigmatizamos, tanto que não nos permitimos refletir sobre o que ela revela sobre nós mesmos, nossos relacionamentos e nossa condição humana.

OS PERIGOS DE EVITAR OS SENTIMENTOS

Depois de uma semana reprimindo pensamentos sobre o cara, Sam previu que ela seguiria em frente feliz. Naquela semana, ela se sentiu mais relaxada e menos chateada do que em meses. Mas um dia, enquanto estava sentada em seu apartamento sozinha, sem nada para distraí-la, de repente seus pensamentos tornaram-se mais difíceis de suprimir. O que antes parecia como afastar uma mosca tornou-se mais como bater nela com uma marreta. Quanto mais ela reprimia, mais difícil ficava o esforço, e, quanto mais ela fazia isso, mais imagens do cara martelavam em seus pensamentos. Sua mente parecia invadida, e isso lhe dava dores de cabeça.

Um dia, enquanto ela caminhava para a aula, seu orientador ligou para ela para falar sobre sua tese de mestrado. A voz dele desapareceu no fundo, pois tudo em que Sam conseguia se concentrar era tentar evitar seus pensamentos angustiantes. Enquanto caminhava para a aula, ela começou a chorar. Tentou tanto manter o controle sobre seus pensamentos e seus sentimentos, mas se sentia tão fora de controle. Era como se estivesse sendo aterrorizada por sua própria mente. Sam enxugou as lágrimas do rosto e colocou os óculos, esperando que nenhum de seus colegas notasse.

O que aconteceu com Sam? Como ela passou de tranquila e relaxada para desmoronar entre as aulas? O que deu errado? Para descobrir isso, precisamos entender a ciência da supressão, que o professor Mario Mikulincer, da Universidade Bar-Ilan, e seus colegas propuseram-se a fazer.[141] Em seu estudo, as pessoas foram ao laboratório e tiveram de pensar e escrever sobre um rompimento doloroso. Depois, foram atribuídas a uma condição de supressão, em que foram instruídas a escrever sobre qualquer coisa que não fosse o rompimento, ou a uma condição de controle, em que escreviam o que viesse à mente.

Em seguida, elas tiveram de completar um teste de Stroop, no qual deviam nomear a cor da tinta de uma palavra o mais rapidamente possível. Se uma palavra fosse apresentada em tinta vermelha, elas deveriam dizer "vermelho", ou se outra palavra fosse apresentada em tinta preta, deveriam dizer "preto". O problema era que, se o significado da palavra representasse algo com o qual elas estivessem preocupadas, mesmo em um nível inconsciente, elas se distrairiam mais com isso e levariam mais tempo para nomear a cor da palavra. Então, se estou com fome e a palavra é "torta", pode demorar mais para dizer "azul". Ou, se estou prestes a ser despejada e a palavra é "casa", levarei mais tempo para dizer "verde". As palavras que lhes foram apresentadas na tarefa eram relacionadas a um rompimento, como "separação", "abandono", "rejeição", "deixar", e, se elas demorassem mais para nomear a cor das palavras, isso sugeriria que estavam mais preocupadas com o rompimento sobre o qual escreveram.

Quando as pessoas tiveram de suprimir seus pensamentos, ocorreu um efeito rebote. Em comparação com aqueles na condição de controle, os supressores demoraram mais para nomear a cor das palavras de separação, sinalizando que ficaram mais preocupados com o rompimento após suprimir pensamentos sobre isso. Essas descobertas impressionantes ilustram a experiência de Sam. Esperamos que, ao suprimir nossos sentimentos, eles evaporem. Mas o efeito rebote revela que isso não é verdade. Nossos sentimentos sobrevivem no quintal frio em que os deixamos e, no fim, abrem a porta dos fundos para entrar na casa.

O estudo de Mikulincer, porém, foi além. Há um grupo de pessoas conhecidas por serem mestras em supressão: as que têm apego esquivo. Por causa da falta de reação oportuna de pessoas queridas nos momentos de dificuldade no passado, elas inibem emoções de maneira consistente e aspiram à vulnerabilidade. Com uma vida inteira de prática, aqueles com apego esquivo conseguiriam suprimir sem nenhum efeito rebote?

Duas ou três semanas antes de começar o estudo, os participantes preencheram uma enquete que avaliava seu apego. Os resultados indicaram que as pessoas com apego ansioso estavam preocupadas com palavras de separação no teste de Stroop, independentemente de suprimir a atividade de fluxo de consciência ou não, confirmando o que sabemos sobre apego ansioso. Os problemas de relacionamento as preocupam.

Para os participantes esquivos, contudo, os resultados foram mais complicados. A fim de tornar as coisas ainda mais difíceis, metade dos participantes recebeu um número de um dígito que eles deveriam recitar durante o teste de Stroop (condição de baixa carga cognitiva), e a outra metade recebeu um número de sete dígitos (condição de alta carga cognitiva). Esse complemento ajudou os pesquisadores a explorar uma questão vital: em que medida os esquivos podem suprimir? Já que suprimir consome a energia cerebral, eles seriam capazes de fazê-lo como quando estavam sob alta carga cognitiva, mesmo quando seu poder cerebral estivesse todo esgotado?

Para pessoas esquivas, o efeito rebote não ocorreu. "Azul", "verde", "amarelo", "vermelho", elas recitavam rapidamente. Mesmo quando foram instruídas a suprimir os pensamentos sobre o rompimento, ainda podiam recitar rapidamente a cor das palavras de separação. Será que a supressão funciona se você for realmente bom nisso, como as pessoas esquivas? Elas, no entanto, tiveram um ponto de ruptura. Na condição de alta carga cognitiva, enquanto recitavam um número de sete dígitos no meio do teste de Stroop, não conseguiam mais suprimir. Independentemente de terem sido instruídas a suprimir, levaram mais tempo para ler a cor das palavras de separação. Seu efeito rebote ocorreu apenas quando a demanda sobre elas tornou-se alta.*

Mikulincer conduziu um estudo de acompanhamento com métodos que eram, embora semelhantes, ainda mais cruéis: as pessoas escreviam sobre um rompimento, eram ou não instruídas a suprimir seus pensamentos e, depois, faziam um teste de Stroop. Só que, no estudo de acompanhamento, elas listavam suas qualidades negativas antes de irem ao laboratório, que eram então incluídas como palavras do teste. Se levassem mais tempo para nomear as cores das palavras que representavam suas qualidades negativas, isso significaria que estas as preocupavam.

Sob alta carga cognitiva, quando realizaram o teste de Stroop de qualidade negativa, os esquivos foram mais lentos em nomear as cores das palavras que representam suas qualidades negativas e, portanto, acreditava-se que estavam mais preocupados com essas qualidades. Eles ficaram mais desconcertados por essas palavras negativas e menos capazes de suprimir que aqueles com baixa evitação, sinalizando que, sob alto estresse, o verniz de supressão dos esquivos não apenas racha, mas, quando eles não podem suprimir, também ficam mais preocupados com os aspectos negativos de si mesmos que pessoas seguras.

O que esses resultados nos dizem? Que a maneira mais garantida de sermos consumidos por nossos pensamentos é tentar suprimi-los. A evitação pode fazer a supressão durar mais, mas, quando chega a ser demais, as

---

* Os autores explicaram que, como os esquivos estão suprimindo o tempo todo, provavelmente estavam fazendo isso, tendo sido instruídos a fazê-lo (na condição de supressão) ou não (na condição de controle). Isso explica por que eles experimentam um efeito rebote mesmo quando não estão na condição de supressão.

pessoas ficam mais suscetíveis ao estresse que o restante de nós, porque elas não apenas precisam lidar com o estresse, mas também com sua flagelação autoimposta de serem fracas demais para suprimi-lo. Para elas, a supressão pode funcionar para problemas menores e passageiros, mas não para estresse intenso ou prolongado. Por exemplo, para os judeus israelenses, que sofrem o estresse crônico de viver em um território disputado com a Palestina, quanto mais evasivo alguém era, mais eles experimentavam sintomas psiquiátricos. Os seguros eram menos vulneráveis.[142]

Esses resultados também sugerem que as pessoas que reprimem seus sentimentos de forma crônica (os esquivos) podem alegar sentir-se "fortes", mas essa afirmação tem bases frágeis. É preciso trabalho para pessoas esquivas manterem sua autoimagem positiva como "fortes" ou "invencíveis". Isso as sobrecarrega. Assim que seu poder cerebral é usado de outra maneira, elas perdem os recursos para manter sua autoimagem. Isso não é verdade para pessoas com baixa evitação ou seguras. Sua suscetibilidade a qualidades negativas em si mesmas não dispara quando estão mentalmente tensas demais para sustentá-las. Sua autopercepção positiva é mais estável e honesta, menos forçada. De acordo com os autores do estudo, "não tendo de criar uma fachada de extrema autonomia e autoestima, porque geralmente são aceitos por suas figuras de apego, os [seguros] são livres para se olharem de maneira bastante realista (ou seja, de maneira moderadamente positiva)". Como Eric Micha'el Leventhal, educador holístico e autor de *A Light from the Shadows* [Uma luz saindo da sombra], disse: "Estamos mais poderosos no momento que não precisamos mais ser poderosos".

Falamos tanto sobre os riscos da vulnerabilidade que nos esquecemos de reconhecer os riscos da invulnerabilidade que atormentam os esquivos, Sam e muitos de nós. E não é apenas suprimir nossas emoções que nos prejudica, mas também recusar compartilhá-las com os outros. De acordo com a pesquisa, se Sam continuasse em seu caminho de manter seu problema para si mesma, ela acabaria *mais* preocupada com isso, mais deprimida e mental e fisicamente mais doente.

Embora possamos nos preocupar que, ao sermos vulneráveis, tornemos nossos problemas mais reais, a história de Sam e a pesquisa de Mikulincer revelam que o problema é *mais* real quando o escondemos, pelo menos em seu impacto em nossos corpos e nossas mentes. No documentário *Revelação*, que explora representações de pessoas transgênero na mídia, a atriz de *As feras da música*, Sandra Caldwell, contou como era se preocupar com sua identidade trans ao ir para o set.

"Você sabe como é ir para um set e sentir medo? Sua cabeça está desesperadamente tentando se concentrar na cena. Você acorda assustada. Você vai dormir assustada. Você fica tentando ver se alguém vai jogar uma bomba naquele dia, no dia seguinte. Quando isso vai acontecer? Então você tem medo o tempo todo", disse ela. O que reprimimos nos consome, revelado em mais detalhes por um estudo que concluiu que manter segredos nos leva a ficar nos remoendo e, quanto mais vergonha sentimos disso, mais remoemos.[143]

A supressão também deteriora nossa saúde mental. A autodissimulação – a tendência de reter informações negativas sobre nós mesmos – está relacionada ao sofrimento psicológico e até mesmo ao suicídio de adultos mais jovens.[144] Nossa invulnerabilidade cobra um preço alto em nossos corpos. Toda a energia que gastamos pensando no que estamos escondendo significa que, como a pesquisa descobriu, guardar segredos nos faz sentir mais isolados e cansados.[145] Quando as pessoas passam por experiências traumáticas e não as compartilham, elas têm mais problemas de saúde. Outro estudo revelou que, quando as pessoas passavam pela morte de um cônjuge, quanto menos falavam sobre isso, menos saudáveis eram no ano seguinte à morte.[146] Ao contrário do que muitos podem pensar, esses estudos indicam que, se Sam realmente queria "superar" sua dor – pensar menos nela e ser menos afetada por isso –, ela precisava se abrir.

A invulnerabilidade pode roubar nossas vidas: gastamos tanta energia tentando guardar nossos segredos que ignoramos o resto. Somente a vulnerabilidade pode nos devolver a vida. Mas, como sociedade, de alguma forma estamos apenas nos tornando mais invulneráveis. Uma pesquisa longitudinal descobriu que, em 1985, os participantes relataram ter três pessoas em quem confiar, em média. Em 2004, esse número caiu para dois, e o triplo dos participantes não tinha *ninguém* em quem confiar.[147] Em uma entrevista para a NPR, a autora do estudo, a professora de Sociologia da Universidade Duke, Lynn Smith-Lovin, disse: "Normalmente, não vemos grandes mudanças sociais como essa em um período de dez ou vinte anos. A maioria das características da vida das pessoas é bastante estável de um ano para outro".[148]

O custo de toda essa invulnerabilidade é seríssimo. De que arte vitalizante fomos privados porque o artista estava com muito medo de revelar sua dor por meio de seu ofício? Como o curso das crises de opiáceos teria sido diferente em um mundo pró-vulnerabilidade? Que cientista poderia estar resolvendo a mudança climática, mas está muito debilitada por pensamentos que tentou enterrar? Toda a vergonha, o tormento, a depressão, as visitas ao hospital, os suicídios que nunca teriam acontecido se pudéssemos ser vulneráveis.

COMO SER VULNERÁVEL

A dra. Anna Bruk é um paradoxo, assim como sugere o nome de seu blog no *Psychology Today*, "Beautiful Mess" [Linda bagunça]. Grande empreendedora, formou-se na escola de negócios e, em seguida, iniciou um programa de doutorado em Psicologia Social, ambos na Universidade de Mannheim, na Alemanha. Agora ela é chefe do departamento de Psicologia Social dessa universidade. Sua dissertação sobre vulnerabilidade foi inovadora o suficiente para ser publicada no *The Atlantic* antes de ser concluída. Mas, apesar de seu currículo brilhante, se você conhecesse Bruk, as primeiras palavras que viriam à mente não seriam "intensa" ou "intimidadora"; você poderia pensar em "gentil" e "afável" ao vê-la sorrir enquanto você fala. Conversar com ela sobre sua pesquisa foi como conversar com uma amiga. Ela prega a importância da conexão, mas também a personifica.

Bruk passou por momentos difíceis para chegar onde está hoje. Nos mesmos poucos meses, ela enfrentou o término tumultuoso de um relacionamento, a morte de seu gato e uma cirurgia que a deixou presa e solitária em casa. Ela tinha fé em sua capacidade de passar o tempo maratonando séries da Netflix, até que essa capacidade foi se esvaindo. Com a fé esgotada, concentrou-se em TED Talks. Foi aí que soube de Brené Brown.

Ela se inspirou na mensagem pró-vulnerabilidade de Brown e passou a comprar todos os seus livros. A vulnerabilidade é boa? O perfeccionismo é ruim porque reflete a vergonha e nos impede de sermos vulneráveis? Até então, Bruk não era apenas perfeccionista, mas via essa qualidade como um trunfo, mas, ao refletir sobre seu passado, ela percebeu as maneiras como seu perfeccionismo era alimentado pela vergonha, como disse Brown, e enfraquecia suas amizades. "Costumava ser tão difícil para mim pedir desculpas", disse Bruk. "Meu perfeccionismo deixava as coisas em preto e branco. Era como se, se eu cometesse um erro, isso me tornaria uma pessoa ruim, então eu precisava me defender. Ser realmente capaz de dizer 'sinto muito' foi uma grande mudança para mim."

Como estudante de pós-graduação em Psicologia, ela decidiu estudar formalmente a vulnerabilidade. Percebeu que havia uma longa história de grandes pensadores que valorizavam a vulnerabilidade. Sigmund Freud disse: "De suas vulnerabilidades virão seus pontos fortes", e ele era cético sobre nossa capacidade de ser invulnerável: "Aquele que tem olhos para ver e ouvidos para ouvir pode se convencer de que nenhum mortal sabe guardar um segredo. Se seus lábios estão em silêncio, ele tagarela com a ponta dos dedos; a traição escorre dele por todos os poros". Alain de Botton, o filósofo suíço-britânico, argumentou que, se a sociedade fosse mais sábia, nenhum de nós tentaria tanto esconder imperfeições. David Whyte, o poeta britânico, enfatizou que a vulnerabilidade é parte de nossa própria natureza, "a subcorrente oculta, sempre presente e permanente de nosso estado natural".[149]

Bruk tornou-se uma discípula da vulnerabilidade, mas raciocinou que os outros estavam mais relutantes porque temiam suas consequências, como o julgamento e a rejeição. Com seu conhecimento de psicologia e das maneiras como somos tendenciosos na compreensão dos efeitos de nossos comportamentos, ela se perguntou se essas consequências eram reais. Então, começou a estudar se nossa vulnerabilidade é julgada de maneira tão negativa quanto pensamos.

AS PESSOAS PREZAM PELA VULNERABILIDADE MAIS DO QUE PENSAMOS

Em seu estudo para a dissertação, Bruk fez as pessoas se imaginarem revelando coisas pessoais, como dizer a seus amigos que tinham sentimentos românticos por eles, admitir que cometeram um erro no trabalho ou revelar o que não gostam em seu corpo.[157] As pessoas imaginavam que ser tão vulneráveis levaria os outros a vê-las como fracas ou até mesmo repulsivas, mas, quando os imaginavam nessas situações, na verdade, elas os viam de forma mais positiva, percebendo sua vulnerabilidade como desejável e boa.

Em outro estudo, Bruk dividiu as pessoas em cantores e juízes. Os cantores tiveram de improvisar uma música e os juízes tiveram de avaliá-la. Embora os participantes – para sorte deles – não tivessem de cantar, as suposições feitas sobre como seriam vistos foram reveladoras. Os cantores presumiram que seriam julgados negativamente, enquanto os juízes viram a cantoria de modo mais positivo, como um sinal de força.[150]

A pesquisa de Bruk baseia-se em outros estudos com descobertas semelhantes: quando estamos vulneráveis, as pessoas não nos julgam tanto quanto pensamos. E, de fato, elas podem nos perceber positivamente, como autênticos e honestos. Em um estudo, as pessoas justificaram medos e inseguranças como "muitas vezes sou excessivamente crítico comigo mesmo e frequentemente me sinto inadequado com os outros", que, mais tarde, foram compartilhados com um colega. Elas avaliaram o quanto achavam que o colega gostava deles como resultado, enquanto este avaliou o quanto realmente gostava delas. Assim como o que aprendemos sobre a lacuna do gostar, as pessoas subestimaram o quanto seus colegas gostavam delas quando revelavam sua insegurança. Essa discrepância ocorreu porque os colegas relataram que a honestidade e a genuinidade da revelação influenciaram o quanto eles gostaram da pessoa, enquanto esta subestimou o impacto desses fatores.[151]

Essa pesquisa sugere que, embora, muitas vezes, pensemos na vulnerabilidade como um fardo para nossas amizades, ela pode impulsioná-las ou aprofundá-las. Isso porque, como muitas pesquisas sugerem, não é raro sermos queridos em vez de desvalorizados por nossa vulnerabilidade. Em um estudo frequentemente citado que combinou resultados de 94 análises diferentes ligando a autorrevelação íntima e o ato de gostar de alguém, a conclusão indicou que, quanto mais as pessoas se revelavam, mais os outros gostavam delas.[152]

Ao contrário da crença popular, as pessoas gostam mais dos vulneráveis, não dos menos vulneráveis. Certa vez, quando eu dava uma aula de Psicologia, um dos meus alunos me perguntou se eu não gostava de algum dos meus pacientes de terapia. "Não", respondi, surpreendendo-me. "Porque, quando você acaba conhecendo alguém profundamente, entende

COMO FAZER E MANTER AMIGOS PARA SEMPRE

como as partes que você não gosta nessa pessoa são partes feridas, e elas fazem você estimá-las em vez de rechaçá-las."

O dr. Arthur Aron (com quem falamos no Capítulo 1) conduziu um estudo de psicologia que abriu nossos olhos coletivos para as maneiras como a vulnerabilidade nutre laços. No estudo, ele fez estranhos encontrarem-se e envolverem-se em um bate-papo ou, então, responderem a perguntas cada vez mais íntimas, como: "Quando você chorou pela última vez na frente de outra pessoa?" e "Como você se sente em relação ao seu relacionamento com sua mãe?". Os estranhos que eram vulneráveis uns com os outros relataram sentir-se muito mais próximos que aqueles que se envolveram em um bate-papo. De fato, os alunos vulneráveis relataram sentir-se mais próximos de seu parceiro de interação do que 30% dos alunos sentiam-se com qualquer pessoa.[153] Em um artigo popular no *The New York Times* chamado "Para se apaixonar por qualquer pessoa, faça isso", uma mulher faz as perguntas de Aron com um conhecido. Os dois se apaixonaram depois, e ela credita o estudo por ter lhe dado "um caminho para um relacionamento que parece deliberado".

A vulnerabilidade cimenta a conexão, não apenas porque nos leva a sermos percebidos como mais honestos e genuínos, mas também porque transmite que gostamos e confiamos na pessoa com quem estamos interagindo. Em um artigo de Julie Beck no *The Atlantic*, quando Lincoln, diretor de projeto de uma organização sem fins lucrativos de saúde reprodutiva, descreveu a vulnerabilidade de sua amiga Amina, ele contou: "Nós não selecionamos nossas personas um para o outro; éramos apenas crus e honestos. Levei isso muito a sério porque Amina não precisava se abrir comigo. Ela não precisava compartilhar suas lutas, sua ansiedade ou sua depressão. Então, o fato de ter sido realmente aberta comigo sinalizou que ela valorizava nossa amizade".

A resposta de Lincoln também destaca como nossa vulnerabilidade pode acrescentar algo à vida de nossos amigos, em vez de prejudicá-los. Dar a eles a oportunidade de nos ajudar, constatou a pesquisa, melhora sua saúde mental e física, além de acrescentar sentido às suas vidas.[154] Um estudo revelou que, quando compartilhamos nossos segredos, isso sobrecarrega os outros porque ficam pensando sobre eles, mas também se sentem mais próximos de nós.[155] Quando dou palestras com essas informações, frequentemente ouço membros da plateia dizerem: "Faz sentido porque, mesmo que eu tenha medo de ser vulnerável, adoro quando as pessoas são vulneráveis comigo". Os benefícios que concedemos aos outros quando compartilhamos nossas angústias e recebemos seu apoio podem explicar por que outro estudo descobriu que calouros mais dispostos a expressar emoções negativas fizeram mais amigos e receberam mais apoio no primeiro semestre da faculdade.[156] Em tempos de crise, nosso maior medo pode ser sobrecarregar os outros, mas, quando não os procuramos, o maior fardo que colocamos em nossos amigos é, muitas vezes, o nosso silêncio.

SEJA VULNERÁVEL, MAS NÃO COMPARTILHE INFORMAÇÕES DEMAIS

Embora muitas vezes as outras pessoas apreciem nossa vulnerabilidade muito mais do que supomos, Bruk é rápida em acrescentar que não há garantias. Mesmo que as pessoas sejam menos propensas a nos julgar do que imaginamos, ainda há uma possibilidade real de que o façam. Ela admite que, no passado, ficou tão entusiasmada com a vulnerabilidade e tão sedenta por neutralizar uma cultura que a rejeita, que minimizou o risco.

Esse risco de rejeição é aumentado quando nos engajamos na pseudo-vulnerabilidade do compartilhamento excessivo. É apenas "pseudo" porque a vulnerabilidade é autêntica, e o compartilhamento em excesso não é. O compartilhamento em excesso é um mecanismo de defesa, um conceito que também exploraremos no próximo capítulo, sobre autenticidade. Por enquanto, podemos dizer que é uma estratégia para reduzir nossa percepção de sentimentos que consideramos ameaçadores e distanciar-nos deles, em vez de reconhecê-los. Compartilhar demais é uma maneira de proteger-nos contra a ansiedade da rejeição. Em vez de reconhecer esses medos, compartilhamos em excesso, na esperança de que isso atraia alguém para mais perto de nós e acalme nossos medos de rejeição. O compartilhamento excessivo está compensando nossas inseguranças, e isso não é vulnerabilidade, que envolve expressar nossas inseguranças diretamente. Além disso, como a maioria dos mecanismos de defesa, o compartilhamento em excesso ocorre compulsivamente, um tique automático para reduzir nossa ansiedade, enquanto a verdadeira vulnerabilidade ocorre deliberadamente depois que percebemos que estamos seguros com alguém.

Daphne, uma pesquisadora que estudou a confissão, conhece bem o risco de compartilhar demais. Ela chegava em festas, tomava algumas bebidas e contava a estranhos sobre suas escapadas sexuais. Ela imaginava que seria catártico, que tiraria tudo do peito, soltaria no ar, iria se libertar. Até que um dia, em uma festa, ela confessou para dois estranhos, e um deles perguntou: "Por que você faz isso?".

Esgotada, ela disse: "Faço isso para que importe menos".

Mas, quando ela se ouviu dizendo essas palavras, percebeu que nunca parecia importar menos. Seu sentimento ficou ainda mais claro ao ler Michel Foucault, o filósofo francês que nos alertou que, embora pensemos que compartilhar seja catártico, nem sempre é. Daphne disse: "Pensava que, falando sobre essas coisas, eu me libertaria. Mas, pelo contrário, fiz de algo sem importância uma parte mais importante da minha identidade do que precisava ser. Não era um alívio. Eu pensava em como contava às pessoas e como era assim que elas me viam. Eu me arrependia".

A história de Daphne e o pensamento de Foucault destacam os riscos do excesso de compartilhamento. Quando compartilhamos demais, as pessoas não têm o contexto mais amplo de quem somos, então nossa identidade, aos olhos delas, é consumida pelo que compartilhamos. Rachel Bloom, a atriz principal do programa *Crazy Ex-Girlfriend*, vivenciou isso. Quando criança, ela divulgou a seus colegas de classe que havia retirado uma verruga porque poderia ser cancerígena, e eles a apelidaram de "Quimio". As crianças são más, gente.

Em vez de transmitir que gostamos da pessoa com quem interagimos e confiamos nela, algo que ocorre quando compartilhamos informações gradualmente, o compartilhamento em excesso, muitas vezes, transmite que precisamos tirar algo do nosso peito e que qualquer ouvinte servirá. Isso pode explicar por que o compartilhamento excessivo geralmente sai pela culatra. Em um estudo, mulheres receberam instruções para imaginar outra mulher revelando informações a elas em um dos três níveis de intimidade: baixo (em que ela compartilhou seu programa de TV favorito), médio (sua maior preocupação) ou alto (o problema mais sério que ela teve no ano anterior). As mulheres relataram gostar menos de quem estava no nível alto e a viam como mais ansiosa e menos equilibrada. Elas gostaram mais da que estava no nível médio.[158] Para evitar compartilhar demais, precisamos entender nossos motivos ao fazer isso e perguntar a nós mesmos: "Por que estou compartilhando isso?". Nosso compartilhamento deve refletir a segurança que sentimos em uma amizade, e não a falta dela que estamos tentando compensar.

Mesmo quando não compartilhamos demais, a vulnerabilidade ainda é um risco. Às vezes, as pessoas nos julgam quando estamos vulneráveis, mas, se o fizerem, isso pode dizer mais sobre elas do que sobre nós. O apego esquivo, por exemplo, não responde tão bem à vulnerabilidade. Como se sentem mais desconfortáveis com a emoção, quando os outros estão vulneráveis, a intimidade, a confiança e o amor inerentes à interação podem ser eclipsados pelo desconforto com os sentimentos. Os sentimentos de outras pessoas ameaçam o que elas reprimem em si mesmas. Um estudo descobriu que as pessoas gostavam mais quando revelavam informações, exceto quando revelavam para alguém esquivo.[159] No estudo de Aron, com 36 questões, em que ele emparelhou estranhos para responder a perguntas cada vez mais íntimas, os pares esquivos desenvolveram a menor proximidade depois de responder. As respostas evasivas lembram-nos de que, se compartilharmos informações e alguém recuar, não estamos necessariamente errados em fazer isso. A pessoa pode ser apenas o recipiente errado para o nosso compartilhamento.

Tony Stark, em *Homem de Ferro 3*, exemplifica essa dinâmica. Ele conhece um garoto, Harley Keener, quando invade a garagem da casa de Harley buscando comida e abrigo. Em uma cena, Harley conta a Tony, em tom de tristeza, que "Papai foi ao 7-Eleven comprar raspadinhas. Acho que ele ganhou, porque isso aconteceu seis anos atrás". A resposta de Tony? "É algo que acontece, os pais somem, não precisa choramingar por causa disso."

No geral, apesar dos riscos, que são reais, Bruk e eu concordamos que a vulnerabilidade vale a pena. Suas recompensas são *ainda mais* reais. Ela nos faz sentir melhor mental e fisicamente, aprofunda nossas amizades e ajuda-nos a entender-nos melhor. Sem vulnerabilidade, "há um teto que você alcança na amizade e que não pode ultrapassar", disse o dr. Jackson. E, embora a vulnerabilidade possa dar às pessoas o poder de nos ferir mais profundamente, também lhes dá o poder de nos amar mais profundamente, como contou o dr. Jackson: "Se você não está vulnerável, o amor, o apoio e a atenção de todos os seus amigos não são sobre você por inteiro, como você sabe. A afirmação deles não é recebida da mesma forma. Quando você está vulnerável e eles realmente o conhecem, parece que você pode confiar mais plenamente no amor deles por você, porque estão mostrando amor por quem você realmente é".

PRATIQUE A AUTOCOMPAIXÃO

A dra. Bruk também aprendeu a ser vulnerável sendo mais gentil consigo mesma. Antes de ler o livro de Brown, ela leu um de Kristin Neff chamado *Autocompaixão*, que é praticada mostrando a nós mesmos a bondade e o cuidado que teríamos com um bom amigo. Quando decidiu estudar a vulnerabilidade, ela foi aconselhada a não o fazer porque não havia muita pesquisa sobre isso (a maior parte da pesquisa era sobre um conceito relacionado, mas distinto, chamado autorrevelação). Ela teria de encontrar um modo de defini-la e estudá-la, e, como uma pioneira que era nova na área, ela poderia fracassar. Mas seguiu em frente, porque a autocompaixão a ajudou a perceber que o fracasso não definia seu valor como pessoa.

"A autocompaixão cria um núcleo sólido de autoestima estável. E isso nos dá um lugar seguro para ir, não importa aonde a demonstração de vulnerabilidade nos leve", ela me contou. Um dos estudos da dra. Bruk mostra que, embora as pessoas geralmente avaliem a vulnerabilidade dos outros de maneira mais favorável do que a sua própria, isso não é verdade para pessoas com alta autocompaixão. Isso porque elas têm uma visão muito mais positiva de sua vulnerabilidade.[150] Se pudermos ser gentis com nossas vulnerabilidades, seremos menos impactados quando os outros não forem.

A autocompaixão tem três componentes:

1. Bondade consigo mesmo: ser gentil e compreensivo consigo mesmo (*Tudo bem que você não passou no teste. Ele era bem difícil*).
2. Atenção plena: ter uma reação equilibrada a pensamentos e sentimentos dolorosos, não reagir de forma tímida ou exagerada (*Notei que estou me sentindo triste neste momento*).
3. Humanidade comum: ver a experiência do outro como parte de uma experiência humana maior (*Todo mundo fracassa de tempos em tempos*).

Para praticar a autocompaixão, da próxima vez que você se olhar no espelho e quiser criticar seu abdômen, diga a si mesmo: *Eu sei que estou me sentindo crítico. Tudo bem eu não estar me sentindo bem com meu corpo hoje. A maioria das pessoas se sente mal com seu corpo de vez em quando.* Ou, se você se sentir chateado porque seu filho não ligou no seu aniversário, diga: *Estou chateado. É compreensível que eu me sinta assim. Muitos pais têm dificuldades com seus filhos.* Se Sam praticasse a autocompaixão, ela poderia ter dito a si mesma: *Estou me sentindo fora de controle. Tudo bem não estar no controle às vezes. Passar por isso me conecta a todos os outros que se sentem assim.*

ACEITE A VULNERABILIDADE COMO UM VALOR

A autocompaixão nos ajuda a aceitar a nós mesmos, o que torna a vulnerabilidade menos arriscada, porque a aceitação dos outros importa menos. Mas, mesmo que não possamos reunir todo amor e gentileza para conosco em nossos momentos vulneráveis, isso não significa que não podemos ser vulneráveis. A vulnerabilidade não precisa nos fazer sentir bem. Muitas vezes parece assustador; esse é o seu reflexo de autoproteção entrando em ação, que você pode notar e honrar. Mesmo que a vulnerabilidade assuste, você não precisa evitá-la. Tenho certeza de que há muitas coisas desconfortáveis que você faz em nome de algum propósito maior – você opta por sopa de couve-flor em vez de doces para o almoço, é espetado com agulhas, faz agachamentos mesmo quando não há vaso sanitário embaixo –, porque, assim como a vulnerabilidade, esses instantes de desconforto protegerão você de muito mais doenças em longo prazo.

Para ser vulnerável, ajudará se você se lembrar de que não está fazendo isso porque é confortável, mas porque está alinhado a seus valores. Se você valoriza a conexão, o bem-estar, a intimidade, o significado, a honestidade, o autocuidado, apresentando-se ao mundo como seu eu mais verdadeiro, ser vulnerável expressa seus valores. E você consegue, não importa a reação, porque, sendo vulnerável, você defendeu a si mesmo e honrou seus valores. Harriet Lerner ilustra bem isso em seu livro *The Dance of Connection* [A dança da conexão]: "Deixe de lado as expectativas de obter a reação que deseja. Sempre partiremos de um lugar mais sólido se falarmos para preservar nosso próprio bem-estar e nossa integridade, e nos recusarmos a ser silenciados pelo medo". Agir em conjunto com valores também é a doutrina de uma forma popular de terapia, a terapia de aceitação e compromisso, popularizada pelos psicólogos Steven Hayes, Kirk Strosahl e Kelly Wilson. Um de seus princípios é que, independentemente da quantidade de dor que tenhamos, devemos aceitá-la e nos comprometer a fazer ações que se alinhem com nossos valores para tornar nossas vidas significativas.

SEJA VULNERÁVEL COM AS PESSOAS CERTAS

A parte complicada da vulnerabilidade é que ela depende não apenas de você, mas também da pessoa com quem você está vulnerável. Se sua vulnerabilidade chegar a um ouvido empático, será ótimo e proporcionará amplos benefícios; mas, se não, sairá pela culatra e você se sentirá pior.

Pode parecer óbvio ter discernimento sobre com quem somos vulneráveis, mas muitas vezes é algo de que nos esquecemos. Lembro-me de receber um telefonema de um amigo na mesma época em que eu passava por uma separação difícil. Por causa do momento da ligação, acabei compartilhando a situação e meus sentimentos a respeito dela. Não pensei se meu amigo seria compassivo, porque, se o fizesse, não teria dito nada. Esse amigo é hiperlógico e não fala a linguagem da emoção. Ele tentou me convencer de que eu tinha sido explorada pelo cara para fazer sexo. É claro que isso só fez eu me sentir pior.

Essa experiência também me fez perceber que parte de praticar a vulnerabilidade saudável também é estar confortável em *não* ser vulnerável. Às vezes, sinto que alguma crise está me consumindo tanto que, se eu não compartilhar, isso me tornará uma impostora; um amigo poderá sentir e saber que estou mentindo. Mas as pessoas aparentemente são muito ruins em saber quando estamos mentindo, de acordo com uma metanálise.[161] Você é livre para esconder coisas de pessoas em quem não confia.

No entanto, não é fácil saber em quem confiar, especialmente com todas as pesquisas que lemos sobre como julgamos mal as reações dos outros à nossa vulnerabilidade. Talvez o melhor sinal de que alguém é confiável é se ele respondeu bem à sua vulnerabilidade no passado. A desvantagem, é claro, é que, no momento em que você der essa oportunidade às pessoas, será tarde demais para se proteger se elas acabarem o rejeitando. Para amenizar esse risco, às vezes eu "protejo a vulnerabilidade". Se estou me sentindo muito vulnerável, falo com minha amiga Billy, que sei que é incrível, empática, maravilhosa e me cura praticamente o tempo todo. Conversar com ela fará eu me sentir mais segura, de modo que não doerá tanto se eu for a um amigo cuja empatia ainda não é uma aposta certa, *e* me ajudará a descobrir se ele pode lidar com minha vulnerabilidade no futuro. Se você ainda não tem um confidente com quem possa proteger a sua vulnerabilidade, comece com um terapeuta ou uma central de suporte para saúde mental.

Quando agimos ou pensamos na forma de tudo ou nada (como nunca ou sempre ser vulnerável), nossa rigidez esconde cicatrizes mais profundas. Eu ouço essas cicatrizes de amigos que dizem coisas como: "Você não pode confiar em ninguém" ou "Todo mundo vai decepcionar você, no fim das contas". Se presumirmos que uma coisa é sempre verdadeira, não estamos avaliando a situação para determinar se um comportamento funcionará ou não; estamos projetando. É o discernimento e a atenção ao momento presente e à abertura dos ouvidos à nossa frente que nos permitirão criar espaços que possam nutrir nossa vulnerabilidade.

Sem esse discernimento, corremos o risco de oferecer nossa vulnerabilidade às pessoas que mais nos machucam. Freud chamou isso de "compulsão à repetição". Voltamos ao local de nossa dor para nossa cura, porque o que é mais válido do que a validação da pessoa que nos feriu? A compulsão à repetição é o motivo pelo qual as pessoas retornam a uma amizade tóxica ou recorrem ao Tinder na esperança de serem confortadas por um novo encontro, a fim de aliviar a dor do último, ou continuar tentando compartilhar com um amigo que só faz piadas em resposta. Infelizmente, esse desejo tende a nos deixar com ainda mais dor, porque, se uma pessoa nos magoou uma vez, ela pode fazê-lo novamente.

Se alguém tem um histórico de rejeição em seus momentos de necessidade, não suponha que ela mudará. Não procure água em um poço vazio. Sua vulnerabilidade é preciosa demais para isso. Encontre pessoas que realmente confortarão e apoiarão você; volte-se para elas, em vez de quem você esperava que fosse diferente. Quantas vezes nos expomos às pessoas erradas porque desejamos torná-las diferentes, quando poderíamos simplesmente aceitar quem elas são e sermos diferentes nós mesmos?

HOMENS E VULNERABILIDADE

Tudo parecia ir bem para Lucas Krump. Ele havia passado muitos anos no exterior, saltando entre lugares como Egito, Tailândia, Uganda, Aruba, Saint Kitts e Singapura, acabando em Nova York. Tinha uma namorada e a *startup* onde trabalhava havia sido comprada, deixando-o com uma pequena fortuna. Em todas as aparências, ele tinha tudo.

Entretanto, na profundeza de sua vida, as coisas não iam bem. Ele sentia-se solitário e triste, mas não percebia. Como reprimia suas emoções, seu melhor teste decisivo para saber se estava vivendo uma vida boa era quão boa ela parecia para os outros, então ele achava que estava bem. Mas o peso coletivo desses sentimentos ainda o deixava vazio e desapegado de tudo, como se estivesse assistindo à sua existência em uma tela de cinema.

Durante um jantar em Xangai, na China, onde estudava negócios, seu BlackBerry vibrou. Era sua irmã: "O pai morreu". "Falamos mais tarde. Estou terminando o jantar", respondeu ele. Seu pai sempre foi frio e distante e, quando ele morreu, Lucas mal registrou sua dor pela perda, sufocando as emoções e cobrindo-as com álcool. Enquanto ele estava no exterior, sua avó e seu avô também faleceram. Ao contrário de seu pai, seus avós foram as pessoas mais importantes de sua vida, mas ele não foi aos funerais. Lucas disse a si mesmo que sabia que as pessoas iriam morrer quando ele se mudasse para o exterior e que deveria aceitar isso e seguir em frente.

Finalmente, todo o luto não processado alcançou Lucas e o levou a um hospital psiquiátrico. A emoção era intensa e avassaladora, nada como ele já havia sentido. Era o resíduo de sentimentos reprimidos, mas nunca extintos. Foi a revolução de seu corpo contra uma mente que, sem saber, usava-o como um repositório para armazenar as coisas que não estava disposta a ver. E sua revolução foi um pouco eficaz. Logo depois, Lucas voltou para os Estados Unidos, parou de beber por um tempo e viu mais sua família.

Ele passou algum tempo no Arizona com sua mãe, que encontrou um terapeuta para ele. Lucas pensa naquela primeira sessão de terapia como uma intervenção divina. Enquanto contava sobre suas dificuldades com drogas, álcool, mulheres e isolamento, o terapeuta lhe disse: "Não há dinheiro, drogas ou mulheres que preencham o vazio em seu coração. Você vai ter que crescer. Como realmente não teve um pai, você precisará criar uma comunidade de homens que irão apoiá-lo. Isso vai dar algum trabalho". Seu problema era estar sozinho, não por falta de pessoas em sua vida, mas por falta de pessoas com quem ele pudesse ser verdadeiramente vulnerável.

Seu terapeuta aconselhou-o a juntar-se aos Alcoólicos Anônimos para encontrar sua comunidade e mudar seus hábitos de bebida. Ele ficou admirado com a vulnerabilidade, a honestidade e a comunidade que encontrou lá. Pela primeira vez na vida, ele sentiu-se cercado por bons homens que queriam ajudá-lo. Mas sentia-se um impostor. Lucas não conseguia relacionar-se com as experiências que ouviu porque era muito funcional mesmo quando bebia – mantendo um emprego, pagando suas contas, chegando em casa no fim do dia. "Ninguém ia me salvar", disse ele. "Então eu bebia 37 cervejas, parava na 37ª e ia trabalhar no dia seguinte. Eu não poderia tornar-me um viciado porque, se o fizesse, sabia que morreria." Não era apenas da comunidade que ele precisava, percebeu, mas um lugar onde sentia que poderia realmente pertencer porque se identificava com as pessoas ao seu redor. Assim, ele deixou o AA, mas a experiência deixou-o com fome de espaços onde a vulnerabilidade e a autenticidade fossem bem-vindas.

Lucas passou por várias organizações de homens, procurando por uma comunidade autêntica, mas nada se encaixava. Eles eram religiosos ou, então, cheios de bobagens espirituais. Onde estavam os caras normais, os barbudos, que xingavam, de ombros largos, com quem Lucas poderia identificar-se? Então, um dia, por um acaso, Lucas conheceu em uma conferência um homem chamado Dan, que lhe disse que estava começando um retiro para homens em um velho celeiro na região de Berkshires, em Massachusetts.

Aquele fim de semana mudou a vida de Lucas para sempre. Enquanto os homens ao seu redor choravam e compartilhavam sentimentos, ele percebeu que era normal que os homens, ainda mais caras masculinos como ele, tivessem sentimentos. A masculinidade, como a conhecia, era uma grande farsa. Os homens não demonstram emoção não porque não a têm, mas porque aprenderam, desde cedo, a temer o que aconteceria se o fizessem. "Somos seres humanos. Fomos colocados nesta terra para sermos vulneráveis. Temos essa capacidade dentro de nós, e negar nossa biologia evolutiva é o problema que enfrentamos como raça humana.

COMO FAZER E MANTER AMIGOS PARA SEMPRE

Como homem, foi-me dada a capacidade de sentir e ser vulnerável por uma razão. Não podemos negar nossa capacidade de ser humanos", disse Lucas.

Naquele fim de semana, ele percebeu o preço que custava aos homens ficar em silêncio. Em algo chamado de cerimônia de raiva, eles foram para a floresta e espalharam-se. Todos de uma vez, eles gritaram, despejando emoções que se agitavam dentro deles por anos ou mesmo décadas. Primeiro, Lucas ouviu a raiva dos outros homens e, então, ouviu o sofrimento deles, enquanto, no meio do grito, eles desabavam ao seu redor. Por fim, foi a sua vez.

A sociedade está começando a prestar atenção no estado de carência das amizades dos homens ocidentais e nos efeitos horríveis que essa falta tem em sua saúde, tanto mental quanto física. A crise de amizade dos homens foi explorada em um episódio do *podcast Hidden Brain* da NPR, chamado "The Lonely American Man" [O homem americano solitário]; em um artigo da *Harper's Bazaar*, "Men Have No Friends and Women Bear the Burden" [Os homens não têm amigos e as mulheres carregam o fardo]; e no livro *The Lonely American: Drifting Apart in the Twenty-First Century* [O americano solitário: à deriva no século XXI], cujos autores, casados, Jacqueline Olds e Richard S. Schwartz, destacam como os homens são íntimos apenas com parceiras românticas enquanto negligenciam amigos.

A história de Lucas destaca como as dificuldades dos homens com a amizade relacionam-se, em sua essência, à vulnerabilidade. Uma metanálise mais antiga, realizada em 1992, descobriu que os homens são menos vulneráveis que as mulheres em suas amizades (e na maioria de seus outros relacionamentos).[162] Uma pesquisa de 2021 revelou que as mulheres tinham aproximadamente duas vezes mais chances de receber apoio emocional de uma amiga ou compartilhar algo pessoal com elas na semana anterior.[163] Essa dinâmica foi bem ilustrada por um *tweet* da repórter Julia Reinstein: "Eles sempre dizem 'os caras detonam pesado'[...] Eles nunca perguntam se os caras carregam um peso".

A amizade profunda é impossível sem vulnerabilidade. Sem ela, a amizade esvazia-se em apenas companheirismo, o que é bom, mas limitado, pois a amizade pode nos oferecer muito mais. Amigos são a companhia de basquete, de bebida, de golfe, mas eles não alcançam a profundidade de um *anam cara*, um termo irlandês para "amigo de alma", o tipo a quem que você confessa, compartilhando seus pensamentos e sentimentos mais íntimos.

Um artigo no *The Atlantic*, "Games Boys Play" [Os jogos que os garotos jogam], descreve como os homens incluem um terceiro objeto em suas amizades para evitar a vulnerabilidade que poderia surgir entre amigos inativos: "Quando você está caçando, consertando um carro ou jogando basquete, vocês podem olhar juntos para o cervo, o motor ou a cesta e conversar. O objetivo comum oferece *algo* para discutir, e não terem de se encarar significa que vocês não têm de despejar todo o peso de suas emoções um no outro".

Mas se os homens não são vulneráveis em relacionamentos íntimos, para onde vai sua vulnerabilidade? Um ditado que aprendemos na pós-graduação é "as mulheres internalizam; os homens exteriorizam". Em linhas gerais (e com exceções), isso significa que, quando chateadas, as mulheres voltam-se para dentro, sentindo-se culpadas e deprimidas, mas os homens, em vez disso, expressam seu descontentamento por meio da maneira como interagem com o mundo. Isso é evidenciado por um estudo que descobriu que as mulheres são mais propensas a reprimir sua raiva, enquanto os homens são mais propensos a agir de modo agressivo.[164] Eles podem gritar, intimidar, socar uma parede. Lucas é um exemplo disso: "Eu fui um babaca. Usei um comportamento dominante e egoísta com as mulheres".

Muitas vezes escolhemos nos comportar de maneira que nos faça sentir mais aceitos socialmente, o que explica por que os homens podem escolher o domínio ou a raiva em vez da vulnerabilidade. Quando eles agem com raiva, de acordo com um estudo, são vistos como tendo um *status* mais elevado e sendo mais competentes que as mulheres.[165] No entanto, quanto mais recompensamos os homens pela dominação e pela agressividade, mais esmagamos sua vulnerabilidade, porque a dominação é uma máscara para fugir dela, para escapar do reconhecimento do poder dos outros. Vulnerabilidade e dominância não podem coexistir. A vulnerabilidade diz explicitamente: "Reconheço que você tem poder sobre mim e espero que o use gentilmente". A dominância diz: "Você não tem poder sobre mim. Eu tenho poder sobre você".

Ao serem vulneráveis, os homens renunciam ao desejo de dominar porque a vulnerabilidade libera as emoções ameaçadoras mascaradas pela dominação. Considere uma história do ator e *podcaster* Dax Shepard. Sua esposa ia fazer caridade em um país da África. Ele reclamou, dizendo a ela que estudou Antropologia e que instituições de caridade estrangeiras criam mais problemas do que resolvem. Ela não cedeu. Ele reclamou novamente, questionando a reputação da instituição de caridade. Após dezenas de discussões, Dax percebeu a vulnerabilidade por trás de sua lógica.

Ele disse: "Tenho muito medo de que essa coisa, ajudar pessoas, torne-se mais importante que eu".

Quando ele finalmente mostrou sua vulnerabilidade, ela respondeu: "Eu nunca preferiria algo a você". E Dax nunca mais se preocupou sobre a reputação das instituições de caridade da esposa.

"Acho que estou criando algum ponto intelectual, e isso não é verdade", disse Dax. Muitas vezes, nossos argumentos mais vigorosos não envolvem lógica, mas o desejo de ser dominante para evitar emoções vulneráveis formando-se por baixo. Foi apenas por meio da vulnerabilidade que Dax conseguiu satisfazer sua *verdadeira* necessidade e consertar seu relacionamento.

A faca de dois gumes para os homens, no entanto, é que, embora a dominação possa minar seus relacionamentos, a vulnerabilidade também pode. Abraçá-la, sobretudo entre outros homens, é arriscado. Um estudo de 2013, por exemplo, concluiu que os homens, mas não as mulheres, viam homens expressando vulnerabilidade de maneira desfavorável.[166] "Homens policiam outros homens, então guardamos nossa vulnerabilidade. Uma vez que veem fraqueza em outros homens, eles avançam. Eles tornam-se alvo de piadas e são provocados e intimidados", contou Christopher St. Vil, professor de Serviço Social na Universidade de Buffalo, que estuda masculinidade negra. Quando perguntei a Adam, assistente social e fundador da conta do Instagram @dadswithwisdom, por que ele não é mais vulnerável com outros homens, ele disse: "Eu sei que o outro cara não consegue lidar com isso. Mas não é só. Eu posso ser hostilizado. Alguém vai te chamar de vacilão. E é isso. Então você pode ser golpeado duas vezes mais." Com uma resposta como essa, não é de admirar que os homens tenham dito a Adam que se fechar os "ajuda a sobreviver".

Uma noite, quando Lucas (que foi ao retiro dos homens) tinha 11 anos, seu pai havia saído no meio da noite e ele acordou sozinho em casa. Com medo, ele caiu no choro. Seu pai voltou e, ao vê-lo chorar, deu-lhe um tapa no rosto. Ele relembra aquele momento como parte de seu "condicionamento".* Na idade adulta, esse condicionamento se completou. Suas emoções foram sufocadas, destruindo-o invisivelmente como monóxido de carbono.

Mas outro homem, Stephen, um médico, argumentou que muitos homens descartaram esse ideal de dominação em favor da vulnerabilidade, percebendo que não funcionou para eles. Ele disse: "Sim, é verdade que aconteceu quando éramos mais jovens. Muitos estão congelados no tempo, pensando que homens adultos vão bater neles como seus colegas do time de futebol faziam. Mas, como adultos, muitos dos meus amigos perceberam que tentar fingir que você está sempre bem e não tem problemas ou emoções não funciona. Mesmo os mais masculinos estão em terapia e começaram a compartilhar". O dr. St. Vil viu o mesmo progresso. Ele iniciou um programa de mentoria para juntar homens negros mais jovens e mais velhos. Ele credita aos mais velhos, que perceberam os perigos da invulnerabilidade, a ajuda a tornar-se mais vulnerável. "Eles me disseram: 'Você não é um covarde se chorar. A sua força não se baseia em quantas pessoas você espancou.'"

A suposição de que amigos homens vão envergonhar você por seu sofrimento também foi desafiada por Manny Argueta, um homem descrito no artigo do *Washington Post* "No Game Days. No Bars. The Pandemic Is Forcing Some Men to Realize They Need Deeper Friendships" [Sem dias de jogo. Sem bares. A pandemia está forçando alguns homens a perceber que precisam de amizades mais profundas]. Ele tinha amizades superficiais com seus amigos homens, centradas em ir a bares e assistir a jogos esportivos. Mas, depois de passar pela pandemia, um término de relacionamento e terapia, Manny finalmente contou seus problemas a seus amigos. Ele pensou que eles iriam detoná-lo, mas, em vez disso, perguntaram sobre o rompimento e como ele estava. No estudo da dra. Bruk, os homens também subestimaram quão positivamente as pessoas veriam sua vulnerabilidade.

A história de Manny mostra que existem espaços onde os homens podem ser vulneráveis, mas encontrá-los exige riscos. Os que querem trazer mais

---

* Esse momento quebrou a segurança que eu acreditava que meu pai deveria fornecer e me ensinou que minhas emoções não eram aceitas.

vulnerabilidade para suas amizades provavelmente terão de dar o primeiro passo. Considerando quão profundamente a invulnerabilidade está arraigada nas noções ocidentais de masculinidade, os homens que esperam que os amigos sejam os primeiros provavelmente definharão na espera. Compartilhe algo um pouco mais vulnerável do que você normalmente faria e veja como será recebido.

Muitos homens estão aceitando a vulnerabilidade e percebendo que a dominação não os faz felizes, como evidenciado por um estudo que descobriu que as pessoas que dominam os outros não são tão felizes em seus relacionamentos próximos quanto aquelas que constroem relacionamentos iguais.[167] Quando os homens não mascaram a vulnerabilidade por meio da dominação, eles obtêm um poder mais sutil, que lhes permite amar e se conectar. Como Lori Gottlieb, terapeuta e autora de *Talvez você deva conversar com alguém*, diz: "Eu sei, por exemplo, que pessoas exigentes, críticas e raivosas tendem a sofrer de intensa solidão. Sei que uma pessoa que age dessa maneira quer ser vista e tem pavor de ser vista". Não podemos nos conhecer completamente se disfarçamos nossa vulnerabilidade para parecer imponentes. Não podemos conhecer outra pessoa completamente se estivermos empenhados em sufocá-la para nos impulsionar ou, como diz o ator Terry Crews, "é impossível amar e controlar alguém ao mesmo tempo".

SOBREVIVÊNCIA DOS MAIS VULNERÁVEIS

O retiro masculino de Lucas Krump cresceu e tornou-se uma marca registrada da EVRYMAN, empresa cofundada por ele, promovida como "*CrossFit* para suas emoções". Os grupos EVRYMAN permitem aos homens processarem suas emoções entre homens. Alguns de seus objetivos são tirar o estigma da vulnerabilidade dos homens e ajudá-los a fazer amizades profundas. No grupo EVRYMAN do Brooklyn, eles sentaram-se em círculo e falaram sobre suas experiências "indescritíveis". Assim como Daniel, um participante do grupo compartilhou: "Comecei a perceber que meu mundo não desmorona se alguém me vê tendo uma emoção. Parece tão simples agora, mas veio como uma revelação".[168] John, de 67 anos, disse depois de participar por apenas dois meses: "Na verdade, finalmente sinto que estou vivo".

Desde que se juntou à EVRYMAN e aprendeu a ser vulnerável, Lucas tem se saído muito melhor. Ter uma linguagem para expressar seus sentimentos permitiu-lhe que os liberasse e se sentisse mais forte e mais claro mentalmente. Saber o que está realmente sentindo permitiu-lhe que escolhesse espaços e trabalhos que o fizessem ganhar vida. E talvez, o mais importante, revelar quem ele realmente é permitiu-lhe que construísse uma comunidade íntima e se sentisse apoiado por outros homens. É a comunidade e seu apoio que torna tudo melhor. Lucas disse: "Eles falam sobre suicídio, ansiedade, depressão, vício e toda essa merda que está acontecendo com os homens. E todos eles querem colocar isso como um problema de saúde mental. Mas todas essas coisas vêm da falta de conexão íntima e comunidade".

Por que, então, ser vulnerável com a comunidade muda tanto a vida? O dr. Michael Slepian, professor da Universidade de Columbia que estuda segredos, ajuda-nos a entender. Em um de seus estudos, ele examinou o que tornava as pessoas boas em lidar com o peso de seus segredos. Ele fez os participantes preencherem vários questionários, um dos quais avaliava sua "eficácia de enfrentamento" relacionada a seus segredos. Alguém com alta eficácia de enfrentamento respondia de forma afirmativa a perguntas como "Quão capaz você se sente em sua habilidade de lidar com o segredo?" e "O quanto você se sente no controle da situação?". A eficácia de enfrentamento teve uma influência forte e positiva no bem-estar geral.

Contudo, a questão mais importante aqui é: como esses guardiões equilibrados do segredo tornaram-se assim? Eles eram tipos como o Chuck Norris, com uma força inata, aplicando sua disciplina superior ou sua força de vontade para enfrentar o fardo de seus segredos ou havia alguma magia extra que os tornava assim? A magia extra, revelou o estudo, era o apoio. Aqueles com maior eficácia de enfrentamento receberam o maior apoio de outras pessoas quando revelaram seu segredo. Eles eram mais propensos a dizer que os outros os confortavam, estavam lá para eles e lhes deram uma nova visão quando compartilharam seu segredo, como o que acontece com Lucas quando se senta em um círculo do EVRYMAN. Aqueles menos capazes de lidar, por sua vez, receberam menos apoio dos outros.[169] "Se há um conselho que eu daria para as pessoas que têm segredos", Slepian me disse, "é para compartilhá-los".

O estudo de Slepian não é o primeiro a concluir que o apoio dos outros nos fortalece. Um estudo com homens que tiveram ataques cardíacos descobriu que eles estavam mais confiantes em sua capacidade de se adaptar às mudanças provocadas pelo ataque quando eram mais dependentes de suas esposas. Eles sentiram-se menos capazes de lidar quando tentaram esconder seus sentimentos para protegê-la.[170] O cerne da teoria do apego, apoiado por milhares de estudos, é que só nos tornamos seguros quando somos apoiados por nossos relacionamentos mais fundamentais. Como discutimos na Parte I, o apego seguro é uma "característica central da resiliência" em parte porque, como constata a pesquisa, os seguros são melhores em buscar apoio.[171-172] O dr. Skyler Jackson acrescentou: "Para quase todos os aspectos do bem-estar, o apoio social é uma parte crucial do que nos faz suportar e sobreviver às dificuldades". A única maneira de nos tornarmos fortes de verdade é sendo profundamente apoiados pelos outros.

Essas informações sobre o poder da vulnerabilidade desafiam nossas concepções errôneas de fortaleza mental, às quais Lucas agarrou-se até não poder mais. Pensamos nas pessoas de mente forte como contidas e autossuficientes. Presumimos que a força seja sinalizada pela frase popular dos comerciais de desodorante Gillette da década de 1980: *Nunca deixe que eles vejam você suar.* Mas esse conselho é mais bem aplicado às axilas do que à vulnerabilidade. Nunca deixar que nos vejam suar não nos torna fortes. Isso nos faz suprimir nossa fraqueza, então ela fica presa dentro de nós. O namorado de uma amiga uma vez descreveu esse processo para mim. Ele se sente como um *waffle* que fica encharcado com mais calda, tornando-se cada vez mais pesado, mas mantendo sua forma para o observador externo.

À primeira vista, a ideia de força derivada de ser vulnerável, em vez de apenas borbulhando de dentro, vai contra a cultura estadunidense de individualismo robusto. Adoramos uma história do homem que foi da pobreza à riqueza por conta própria (raramente é alguém que não seja homem ou branco) que nunca dependeu de ninguém, que nos ensina que podemos vencer sozinhos, não importa quão abismal seja o ambiente ao nosso redor.

Mas os teóricos têm criticado, com razão, essas ideias por séculos. Em sua palestra sobre o homem que vence por conta própria em 1872, Frederick Douglass desmentiu: "Na verdade, deve-se dizer, embora possa não estar de acordo com a individualidade autoconsciente e a presunção, que nenhuma força nativa possível de caráter e nenhuma profundidade de riqueza e originalidade podem elevar um homem à independência absoluta de seus semelhantes". O diplomata francês Alexis de Tocqueville temia que o individualismo estadunidense levasse a uma situação em que "cada homem é para sempre jogado de volta a si mesmo, e há o perigo de que ele fique preso na solidão de seu próprio coração".

Para alguns, é difícil repudiar o individualismo, porque, nos Estados Unidos, parece ser a ordem natural, mas os antropólogos Nick P. Winder e Isabelle C. Winder argumentam que a vulnerabilidade também é. Eles veem a vulnerabilidade como uma herança passada por nossos ancestrais primatas. De acordo com a "hipótese do macaco vulnerável", quando nossos ancestrais dividiram-se em pequenos grupos para viajar a áreas isoladas com menos competição e mais recursos, sua população era pequena demais para que apenas os mais fisicamente aptos sobrevivessem. Eles não tinham diversidade genética suficiente para que os fisicamente "mais aptos" surgissem, e toda a população poderia ter sido exterminada nesse meio-tempo. Quem sobreviveu, então, não foi o mais forte. Quem sobreviveu foi o mais confortável com a vulnerabilidade.

Aqueles que puderam formar relacionamentos e recorrer a eles em tempos de necessidade sobreviveram. Eles revelavam quando estavam famintos e precisavam de comida ou conseguiam que outros os ajudassem a construir abrigos. Não negavam suas necessidades, mas as comunicavam. Os sobreviventes colhiam os recursos de um coletivo e, portanto, nenhum indivíduo precisava ser particularmente apto ou forte, porém, ao fazê-lo, cada um era mais forte que qualquer "mais apto".[173] Se quisermos ser tão bem-sucedidos quanto nossos ancestrais, os macacos vulneráveis, devemos fazer como Kathleen Dwyer, analista de pesquisa em ciências sociais que estudou relacionamentos, instruiu-me: "O objetivo da independência não é ser completamente autônomo, mas reconhecer quando você precisa de alguém e saber como contatá-lo para obter o que você precisa".

ENCONTRANDO FORÇA NA VULNERABILIDADE

A vulnerabilidade nem sempre foi fácil para mim. Eu costumava pensar que as pessoas me amariam mais se eu fosse invulnerável, que ser assim tornava-me impressionante e serena, e ser vulnerável tornava-me fraca. Essas crenças tornaram-me uma amiga e uma pessoa pior. No ensino médio, uma amiga queria que eu fosse a um parque de diversões com ela e seu pai todos os fins de semana. Meus pais não queriam me dar dinheiro para ir, mas essa amiga achava que éramos ricos, então eu inventava mentiras sobre ter outra coisa para fazer. Ser invulnerável também me levou a abandonar grandes amizades quando o conflito surgiu, porque seria preciso vulnerabilidade para pedir desculpas. Também no ensino médio, eu andava com um grupo de meninos. Tivemos uma grande briga por causa de coisas minúsculas de que eu mal me lembro, mas sei que foram minha culpa. Em vez de admitir a culpa, porém, porque isso seria muito vulnerável, passei a fazer parte de outro grupo.

Melhorei em vulnerabilidade. Enquanto estudava para ser psicóloga, a vulnerabilidade foi reclassificada como desejável e saudável, em vez de fraca. Isso ajudou, mas, mesmo que eu entendesse isso intelectualmente, não significava que a perspectiva de ser vulnerável não fizesse eu me sentir assustada, tensa ou pequena. O que fazemos se nosso cérebro entende a importância de ser vulnerável, mas nosso corpo entende apenas o perigo disso?

Enfrentei essa discrepância durante meu curso de Psicologia. Como mencionei anteriormente, na graduação era normal que as pessoas compartilhassem coisas reveladoras e, às vezes, desabassem e chorassem. Era, talvez, o nosso terceiro ano do doutorado, e eu ainda não tinha chorado. Mas aquele foi meu grande dia. Eu nem me lembro do que estava compartilhando, provavelmente algo sobre minha infância, mas me lembro claramente das minhas lágrimas relutantes, lágrimas que eu queria aspirar de volta para os meus olhos. Até aquele momento, eu tinha orgulho de mim mesma por ser uma das últimas que não havia chorado e temia enfrentar minhas ações e minha turma na semana seguinte.

Na aula seguinte, o professor me perguntou como foi compartilhar na semana anterior. Lembro-me de dizer que me senti fraca e preocupada que todos me vissem como patética. Meus colegas de classe entraram na conversa para dizer o oposto: que eles me consideravam corajosa e forte por aceitar e até compartilhar experiências difíceis. Para ser honesta, na época, eu não acreditei neles. Pensei que eles estavam dizendo aquilo para fazer que eu me sentisse melhor. Mas agora acredito neles.

Muitos de nossos temores da vulnerabilidade estão enraizados em suposições imprecisas de como os outros nos veem se formos vulneráveis, suposições que eu mantive mesmo quando *explicitamente* me foi dito o contrário. A invulnerabilidade demora para sumir. Agora, tento me lembrar de que, se sou vulnerável, os outros compreenderão minha genuinidade e minha honestidade, e se sentirão mais próximos de mim. Eles não vão me julgar da maneira que tanto me preocupo. Como sou uma *nerd* de pesquisa, saber que todas as pesquisas apoiam essas suposições ajuda, porque sei que não estou apenas contando mentiras para me sentir melhor. Se você quiser ser mais vulnerável, precisará fazer suposições mais renovadas e gentis sobre como os outros responderão a você (algo que aprendemos no capítulo sobre iniciativa). *As pessoas vão valorizar minha vulnerabilidade, e isso vai nos aproximar. Eles me verão não como patética, mas como corajosa e genuína.* Essa é uma prática. Você não vai superar seus medos dizendo isso a si mesmo uma vez; tem de se lembrar repetidamente.

Com essa experiência, também testemunhei em primeira mão que muito do que supomos que os outros pensam sobre nós é uma projeção do que *nós* pensamos sobre nós mesmos. Eu temia que as pessoas me vissem como fraca ou patética se eu fosse vulnerável porque me sentia fraca ou patética quando vulnerável. Devemos nos despir de nossas suposições sobre vulnerabilidade. Se eu pudesse ver meu ato de compartilhar como um sinal de bravura e intimidade, então seria mais provável que eu presumisse que os outros o fariam.

O que aconteceu com Sam? Ela conseguiu procurar o apoio de que precisava? Sim. Na verdade, acabou iniciando um grupo de bem-estar com seus amigos. Eles encontravam-se toda semana e concentravam-se em um aspecto do bem-estar, que praticavam juntos. Ela liderou a semana sobre vulnerabilidade, durante a qual compartilhou o que vivenciou. Passou a escrever um livro sobre amizade, no qual espalhou a boa palavra da vulnerabilidade para os outros. Sam é uma invulnerável em recuperação. Sam sou eu.

Quando me recordo da experiência, meu velho eu, meu eu invulnerável, parece tão distante e com tanta dor. Não tenho certeza se teria visto, ou melhor, admitido isso em mim. Eu quero ajudá-la, mas não tenho certeza se seria capaz. Ela rejeitaria minha ajuda como uma admissão de que precisava dela, portanto, um sinal de fraqueza, e, ao fazê-lo, apenas se entrincheiraria em mais sofrimento. Eu gostaria de ter sido mais gentil comigo mesma, mais tolerante e honesta sobre minha fraqueza, e mais disposta a lidar com ela pedindo apoio.

Atribuo minha invulnerabilidade a um algoritmo interno defeituoso. Dizia: "Se eu compartilhar minha dor, serei humilhada". Apostei tanto nesse algoritmo que ele me impediu de viver na realidade de quais seriam as reações dos outros, como eles realmente me receberiam. Eu não estava levando uma vida tão verdadeira, porque vivia com base em meus medos, e não na realidade. Só descobri isso, é claro, quando me tornei vulnerável. Às vezes, você só precisa dar o salto. E, toda vez que estou vulnerável com aqueles que me amam e me aceitam, meu algoritmo é depurado um pouco mais. Este é o poder da vulnerabilidade: ela fornece a "correção sagrada" do nosso algoritmo interno. A abertura não nos cura apenas no momento, mas nos leva a um caminho mais curativo para o futuro. Eu carrego um pouco menos de vergonha e medo dos outros. Sou um pouco mais aberta, honesta e liberada. Falei que a vulnerabilidade pode trazer sua vida de volta, e eu sou a prova número um disso.

Agora eu sei que tempos de muito sofrimento, de muita dor, de muitas crises são um portal para uma conexão profunda se os deixarmos ser, se formos vulneráveis. Se formos invulneráveis, podemos acabar estagnados, consumidos e sozinhos, ou, nas palavras da poetisa Mary Oliver, "respirando só um pouco e chamando isso de vida". Nada teria (no final) me motivado a me apoiar em meus amigos como minha vulnerabilidade. Isso nos aproximou muito. Como disse Morgan Jerkins, ensaísta e editor: "Às vezes, é bom deixar as pessoas amarem você em momentos em que você não é forte para que veja sua capacidade de amar". Mas isso exigiu que eu aceitasse que há uma paz que não posso proporcionar a mim mesma, que preciso de outras pessoas. Ainda estou no processo, e tem sido uma pílula difícil de engolir, mas, quanto mais a pílula desce, mais encontro paz.

LIÇÕES

▶ Expresse a vulnerabilidade não apenas por meio do teor de suas palavras, mas também de sua postura. Se sua voz tremer, deixe-a. Se é muito assustador compartilhar algo, diga isso. Se as lágrimas começarem a surgir, deixe-as escorrer. Fazer isso comunica a magnitude do que você está compartilhando e permite que os outros saibam que devem ser sensíveis.

▶ Procure seus amigos de confiança para ter apoio quando precisar. Isso fará você sentir-se mais forte e aprofundará suas amizades.

▶ Para praticar a vulnerabilidade:

» Não compartilhe demais. O compartilhamento em excesso pode afastar as pessoas e prejudicar você. Sua vulnerabilidade deve ser um símbolo de confiança e afeto que você compartilha com alguém. Você tem liberdade para esconder certas coisas de pessoas em quem não confia.

» Seja vulnerável primeiro. Não espere seus amigos.

» Lembre-se:

· As outras pessoas não o julgarão por causa de sua vulnerabilidade tanto quanto você acha e, na verdade, elas podem vê-lo de forma positiva, como alguém autêntico e honesto.

· Ser invulnerável não elimina suas fraquezas; apenas não permite a você que mostre sua força.

· Se você supõe que "se eu compartilhar minha dor, serei humilhado", seu algoritmo interno pode estar defeituoso. A melhor maneira de corrigi-lo é ser vulnerável com uma fonte de confiança.

» Pratique a autocompaixão, que envolve:

· Ser gentil consigo mesmo: ser gentil e compreensivo consigo mesmo. Por exemplo: *Tudo bem que você não passou no teste. Ele era bem difícil.*

· Atenção plena: ter uma reação equilibrada a pensamentos e sentimentos dolorosos, não reagir de forma tímida ou exagerada. Por exemplo: *Notei que estou me sentindo triste neste momento.*

- Humanidade comum: ver a experiência do outro como parte de uma experiência humana maior. Por exemplo: *Todo mundo fracassa de tempos em tempos.*

» Proteja a vulnerabilidade abrindo-se a alguém em quem você confia e sendo vulnerável com alguém que você tem menos certeza.

» Seja vulnerável, mesmo que isso seja assustador. Lembre--se de que você a pratica não porque é confortável, mas porque fazer isso se alinha aos seus valores e ao seu eu superior.

» Não continue a ser vulnerável com pessoas que o magoaram quando você mostrou vulnerabilidade.

CAPÍTULO 5

Buscando autenticidade

Como aprofundar as amizades mostrando seu verdadeiro eu

Em um dia de primavera em 2014, Hannah e Sarah decidiram fazer uma viagem de carro pelo país. As duas se conheceram no trabalho em uma empresa de design gráfico, em um escritório apertado em Canarsie, no Brooklyn. Hannah imigrou da Hungria para trabalhar, e Sarah já estava na firma quando ela chegou. No primeiro dia de Hannah, ela usava uma túnica branca esvoaçante que balançava enquanto caminhava até Sarah para apresentar-se. Em contraste com o visual *boho* de Hannah, as roupas sob medida de Sarah lembravam as de um modelo da Ann Taylor Loft. Sua saia bege, recém-passada, abraçava seu suéter preto na cintura. Um colar de joias e cabelos penteados para trás em um coque apertado completavam seu visual. Muito profissional não apenas em suas roupas, mas em seu comportamento, Sarah disse um breve olá e voltou ao trabalho. Hannah, no entanto, não foi facilmente dissuadida; ela convidou Sarah para almoçar. Para sua meia-surpresa, Sarah disse que sim. Depois de alguns almoços, rapidamente as duas tornaram-se amigas.

Sarah, que estava acostumada a manter as pessoas à distância, gostou da intimidade que desenvolveu com Hannah. Sua aparência bem-cuidada escondia o nervosismo que sentia perto dos outros. Ao lado de Hannah, Sarah podia usar suas roupas confortáveis e soltar o cabelo. A próxima viagem que elas planejaram aprofundaria ainda mais seu vínculo, pelo menos era o que ela esperava.

Quando a viagem começou, Hannah não estava em seu melhor momento. Seu recente término de namoro a deprimia; ela sentia-se cansada e sem esperança em relação ao amor. A viagem com Sarah foi uma distração bem-vinda, uma oportunidade de sentir-se menos sozinha. Guiando em direção ao sul até a Virgínia pela I-95, Hannah confessou querer mandar uma mensagem para o ex.

"Você vai encontrar alguém novo que é melhor que ele", disse Sarah.

"Talvez, mas ainda é difícil tirá-lo da minha cabeça", insistiu Hannah.

Elas ficaram em um vaivém: Sarah encorajando Hannah a superar e olhar para a frente, e Hannah refutando seu otimismo.

Por fim, Sarah falou rispidamente: "Você tem que encarar a verdade. Ele não quer falar com você. Ele não quer nada com você. E você precisa superar isso".

Hannah ficou magoada. O silêncio que se seguiu foi ensurdecedor. Sarah fez uma busca na lista de músicas da viagem delas. "I'll Be There for You", dos Rembrandts, vibrou nos alto-falantes. Sarah clicou em outra música.

Pelo resto do dia, elas conversaram, mas o incidente pairou sobre elas e ameaçou atrapalhar as férias. Quando chegaram a um hotel de estrada em Chattanooga, Hannah pediu quartos separados. Chegando em seu quarto, Hannah sentou-se em sua cama e o estrado fez um barulho. Lágrimas rolaram por seu rosto e mancharam a fronha florida. Ao ligar a televisão, ela ouviu uma batida na porta. Era Sarah. Antes de abrir a porta, Hannah esforçou-se para limpar o rosto com o edredom. Sarah entrou e disse: "Acho que devemos conversar sobre o que aconteceu entre nós".

Sarah começou: "Lembro-me de quando você conversou com a Tamara [outra colega de trabalho] sobre sua separação e disse que se sentiu melhor depois, e eu sinto que você nunca diz isso depois de falar comigo. Eu tento ajudar você e não chega a lugar nenhum, e isso me faz sentir que não sou uma boa amiga".

"Não espero que você me cure quando eu compartilho", respondeu Hannah. "Só quero ser ouvida." As duas chegaram a uma resolução inicial, mas a ruptura entre elas não foi totalmente fechada.

Mais uma semana de viagem e as amigas chegaram em Chicago. Elas vagaram pela cidade, olhando para seus reflexos na famosa escultura de espelho em arco de Chicago, o *Bean*; subindo na roda-gigante do Navy Pier; comendo pipoca da Garrett; e, em seguida, aumentando a pança com fatias de pizza de massa grossa. Foi um bom dia, e Hannah sentiu-se mais próxima de Sarah que durante toda a viagem.

Quando o dia chegava ao fim, as duas estavam andando por um parque, de volta ao seu Airbnb. Talvez fosse uma nova sensação de segurança, ou talvez ela estivesse cansada de censurar sua dor, ou talvez essa fosse sua maneira de fazer o remendo final na ruptura, mas, por algum motivo, Hannah trouxe à tona seu recente rompimento.

Sarah congelou por alguns segundos, respirou fundo e depois soltou: "Quando você fala comigo, é quase como se eu não importasse nem um pouco". Hannah ficou confusa e imediatamente se arrependeu de ter trazido o assunto à tona. Ela olhou para a placa da rua e calculou a que distância estavam do Airbnb. Ela não queria falar sobre isso em público.

"Você só pensa em si mesma e no que quer falar, e não se importa se estou sobrecarregada", disse Sarah. A essa altura, as duas pararam de andar e se encararam na rua adjacente ao parque.

"Dizer isso magoa bastante", respondeu Hannah.

"Eu não entendo por que você não consegue ver a minha perspectiva", disse Sarah.

Hannah notou o mesmo pedestre com um boné azul-celeste que circundava o parque, ouvindo escondido a discussão. Ela ficou preocupada em atrair uma multidão enquanto a voz de Sarah aumentava.

"Estou compartilhando meus pensamentos e meus sentimentos honestos com você. Você quer que eu finja? Se fosse realmente minha amiga, ficaria orgulhosa de mim por ser honesta e estabelecer um limite. Mas não. Você apenas continua falando sobre seu ex de novo e de novo e de novo. É egoísta", Sarah gritou. Ela vinha lidando na terapia com o fato de ser muito fraca, muito passiva, muito disposta a atender às necessidades dos outros enquanto sacrificava as suas. Não mais. O cara de boné azul enrolou. Ele olhou para as duas, mas, quando Hannah o encarou, ele desviou o olhar.

Hannah não conseguia pensar em mais nada para fazer a não ser ir embora. Ela podia ouvir o barulho dos insultos sendo lançados contra ela enquanto caminhava. A ruptura entre as duas, nunca totalmente remendada, foi escancarada. E a amizade delas nunca se recuperaria totalmente.

Sarah aprendeu uma lição naquele dia: se você quer manter as pessoas próximas, tem de fingir; ser fracote era melhor que ser honesta. Compartilhar como você realmente se sente e despejar sua raiva fará as pessoas fugirem. A autenticidade é superestimada. Será?

O QUE É AUTENTICIDADE?

Há consistência em como a autenticidade foi definida pelos antigos gregos e como os cientistas sociais a definem hoje. Os antigos gregos faziam referência à autenticidade com a conhecida frase "Seja verdadeiro consigo mesmo". Uma definição posterior da psicóloga Susan Harter tornou-se mais granular: "Ser dono das próprias experiências pessoais, sejam pensamentos, emoções, necessidades, desejos, preferências ou crenças" e "agir de acordo com o verdadeiro eu, expressando-se de maneiras consistentes com os pensamentos e os sentimentos interiores".[174]

Mas o que é o "verdadeiro eu"? Há um perigo em centrar a autenticidade no "verdadeiro eu" sem definir claramente o que é isso; afinal, as pessoas podem facilmente justificar comportamentos destrutivos como refletindo um "verdadeiro eu". É o amigo que diz que seu corte de cabelo é uma merda e está "apenas sendo franco". É o amigo que, depois da sua apresentação, diz, sem você perguntar, que você "precisa trabalhar a sua oratória". É o amigo que grita com você do lado de fora do parque, enquanto um pedestre fica bisbilhotando e não entende por que você não está aberto à sua honestidade. As pessoas usam a autenticidade como uma desculpa para serem más.

Como devemos definir autenticidade, então? Quando mergulhei na pesquisa, notei um padrão. Estudos constatam, por exemplo, que as pessoas relatam ser mais autênticas quando estão perto de outras que são abertas e receptivas, e se sentem inautênticas quando outras as julgam.[175-176] Elas se percebem autênticas quando se sentem bem, alegres, calmas ou amorosas, enquanto se percebem inautênticas quando se sentem péssimas: ansiosas, estressadas ou deprimidas.[177] Sentem-se mais autênticas quando todas as suas necessidades psicológicas são atendidas, quando sentem mais competência, pertencimento e autoestima.[178]

Essa pesquisa revela o que é autenticidade e o que não é. Não é uma reação impensada que temos quando nos sentimos magoados. Não é expressar descontroladamente nossos pensamentos e sentimentos com desrespeito arbitrário por todos os outros. Culpar, difamar e atacar: esses comportamentos são mais *crus* do que autênticos.

Em vez disso, a autenticidade floresce na segurança. É um estado de presença que acessamos quando não somos sequestrados por nossos mecanismos de defesa. "Presença" significa que não somos autênticos quando estamos distraídos, realizando várias tarefas ou dizendo coisas no piloto automático, como responder compulsivamente "Tudo bem" a um "Como você está?". Não ser sequestrado por mecanismos de defesa significa que a autenticidade ocorre quando acessamos sentimentos de segurança, quando não sentimos a necessidade de ativar nossas defesas, mesmo diante de ameaças, julgamentos, rejeição, negligência, entre outras coisas. É quem somos quando não somos provocados, quando podemos tomar decisões intencionais, em vez de reativas, sobre como queremos aparecer no mundo.

Deixe-me aprofundar essa definição. Muitas vezes, distanciamo-nos de nossos verdadeiros sentimentos pelo que parece ser o bem de nossos relacionamentos ou de nossa autoestima, ou como o pai da teoria do apego, John Bowlby, explicou: "O que não pode ser comunicado ao outro (ou à mãe) não pode ser comunicado a si mesmo." Em vez de admitir que ansiamos por um amigo que nos abandonou, dizemos que não nos importamos que ele tenha ido embora. Em vez de compartilhar que nos sentimos magoados pela provocação de um amigo, dizemos a nós mesmos que estamos sendo sensíveis demais. Em vez de admitir que não temos mais afinidade com um amigo, dizemos a nós mesmos que está tudo bem. Contorcemos nossos sentimentos naturais e, em vez disso, justificamos, racionalizamos ou ignoramos. A autenticidade, no entanto, envolve per-mitir-nos sentir rejeitados pelo amigo que nos abandonou, magoados pelas suas provocações ou incompatíveis com nosso amigo de infância. É um estado de honestidade interna. É quem somos sob esses mecanismos de defesa que construímos para nossa autoproteção.* E, quando desalojamos essas defesas, descobrimos que somos criaturas amorosas que valorizam a conexão.

O eu autêntico, ou "eu verdadeiro", referenciado nas definições que compartilhei, não é, então, o nosso eu cotidiano. Ao impedir nossas defesas

---

* Alguns psicólogos discordam da minha definição de autenticidade e propõem que, na verdade, ela não existe. Para saber mais sobre isso, consulte o artigo de Roy F. Baumeister, "Stalking the True Self Through the Jungles of Authenticity: Problems, Contradictions, Inconsistencies, Disturbing Findings – and a Possible Way Forward" [Perseguindo o verdadeiro eu pelas selvas da autenticidade: problemas, contradições, inconsistências, descobertas perturbadoras – e um possível caminho a seguir].

primitivas, quando autênticos, acessamos nosso eu superior, em vez de um eu provocado. Em um estudo chamado "The True Self: A Psychological Concept Distinct from the Self" [O verdadeiro eu: um conceito psicológico distinto do eu], os pesquisadores Nina Strohminger, Joshua Knobe e George Newman avaliaram estudos para identificar como as pessoas veem o verdadeiro eu. Eles descobriram que as pessoas veem, tanto o seu como o dos outros, como moral e bom. Quando alguém desenvolve traços positivos, por exemplo, isso é vivenciado como a descoberta de sua verdadeira natureza.[179] De acordo com os autores, "embora estejamos perfeitamente dispostos a pensar nas outras pessoas como más, no fundo, não estamos dispostos a vê-las como tal". Esse senso brilhante do verdadeiro eu está presente em todas as culturas: nos Estados Unidos, na Rússia, no Japão, em Singapura, na Colômbia, entre outros países.

Vemos o verdadeiro eu e o eu superior fundirem-se em nossos filmes favoritos. No final de *Um conto de Natal*, quando o ricaço Ebenezer Scrooge abandona seus modos avarentos e concorda em pagar o pai do Pequeno Tim para que o garoto possa se tratar, assistimos com o coração aquecido, sentindo que esse homem benevolente era o verdadeiro Scrooge o tempo todo. O Grinch rouba os presentes de Natal da cidade. E, no entanto, quando ele vê as pessoas da cidade ainda comemorando porque o Natal não é sobre presentes, seu coração triplica de tamanho. Ele arrisca sua vida para impedir um trenó, cheio de presentes que ele roubou, de rolar uma montanha abaixo e devolver os presentes para os moradores destituídos da cidade. Ao compartilhar uma ceia de Natal, ele revela que realmente não odiava o Natal, mas simplesmente odiava ficar sozinho e negligenciado. Ficamos com a sensação de que esses vilões precisam apenas confrontar suas cicatrizes para que sua bondade interior seja desencadeada.

Talvez os vilões *sejam* mais parecidos conosco do que pensamos. Talvez, se nos sentíssemos amados e aceitos, nós, como o Grinch, seríamos todos "nós mesmos de verdade", e nossas máscaras cairiam no chão como folhas secas de uma árvore de outono. E se as inseguranças, a bagagem e os traumas inibissem não apenas a melhor natureza dos vilões, mas também do resto de nós, pessoas normais? Nossas inseguranças impedem nosso eu autêntico e superior?

COMO SER AUTÊNTICO

Você está em uma sala e acabou de terminar uma tarefa rápida no computador. Os pesquisadores instruem-no a assistir a uma mulher, Liat, na televisão. Liat está ocupada com um estudo na sala ao lado. Ela deve completar uma série de tarefas horríveis, ao estilo *Fear Factor*. Você a observa recuar enquanto vê imagens de pessoas que foram gravemente mutiladas, mergulha sua mão em água gelada e a mantém lá enquanto ela treme, e acaricia um rato vivo. Agora, o pesquisador a instrui a passar a mão em uma tarântula viva. Ele leva a criatura de oito olhos para fora de seu vidro, suas pernas com pelos desgrenhados. O pesquisador a cutuca e ela move algumas de suas pernas. Não há dúvida de que está viva. Liat aproxima a mão dela e depois a retrai. "Eu não posso continuar. Talvez a outra pessoa possa fazê-lo", diz ela. Com "a outra pessoa", ela está se referindo a você.

O pesquisador sai da sala de Liat e volta para a sua. Ele dá a você pesquisas que avaliam quanta compaixão e empatia você sente por Liat, além de perguntar se você estaria disposto a substituí-la. Ele, então, pergunta cara a cara também: "Você está disposto a tomar o lugar de Liat?". Você teria de substituí-la não apenas para acariciar tarântulas, mas para as tarefas que ainda estão reservadas a ela, uma das quais envolve colocar a mão em uma bolsa preta cheia de baratas. O que você faz?

Se você é parecido com os participantes daquele estudo, sua resposta depende da tarefa que estava aguentando no computador no início do experimento.[180] Enquanto realizava a tarefa, você estava sendo preparado de forma subconsciente com palavras que apareceram na tela por apenas 20 milissegundos. As palavras eram o nome de uma pessoa: alguém com quem você se sentia mais seguro, alguém que você busca em momentos de necessidade, alguém que é próximo a você ou um conhecido. A finalidade da preparação era induzir sentimentos de segurança (com o nome da pessoa que você busca em momentos de necessidade) e examinar os efeitos da indução da segurança em sua empatia, sua compaixão e sua disposição a sacrificar.

Um princípio de segurança semelhante foi usado pelo pesquisador Omri Gillath, da Universidade do Kansas, e por seus colegas para determinar se a segurança relaciona-se à autenticidade. Em vez de preparar subconscientemente as pessoas envolvidas em uma tarefa de computador não relacionada ao nome de alguém com quem se sentem seguras, a palavra "amor" piscava por 22 milissegundos (ou a palavra "cadeira" em uma condição neutra). Depois de serem preparados com amor, os participantes relataram taxas mais altas de autenticidade. Os pesquisadores também lhes pediram que se lembrassem de um momento em que alguém próximo a eles estava disponível, foi solidário e amoroso ou, na condição neutra, uma ida ao supermercado. Até mesmo se lembrar conscientemente de uma experiência segura levou-os a relatar taxas mais altas de autenticidade.

Argumentei que a autenticidade desperta nosso eu mais gentil e superior, o que é uma meta valiosa para nós quando buscamos fazer e manter amigos. O estudo de Gillath sugere que a segurança ativa esse eu autêntico. Se a segurança gera autenticidade e esta, por sua vez, gera gentileza, então a segurança é o segredo para ser gentil?

Sim.

Em relação a Liat, aqueles preparados com segurança relataram mais compaixão e empatia por ela e estavam ainda mais dispostos a substituí-la. Acontece que não somos tão diferentes de Scrooge e do Grinch. Nosso cuidado também é impedido pela insegurança. No livro *Transcend* [Transcender], Scott Barry Kaufman vai mais fundo no conceito de "autor-realização" de Abraham Maslow, que é semelhante ao modo como defino a autenticidade. "Maslow argumentou que o âmbito do ser na existência (ou *B-realm*, para abreviar) é como substituir uma lente embaçada por uma limpa. Em vez de sermos movidos por medos, ansiedades, suspeitas e a necessidade constante de fazer exigências, na realidade, somos mais receptivos e amorosos conosco e com os outros", escreveu Kaufman. O segredo da autenticidade, então, é a segurança.

Quando somos inseguros, muitas vezes estamos tão consumidos por nossa própria dor que não temos recursos para nos importar. Sarah, tão oprimida pela tristeza de Hannah, tinha dificuldade de reconhecer sua dor. Se eu cortasse meu dedo indicador ao picar salsa e minha vizinha viesse reclamar de dor de cabeça, eu diria a ela que estava muito ocupado sangrando para ouvir.

Nossos comportamentos nos relacionamentos geralmente estão em um *continuum*, daqueles que nos protegem de um lado e os que protegem o relacionamento do outro. Para nos proteger de rejeição ou dano,

COMO FAZER E MANTER AMIGOS PARA SEMPRE

retraímo-nos, desvalorizamos o relacionamento (*não era tão bom de qualquer maneira*) ou agimos de maneira competitiva ou dominante; mas, ao fazê-lo, prejudicamos o relacionamento. Para protegê-lo, acomodamos as necessidades da outra pessoa, fazemos coisas por ela ou damos suporte; mas, ao fazê-lo, ficamos mais vulneráveis à exploração ou à rejeição. Quando estamos no modo de autoproteção, estamos no modo antirrelacionamento. Quando estamos no modo relacionamento, estamos indefesos. Pessoas inseguras pairam no modo de "autoproteção", e é por isso que elas têm dificuldades nos relacionamentos. Quando provocadas, pensam em si mesmas, e não na outra pessoa.

Mario Mikulincer, que conduziu o estudo com Liat, disse: "Somente quando o alívio é alcançado e uma sensação de segurança é restaurada (quando o dedo ensanguentado é enfaixado), é que muitas pessoas conseguem facilmente direcionar a atenção e a energia para o cuidado. Somente uma pessoa relativamente segura pode perceber com facilidade os outros não apenas como fontes de segurança e apoio, mas também como seres humanos que sofrem, têm necessidades importantes e, portanto, merecem apoio". Em outras palavras, pessoas seguras, menos consumidas por sua dor, são melhores em levar os outros em consideração.

Desbloquear a autenticidade é tornar-se mais seguro. E as pessoas autênticas, ao sentirem esse alicerce de segurança, desenterram a empatia e a consideração que estão dentro de todos nós. As pesquisas, por exemplo, vinculam a autenticidade a menos desimpedimento moral, à capacidade de agir mal sem se sentir mal (não é o nosso eu verdadeiro, de qualquer maneira).[181] A autenticidade, portanto, irá tornar-nos amigos, porque, quando não estamos tão sobrecarregados pelo medo do julgamento, quando estamos seguros, nosso eu naturalmente verdadeiro e bom surge. Considere um estudo no qual participantes socialmente ansiosos foram instruídos a *não* se envolver com seus comportamentos usuais de segurança, aqueles que adotaram para evitar a rejeição, como calar a boca para não dizer algo estranho, ou o contrário, tagarelar para evitar um silêncio constrangedor. Quando eles abandonaram esses comportamentos, as pessoas com quem interagiram relataram estar mais interessadas em interagir com eles e tornar-se suas amigas. Isso porque, sem se debater para evitar a rejeição, os participantes estavam mais presentes, falavam mais abertamente, mostravam mais interesse e eram mais engajados.[182]

Com esses muitos benefícios da autenticidade, não é de se admirar que a pesquisa tenha-a vinculado a uma maior satisfação na amizade e menos solidão.[183] Ainda assim, muitos de nós estamos apegados ao equívoco de que precisamos ser outra pessoa para sermos amados. Essa era a mensagem implícita no mega *best-seller* chamado *Como fazer amigos e influenciar pessoas*. O autor, Dale Carnegie, encoraja-nos a agradar. Sorria para as pessoas, use o nome delas, faça com que falem sobre si mesmas, faça com que se sintam importantes. Esse não é um conselho ruim em si, mas é manipulador. Em vez de agradar, devemos fazer o trabalho interno de criar segurança para que comportamentos calorosos fluam de nós naturalmente.

O que Carnegie ignorou quando nos vendeu a insinuação como meio de construir relacionamentos não é apenas que a inautenticidade sabota nossas amizades eclipsando nosso brilho natural, mas também o preço psicológico de fingir. Como o autor James Baldwin diz, as máscaras são algo que "tememos que não podemos viver sem e sabemos que não podemos viver com". A inautenticidade está relacionada à depressão e à baixa autoestima.[184] Outros estudos constatam que os efeitos da inautenticidade são mais sérios, levando-nos a nos sentir imorais e impuros.[185] Depois que os participantes desse estudo escreveram sobre uma época em que agiram de maneira inautêntica, eles relataram um desejo mais forte por produtos de limpeza, como pasta de dente, Windex e Lysol, como forma de se limpar. Suprimir quem somos é um trabalho (como exploramos no capítulo sobre vulnerabilidade). Como um de meus clientes descreveu, é como "tentar manter um balão debaixo d'água". No final, nosso verdadeiro eu vaza e confunde nossos amigos, que pensavam que nos conheciam.

Mas não precisamos ser inautênticos?, você deve se perguntar. Não é isso que "se dar bem com os outros" significa? A inautenticidade não é necessária para o sucesso de nossos relacionamentos. Se estamos deprimidos e conhecendo novas pessoas, precisamos nos animar. Se não gostamos do amigo de nosso amigo, precisamos ser educados. Se estamos em uma viagem de esqui com amigos, mas nos assustamos com a descida e queremos nos esconder no chalé, precisamos esquiar mesmo assim, em prol de nossos amigos.

Eu retrucaria, porém, que acomodar os outros não é inautêntico. Autenticidade não significa sempre fazer o que queremos ou expressar o que pensamos ou sentimos (isso é crueza). Significa que somos responsivos,

COMO FAZER E MANTER AMIGOS PARA SEMPRE

em vez de reativos, agimos com intenção em vez de sermos primitivos. É escolher comportamentos que expressam quem somos, em vez de sermos induzidos a agir de maneiras que não expressam. Fazer isso exige dar espaço para decidir se queremos acomodar os outros ou a nós mesmos, dependendo das circunstâncias.

Por exemplo, digamos que o filho de nosso amigo entrou em uma universidade de renome, enquanto nosso filho foi reprovado. Sentimos inveja. Agir de forma inautêntica significa entrar em um mecanismo de defesa para nos proteger de nossa inveja, como dizer ao nosso amigo que a Brown está no nível mais baixo entre as de renome. Autenticidade pode parecer expressar nossa inveja (*eu realmente quero estar feliz por ele, mas estou tendo problemas porque ainda estou sofrendo com a reprovação do meu próprio filho*) ou significar reconhecer que a necessidade de estar feliz por nosso amigo é uma prioridade maior, por isso ainda parabenizamos e comemoramos. Autenticidade é agir com intenção, de modo a equilibrar as necessidades dos outros e as nossas. Vamos detalhar isso adiante.

Quando não somos controlados por nossas defesas, mas responsivos em vez de reativos, desenvolvemos mais flexibilidade para nos ajustar a outras pessoas, e é por isso que a autenticidade nos ajuda a cuidar de nós mesmos e dos outros. Acomodar não parece algo inautêntico quando estamos em contato com nós mesmos, nossos sentimentos, nossas necessidades e os motivos pelos quais fazemos isso. Somos menos complacentes quando não somos autênticos, como um estudo descobriu que a inautenticidade torna mais difícil para nós regular nossas emoções, o que acaba, por sua vez, deixando mais difícil para acomodarmos os outros.[186] É quando acolhemos os outros por medo ou inconsciência que os sentimentos inautênticos surgem.

Na essência mais autêntica, somos gentis, amorosos, encantadores e atenciosos. Não precisamos ser ninguém além de nós mesmos para fazer amigos. Mas reconheço que isso não é fácil. Quando recebo o conselho obsoleto de "seja você mesmo", instantaneamente esqueço como ficar de pé. Cruzo os braços ou deixo-os soltos? Graças a Deus pelos bolsos. Para descobrir como ser autêntico, vou além de dizer para você ser você mesmo e revelar o que isso implica. Para isso, vamos reunir pistas de Adamma Johnson, uma mulher que passou por uma série de tragédias que a ajudaram a descobrir quem ela realmente era.

ACEITE A MUTUALIDADE

A melhor amiga de Adamma Johnson a largou: Victoria, a mulher de quem ela nunca se cansou, que viajou com ela para a Disney World e voou ao lado dela para Las Vegas. Victoria, que compartilhava roupas *vintage* e era obcecada pelo filme *The Worst Witch* [A pior bruxa] quando criança. As duas eram tão próximas que, como disse Adamma, "eu queria estar sob a pele dela". Mas aí estava o problema. Victoria sentiu que Adamma estava invadindo sua vida. Os amigos de Victoria tornaram-se amigos de Adamma, sua igreja tornou-se a de Adamma, até mesmo os pais para quem ela trabalhava como babá contrataram Adamma. Victoria precisava de espaço.

A história de Victoria tornou-a suscetível a sentir-se consumida por outra pessoa. Adamma e Victoria nem sempre foram próximas; na verdade, elas já chegaram a se odiar. Elas namoraram o mesmo idiota, Dennis, que dizia que a outra era apenas sua amiga grudenta. Ele convidava as duas para assistir a *Buffy, a caça-vampiros*, enquanto cada uma fingia que a outra não existia. Ele prometeu a cada uma delas que seria a única algum dia. Elas eram jovens, vulneráveis e querendo ser amadas, então ofereciam, ofereciam e ofereciam: seu tempo, seu amor, seu respeito próprio.

Por fim, Adamma ficou desconfiada. Victoria era realmente amiga de Dennis? Então por que ela estava sempre por perto? Ela mandou uma mensagem instantânea para Victoria. Quando as duas compartilharam observações, perceberam que ambas haviam sido enganadas. Dennis reciclava as mesmas mentiras para cada uma delas, sobre seu paradeiro, sua visão de um futuro compartilhado, sua relação platônica com a outra.

Esse trauma compartilhado de Dennis foi o início de um vínculo intenso. Nas palavras de Adamma: "Ela era a única pessoa que sabia como era estar naquele relacionamento tóxico, porque também estava nele. Eu não uso o termo 'ligação de trauma' de forma leviana. Nós duas podíamos ver como passar por isso era importante e formativo, nesse terrível período da vida entre os 18 e 22 anos, quando você está apenas tentando descobrir quem e como você deveria ser. Nós duas podíamos entender o que vivenciamos e como era deixar um relacionamento tóxico e insalubre e sentir falta dele, ansiar por isso, e também ficar tão devastada por não ter sido a escolhida".

COMO FAZER E MANTER AMIGOS PARA SEMPRE

Levou anos de amizade existente nessa intensidade instável para que ela se desfizesse. Foi difícil ouvir que Victoria precisava de espaço, mas Adamma aceitou surpreendentemente bem. "Eu estava tipo, eu ouço você, eu entendo de onde isso vem. E eu quero honrar o que você está pedindo de mim. Vou dar espaço", disse ela. Houve momentos em que Adamma sentiu vontade de ligar para Victoria, chegando até a pegar o telefone, até que ela se lembrava.

Muitos de nós na posição de Adamma não aceitariam a notícia tão bem. A capacidade de Adamma de ter uma perspectiva, de valorizar as necessidades de Victoria, mesmo quando refletidas negativamente sobre ela, é admirável. Esse estilo de relacionamento, caracterizado por afastar-se para considerar as necessidades dos outros junto das nossas, é chamado de "mutualidade" e é um sinal revelador da força do ego, do apego seguro e, portanto, da autenticidade. Um estudo descobriu, por exemplo, que, ao lidar com conflitos, a autenticidade está ligada a uma maior mutualidade.[187] Outro estudo descobriu que, quando as pessoas relatavam seus momentos mais autênticos, esses eram de muita independência e conexão com os outros, o que está alinhado com a maneira como M. Scott Peck, autor de *The Different Drum: Community Making and Peace* [A batida diferente: criação de comunidade e paz], define "comunidade": um grupo de pessoas "que aprenderam a se comunicar honestamente umas com as outras, cujos relacionamentos são mais profundos do que suas máscaras de compostura e que desenvolveram algum compromisso significativo para 'regozijar-se juntas, chorar juntas' e 'deleitar-se umas nas outras, e tornar nossas as condições dos outros'". [188]

Para as pessoas seguras, a mutualidade vem naturalmente, mas, para as inseguras e provocadas, meu conselho para acessar essa maneira autêntica de se relacionar é (atenção para a reviravolta) abster-se de ceder ao que vem mais naturalmente, porque será provavelmente um *mecanismo de defesa*, e a autenticidade é quem somos sem os mecanismos de defesa. Eles são estratégias que usamos para reduzir nossa percepção e nos distanciarmos de algo que achamos ameaçador.

Por exemplo, Adamma provavelmente se sentiu rejeitada por Victoria. Se ela tivesse apego ansioso, em vez de reconhecer esse sentimento, provavelmente ativaria os mecanismos de defesa da culpa ("Você é quem me trouxe para sua vida") ou bancaria a vítima ("Como você pôde fazer isso comigo?"). Se ela tivesse apego esquivo, fingiria que não se importava ("Bem, foda-se, então"). Esses mecanismos de defesa iriam protegê-la de sentimentos desconfortáveis de rejeição. Os mecanismos são encontrados naquele que faz pouco do sucesso do amigo para não se sentir inseguro, naquela que sempre tem de escolher onde seu grupo de amigos come para não se sentir invisível ou naquele que abandona um amigo de longa data em vez de abordar um problema para evitar a ansiedade. Quando não estamos sendo justos com um amigo, nossos mecanismos de defesa provavelmente estão em ação. Nós magoamos os outros para escapar de nossos sentimentos. Autenticidade significa reconhecer o que realmente está lá, vivenciar o sentimento por baixo do mecanismo de defesa, para que ela não seja necessária. É reconhecer a realidade da emoção ameaçadora em vez de agir de maneira inautêntica para nos proteger dela.

Os mecanismos de defesa podem parecer autênticos porque acontecem de modo reflexivo, mas, como a definição sugere, são um modo de obscurecer a realidade para escapar de um sentimento ameaçador. Temos dores que precisam ser tratadas, mas, quando escolhemos mecanismos de defesa em vez de reconhecer essa dor, escolhemos um comportamento para negá-la, minimizá-la ou projetá-la. Esses impulsos defensivos são destrutivos para nossos relacionamentos, uma vez que nos imploram não apenas para nos considerarmos, mas também para controlar os outros, a fim de que possam esquecer suas necessidades e satisfazer as nossas também. Eles nos dizem para nos proteger – o que, muitas vezes, é antitético – para proteger o relacionamento. Foi o que Sarah fez com Hannah. Se nosso dedo está sangrando, não temos recursos para levar os outros em consideração. Então, se precisarmos abrir caminho na base da cotovelada até a ambulância, faremos isso.

PRATIQUE A ATENÇÃO PLENA

Durante um exercício de treinamento profissional, fizeram-me uma das perguntas mais reveladoras da minha vida: *Qual é a emoção mais desconfortável para você sentir?* Eu disse impotência. Minha mente então girou pelas defesas que usei para evitar a impotência. Trabalhei demais e descansei de menos para sentir-me produtiva. Fiquei mais estressada do que deveria com uma conta inesperada porque parecia demais para evitar. Esse medo também corroeu minhas amizades. Quando minha amiga me disse que estava deprimida, em vez de deixá-la sentir-se triste, fui direto perguntar se poderia encontrar um terapeuta para ela. Julguei uma amiga que odiava seu trabalho, mas não tentei mudá-la porque atiçava minha sensação de impotência.

As coisas que fiz para evitar a impotência me esgotaram. Mas eu tinha outras opções. Todos nós temos. Podemos nos permitir *sentir* a temida emoção, tolerá-la... e vai passar, eu prometo. Podemos abandonar os mecanismos de defesa e ser mais autênticos usando a atenção plena para sentir o que nossas defesas trazem, a fim de nos proteger. Em um estudo, foram avaliadas a autenticidade e a atenção plena das pessoas. Semanas depois, essas pessoas foram entrevistadas sobre situações ameaçadoras que vivenciaram, como uma vez que agiram de forma antiética ou sentiram-se sexualmente indesejáveis. Avaliadores independentes examinaram as respostas quanto à defensividade, procurando comportamentos que nos ajudem a evitar nossos sentimentos desconfortáveis, como culpar outra pessoa pela situação, ser evasivo ou minimizar. Descobriu-se que, quanto mais autênticas as pessoas eram, menos defensivas elas ficavam. O motivo? As pessoas autênticas eram mais atentas.[189]

Nosso próximo passo para alcançar a autenticidade é estarmos atentos e conscientes das emoções que nos impulsionam a nos proteger. Assim como a vontade de comer, quando sentimos uma emoção, não precisamos responder; devemos fazer uma pausa, respirar e examinar nosso corpo para sentir onde o gatilho se manifesta. Perceber como essas emoções são sentidas em nosso organismo aguçará a autoconsciência e permitirá que nos acalmemos. Para mim, parece uma onda de calor. Quando sou realmente provocada, sinto que se abriu um buraco em meu coração. Quando continua, parece que meu coração é um disjuntor, com alguém arrancando todos os fios. Ao respirar e localizar o gatilho em nosso corpo, acalmamo-nos para que possamos responder em vez de reagir.

Sem a consciência plena, navegamos no piloto automático e rendemo-nos ao nosso sentimento desconfortável, permitindo a ele que nos provoque a atacar, culpar, criticar ou desafiar a mutualidade. Com autoconsciência, podemos observar nossas emoções acontecerem sem "agir" ou expressar sentimentos reprimidos por meio de comportamentos em vez de senti-los.

Como discutimos, quando agimos com base em nossas emoções desconfortáveis, tendemos a agir de forma egoísta em vez de mutuamente, porque a dor prioriza nossa proteção sobre a de nosso relacionamento. Por exemplo, quando Sarah brigou com Hannah, ela foi provocada pela dor de Hannah. Sua incapacidade de fazê-la se sentir melhor levou-a a sentir-se uma má amiga. Sem perceber seu gatilho, ela o deixou assumir o controle, gritando e insultando Hannah.

Com a autoconsciência, notamos quando nos sentimos inseguros para que possamos evitar nos engajar com mecanismos de defesa para afagar nossa insegurança. Podemos, então, mudar nossa atenção de defensividade para a abertura. Como a psicoterapeuta Mařenka Cerny explica, nosso objetivo é nos levar a um estado em que, "em vez de tentar mudar ou controlar a experiência de alguém de qualquer maneira, estamos perguntando sobre o quanto podemos conhecer e apreciar essa experiência de ser [com] você neste exato momento".

Aqui estão alguns sentimentos desconfortáveis comuns, bem como os mecanismos de defesa que podemos usar para nos proteger deles.

- Se não conseguimos tolerar o sentimento de inadequação, podemos ficar defensivos em um conflito.
- Se não conseguimos tolerar nossa raiva, podemos agir de forma agressiva ou passivo-agressiva.
- Se não conseguimos tolerar a rejeição, podemos violar os limites dos amigos.
- Se não conseguimos tolerar a ansiedade, podemos tentar controlar nossos amigos.
- Se não conseguimos tolerar a culpa, podemos nos extrapolar com amigos.
- Se não conseguimos tolerar o sentimento de fracasso, podemos não nos desculpar quando deveríamos, culpar os outros ou dizer às pessoas que elas são sensíveis ou dramáticas quando têm um problema conosco.
- Se não conseguimos tolerar o sentimento de insignificância, podemos dominar os outros.
- Se não conseguimos tolerar a tristeza, podemos evitar amigos que precisam de apoio.

- Se não conseguimos tolerar a tensão, podemos nos afastar de amigos em vez de abordar os problemas.
- Se não conseguimos tolerar o sentimento de insegurança, podemos nos gabar de nós mesmos enquanto rebaixamos nossos amigos.
- Se não conseguimos tolerar o sentimento de que não gostam de nós, podemos agir como alguém que não somos.

EVITE A PROJEÇÃO

Outra maneira de ativar nossos mecanismos de defesa é por meio da projeção, que ocorre quando supomos que nossos sentimentos significam algo sobre a pessoa que os provocou, em vez de refletir nossa própria psique. Em férias com uma amiga próxima, passo uma hora organizando os produtos de higiene pessoal enquanto ela fica na varanda, olhando para o oceano; eu me sinto sobrecarregada, então ela deve ser preguiçosa. Ou minha colega de quarto me diz: "Por favor, lave a louça"; eu sinto que ela foi condescendente, então ela deve ser. Outro amigo sai mais cedo da minha festa porque precisava terminar um trabalho; eu me sinto menosprezada, então ele deve ser indiferente. A projeção confunde nossos sentimentos com nossa avaliação da outra pessoa. Evitá-la nos exige assumir as rédeas de nossos sentimentos em vez de moldá-los como julgamentos de caráter.

Então, o que fazemos, em vez disso, quando nos percebemos projetando? Atenção plena! Nossa preciosa prática de pausar, respirar e examinar nosso corpo para sentir onde o gatilho está localizado. Depois de fazermos uma pausa, podemos perceber que nossa amiga não está fazendo nada de errado relaxando na varanda, ou que é justo que nossa colega de quarto nos tenha pedido para lavar a louça já que ela a lavou da última vez, ou que nosso amigo que saiu mais cedo não o fez por desprezo. Após uma pausa, podemos avaliar nossas próprias necessidades junto com as necessidades dos outros, para ver todo o panorama. Nosso objetivo, como Cerny diz, é "tolerar ouvir os efeitos que temos sobre os outros [e o efeito que eles têm sobre nós], porque, em um nível fundamental, estamos mais interessados em estar em um relacionamento do que em controlar a experiência dos outros ou a maneira como somos vistos".

Algumas pessoas podem ter medo de se liberar de seus mecanismos de defesa. Se elas não estão se defendendo, acham que estarão, bem, indefesas. Então, vão acabar exploradas. Mas liberar-se dos mecanismos de defesa não significa ceder à pessoa à sua frente; esse tipo de comportamento *também* pode ser um mecanismo de defesa, uma compensação por nossos medos de que nos defender levará à alienação. Quando somos autênticos, ainda podemos falar sobre problemas, mas, quando o fazemos, é de forma intencional porque nos valorizamos, em vez de rosnar como um cachorro encurralado.

Não é apenas quando somos provocados que continuar presentes pode desbloquear nossa autenticidade. É o tempo todo. Uma das dicas que a psicóloga Ellen Hendriksen, autora de *How to Be Yourself: Quiet Your Inner Critic and Rise Above Social Anxiety* [Como ser você mesmo: silencie seu crítico interior e supere a ansiedade social], dá aos clientes para evitar a ansiedade social é focar na pessoa diante deles. Quando somos autoconscientes, focamos em nós mesmos: *Eu disse a coisa certa? Eles estão notando meu único pelo encaracolado no queixo? Meu hálito cheira a bolinhas de salsicha cetogênicas com baixo teor de carboidratos e cream cheese de cebola que eu comi no lanche da tarde?* Toda essa conversa autoconsciente sobrecarrega nossa atenção, fazendo-nos parecer estranhos. Se pudermos, em vez disso, dar toda a nossa atenção a outra pessoa, então nossos eus orgânicos emergirão.

Adamma ajudou-nos a desbloquear nossos primeiros passos para sermos autênticos. Autoconsciência, presença, pausa e respiração, bem como sentir o gatilho em seu corpo, concentrando sua atenção no momento que se desenrola: todos esses são exemplos de como usar a atenção plena para ser seu eu autêntico em vez de seu eu provocado. Mas, mesmo quando descobrimos quem somos, por baixo dos mecanismos de defesa, ainda existe a possibilidade de que outros nos rejeitem por isso. Para descobrir o que fazer quando isso acontecer, voltemos à história de Adamma.

NÃO LEVE A REJEIÇÃO PARA O LADO PESSOAL

Em um período de poucos meses, Adamma enfrentou uma série de falecimentos. Seu avô faleceu no início do ano. Seu namorado do ensino médio morreu. Seu outro avô sofreu um ataque cardíaco fulminante e

COMO FAZER E MANTER AMIGOS PARA SEMPRE

resistiu, mas seu pai, que tinha câncer de cólon, não. Ele foi a Palo Alto ver o irmão dela, Timothy, se formar em Stanford, mas se sentiu mal e voltou correndo ao médico em St. Louis antes que a cerimônia começasse. Nunca saiu do hospital.

Após a morte dele, os amigos de Adamma apareceram e entraram em contato para dar apoio, mas ela preferiu a solidão. Ela orou, meditou e escreveu um diário. Refletiu profundamente sobre o que queria da vida, que agora parecia mais frágil e efêmera do que nunca. Pensou em Victoria e em Dennis, na maneira como ela se apegou a esses relacionamentos, mesmo que eles tivessem desmoronado no fim. Pensou em seu pai e como ela tinha certeza de que ele estaria para sempre na terra.

E, com isso, ela percebeu que precisava haver um modo de sobreviver, pois seus relacionamentos mudavam de fases como a lua. "Tomei a decisão consciente de que não vou deixar meu relacionamento com as pessoas me impedir de viver para mim mesma", disse ela. "Os relacionamentos se rompem, e tem que ser normal. Se eu puder sair dessa morte e ser completa e capaz, não há perda de relacionamento à qual eu não possa sobreviver." Com tantos relacionamentos terminando de maneiras que não tinham nada a ver com ela, Adamma passou a ver as perdas não como uma condenação, mas como uma parte inevitável da vida.

Essa resiliência, essa capacidade de encarar a perda e ainda ser inteira alimenta a autenticidade de Adamma. Suas experiências com Victoria, Dennis e seu pai mostraram que ela podia encontrar o equilíbrio entre estar perto dos outros e manter uma distância saudável para que sua identidade não dependesse de como eles se relacionavam com ela. Esse é o epítome da segurança. Os ansiosamente apegados chegam muito perto; seu senso de si é esmagado quando os outros não os aceitam. Os esquivos afastam-se demais, não afetados pelos julgamentos dos outros nem pelo amor deles. Aproveitar a segurança e a autenticidade não significa que você nunca será rejeitado; significa apenas que há distância suficiente entre sua autoestima e os julgamentos dos outros, para que não doa tanto. Autenticidade, então, não é evitar a rejeição, mas aliviar seu peso.

A experiência de Adamma revela outra razão pela qual a autenticidade nutre a amizade. Ela nos permite suportar os inevitáveis cortes que acontecem quando temos intimidade com os outros. Problemas de amizade não levam à destruição, como aconteceu com Sarah e Hannah.

165

Quando as ações dos outros não parecem nossa perdição, somos benevolentes com eles, o que Adamma pratica. À medida que ela envelheceu e as pessoas se afastaram para se casar e ter filhos, seus amigos não se aproximam com tanta frequência. Em suas palavras: "Definitivamente, não considero a ausência como rejeição. Eu só acho que isso é uma ocorrência natural. Muitas das amizades na minha vida agora certamente evoluíram ao longo do tempo, e eu só quero mantê-las soltas o suficiente para permitir que isso aconteça e não deixar que isso estrague a amizade como um todo".

Adamma nos mostrou como a autenticidade nos torna resilientes, dando-nos espaço suficiente entre nossa autoestima e os julgamentos de outras pessoas para que não tenhamos de sucumbir a eles. Em uma série de estudos, os pesquisadores Francesca Gino, da Universidade de Harvard, e Maryam Kouchaki, da Universidade Northwestern, confirmaram o vínculo entre autenticidade e resiliência. Em um estudo, um grupo de participantes foi instruído a se lembrar de um momento em que foram autênticos, enquanto outro grupo se lembrou de um evento neutro. Todos os participantes tiveram, então, de se solidarizar com alguém passando por uma separação. Aqueles que recordaram uma experiência autêntica relataram sentir-se menos rejeitados depois. Em outro estudo, os participantes foram instruídos a usar uma pulseira de um time esportivo que eles apoiavam ou de que não gostavam, para fazê-los se sentirem autênticos ou inautênticos, respectivamente. Eles foram, então, envolvidos em uma tarefa de *cyberball*, projetada para fazê-los se sentirem rejeitados. É um jogo virtual em que ninguém joga a bola para você. O estudo descobriu que, quando as pessoas eram mais autênticas, ou seja, quando o acessório que usavam representava suas verdadeiras afiliações, elas sentiam-se menos rejeitadas. Sua autenticidade até alterou sua percepção. Quando autênticas, elas estimaram que receberam a bola mais vezes. Em um estudo final, quando funcionários foram orientados a pensar em um momento em que se sentiram autênticos no trabalho (em vez de pensar em algo neutro), eles relataram sentir-se menos excluídos e rejeitados no trabalho.

Essa pesquisa revela que, quando somos autênticos, a rejeição não é tão penetrante. As percepções de Adamma mostram que podemos alcançar essa resiliência desvinculando a rejeição de sua bagagem de autocondenação.

Não leve para o lado pessoal. Quando nosso amigo traz um problema, quando convidamos um novo amigo para sair e ele nos rejeita, quando não temos notícias de um amigo há algum tempo, isso não significa que somos indignos, errados ou impossíveis de amar. Como diz Adamma: "Não levo muitas coisas para o lado pessoal. Considero as opiniões, as críticas ou os comentários das pessoas válidos, para que eu possa fazer algo a respeito, mas tento não deixar que isso faça eu me sentir mal comigo mesma".

Outra maneira de alcançar a resiliência é manter o otimismo das pessoas seguras, aceitando que um momento de rejeição não prenuncia uma vida inteira. Estudos constatam que a autenticidade, assim como a segurança, está correlacionada com o otimismo.[190] Este nos torna resilientes, porque, como a autora Rebecca Solnit disse: "Esperar é entregar-se ao futuro – e esse compromisso com o futuro é o que torna o presente habitável". Devemos ver a rejeição como algo do qual podemos nos recuperar, um instante em vez de uma eternidade. Para Adamma, isso significa: "Eu apenas acredito que meus relacionamentos sobreviverão e que eles podem suportar um pouco de turbulência. Acredito que tudo ficará bem no final. Sou uma pessoa tragicamente otimista".

As pessoas vão nos rejeitar. Podemos fazer de tudo para evitar isso, mas vai acontecer de qualquer maneira. Podemos usar uma máscara, mas, ainda assim, vai acontecer de qualquer maneira. E, então, trabalhamos na inautenticidade para nada. Se, em vez de focar nossa energia em uma impossibilidade (evitar a rejeição por inautenticidade), nós a focarmos em suavizar a amargura da rejeição, poderemos acessar a autenticidade junto à conexão. Poderemos até reformular a rejeição como um símbolo de orgulho, uma garantia para que façamos todos os esforços para curar a vida e os relacionamentos que realmente desejamos. É um bilhete para uma vida vivida sem arrependimentos.

Aprendemos as chaves para desbloquear a autenticidade. Exploramos como a autoconsciência pode nos ajudar a analisar se estamos reagindo ou respondendo, e como aceitar a rejeição com desenvoltura, vendo-a como impessoal e temporária. No entanto, essa é apenas uma peça do quebra-cabeça. Alcançar a autenticidade não é apenas sobre quem somos; é também sobre como o mundo responde a nós.

SER "AUTÊNTICO" EM UM MUNDO DESIGUAL

Em um mundo perfeito, todos seríamos amados em nossa forma mais autêntica, mas, no mundo real, o privilégio tem um papel em definir o eu autêntico que será bem recebido e o que será rejeitado. Quando pessoas de grupos desfavorecidos agem como elas mesmas, seus comportamentos são, muitas vezes, mal interpretados por meio do filtro de estereótipos desvalorizadores. Pesquisas constataram, por exemplo, que alunos em treinamento para serem professores (a maioria dos quais era branca) geralmente são mais propensos a interpretar com precisão as expressões de alunos brancos e a interpretar mal a raiva na face neutra de um aluno negro comparado a um branco; quatro vezes mais provável, na verdade. O estudo também descobriu que as crianças negras eram vistas como mais hostis ao se envolverem nos mesmos comportamentos que as crianças brancas.[191] Em outro estudo, os participantes classificaram árabes como menos humanos, ou mais parecidos com macacos, que o americano médio.[192] Uma metanálise descobriu que as mulheres que sustentam suas ideias, fazem pedidos diretos e defendem a si mesmas são menos apreciadas.[193] Privilégio é a latitude para ser o seu eu autêntico e fazer as pessoas receberem você dessa maneira, e não por meio da caricatura dos estereótipos. Privilégio significa acesso à autenticidade.

Ao serem vistas como ameaçadoras quando são autênticas, as pessoas de grupos desfavorecidos muitas vezes se sentem pressionadas a agir de maneira inautêntica para eliminar essas percepções errôneas. Um colega meu, Aubrey, um homem negro, sorri com tanta frequência que sua boca lateja. "Eu sorrio o tempo todo para tentar desarmar as pessoas", Aubrey me disse. Um estudo com estudantes universitários negros revelou que eles trocavam de código (alteravam sua linguagem para escapar dos estereótipos) para não parecerem um "garoto negro estúpido". Uma participante compartilhou: "Nunca quero ser vista como a mulher negra raivosa.[194] Então, se eu estiver chateada com um aluno durante um projeto em grupo, eu não ficaria tipo *Droga, tipo, se organize*, como faria com colegas negros. Eu ficaria tipo, *Ok, bem, Sam ou Emma, vocês acham que essa é a melhor maneira de fazer isso?*, abordando de um modo mais gentil para não me encaixar nos estereótipos".

"Virtudes carregadas" é um termo que a socióloga Lisa Tessman desenvolveu para traços que permitem resistir à opressão, mas a um custo pessoal. A troca de código é um exemplo, e seu custo é semelhante ao da inautenticidade. Os participantes do estudo descreveram-na como "ativa" e "cansativa", e como se "colocasse uma máscara". Os pesquisadores rotularam a troca de código como *esforço sociolinguístico* "o esforço físico, emocional e psicológico colocado na implantação de recursos sociolinguísticos de maneira que vise satisfazer os outros". Chandra Arthur, fundadora do aplicativo Friendish, discutiu os efeitos da troca de código em sua TEDX Talk: "O custo da troca de código é imenso, já que leva as minorias a gastar tempo preocupando-se com compatibilidade cultural em vez de lidar com as coisas que importam."

Por mais trabalhosa que seja a assimilação, ela funciona, muitas vezes fazendo as pessoas de grupos privilegiados julgarem menos as de grupos desfavorecidos. Pesquisas constataram, por exemplo, que os participantes brancos avaliaram uma pessoa negra que se assimilava às normas brancas, alisando o cabelo ou alterando o nome, mais favoravelmente. Um participante branco relatou: "Seu nome, La'Keisha, soa obviamente 'negro', e alguns podem até pensar em 'gueto', mas Renee soa mais conservador".[195] As mulheres que se vestiam de modo provocante eram menos propensas a serem objetificadas quando fotografadas vencendo uma competição de natação ou resolvendo um problema de matemática.[196] Outro estudo descobriu que, quando os homens negros eram retratados vestindo roupas formais, em vez de mostrar insolência (com blusas e calças de moletom) por meio de suas roupas, eles eram vistos como mais inteligentes, confiáveis e amáveis.[197] Em contraste, os asiáticos que não se assimilam e retêm sotaques são vistos como de *status* inferior, menos atraentes e inteligentes e mais inseguros.[198]

Ao construir amizades por meio do privilégio, as pessoas de grupos desfavorecidos muitas vezes enfrentam um dilema: ser elas mesmas e ser mal interpretadas ou censurar a si mesmas e ser mais aceitas. Alguns resolvem esse dilema optando por encontrar espaços onde possam pertencer como são entre outros de seu grupo. Quando perguntei a Adamma se ela tinha amigos brancos, depois de uma longa pausa, ela nomeou uma mulher branca que cresceu em torno de pessoas negras e tinha um marido negro.

"Eu não preciso assumir a responsabilidade por alguém perceber meu tom natural como ameaçador", disse Adamma. Para ela, precisar agir de forma inautêntica para se dar bem com os outros é um preço muito alto. "Só por você aparecer, já há todas essas suposições que vão moldar a amizade, e você não as trouxe. Elas são apenas projetadas em seu corpo. E não há nada que você possa fazer sobre isso."

Todos nós merecemos amizades em que possamos nos mostrar como nossos eus intensos, verdadeiros e texturizados. Mas, por vezes demais, o privilégio da autenticidade é concedido aos grupos que têm mais poder. É por isso que nosso chefe nos envia e-mails em branco às três horas da manhã com a mensagem inteira escrita no campo do assunto e, ainda assim, quando respondemos, lemos nossa mensagem sete vezes, começando com um *Prezado* e terminando com um *Atenciosamente*, ou, ainda, com um *Com os melhores votos* ou talvez um *Agradeço*. Em seu livro *Dar e receber*, Adam Grant escreve: "À medida que as pessoas ganham poder, elas se sentem grandes e no comando: menos constrangidas e mais livres para expressar suas tendências naturais".

Como a história de Adamma revela, as pessoas podem ejetar-se da amizade por meio das linhas de privilégio porque são rejeitadas, ou mesmo punidas, quando são verdadeiras. Nas palavras de Adamma: "Eu procuro facilidade. Meu desejo é estar em espaços onde eu só tenho que aparecer, e não fazer uma performance ou praticar e dizer que é assim que vou ser quando chegar lá. Eu não tenho que me adaptar às concepções errôneas das pessoas".

DESENVOLVENDO A AMIZADE EM MEIO ÀS DIFERENÇAS

Tenho uma amiga que conheci enquanto estudava no Haiti a quem chamarei de Paula. Paula é uma mulher branca e estuda questões raciais. Muitas vezes, quando fiz amizade com brancos, minimizei minhas experiências como negra porque me preocupava em não ser compreendida. Mas, em razão do tema de estudo de Paula, fui honesta. Falei com ela quando pensei que meus colegas estavam empregando clichês raciais ao avaliar os alunos. Contei sobre quando um homem em uma caminhonete gritou comigo por eu usar minha bandeira haitiana como capa. Ela me ouviu reclamar da vez em que uma senhora branca acusou a mim e a um amigo negro de invadir o apartamento do nosso amigo branco quando fomos fazer uma visita.

Em outras palavras, pratiquei alguns dos três vs com Paula. Os três vs compreendem componentes de relacionamentos saudáveis e íntimos em todos os níveis de privilégio: verificação, vulnerabilidade e voz. A verificação envolve a escolha de amigos que acreditam no valor e na dignidade do grupo desfavorecido com o qual você se identifica; a vulnerabilidade envolve trazer seu eu completo para a amizade, inclusive a livre expressão de suas experiências relacionadas a ser membro de um grupo desfavorecido; e dar voz significa expressar preocupações relacionadas ao seu grupo à medida que elas surgem na amizade.

Eu fiz a verificação de Paula e até pratiquei vulnerabilidade com ela. Compartilhei com ela experiências que me senti tentada a ocultar de outras pessoas brancas. Ela compartilhou sua raiva indireta e me fez sentir como se ela pudesse realmente entender como essas coisas eram horríveis. Mas, em outros momentos, percebi, como os amigos inter-raciais Aminatou Sow e Ann Friedman relatam em seu livro de memórias, *Big Friendship* [Grande amizade], que existem "lacunas intransponíveis até mesmo nas amizades inter-raciais mais próximas".

Em um dia de verão, em um lindo apartamento no Harlem, eu me reuni com Paula e seu bando de amigos intelectuais peculiares. Era sua festa de formatura. Esses amigos, como Paula, falavam todos os tipos de idiomas e faziam referência ao marxismo nas conversas com a mesma frequência que outros *millennials* fariam referência a Beyoncé. Com quase todos na sala tendo ou cursando doutorado, começamos a falar sobre as tribulações do mundo acadêmico. Foi quando Paula revelou que eu era de fato uma "professora e contratada pela diversidade" que estava deixando minha instituição.

Fiquei ressentida com ela insinuando que fui contratada apenas porque não sou branca. Não foi só isso, no entanto. Suas palavras desencadearam muitas outras experiências que tive quando eu era considerada pouco inteligente e pouco merecedora, minhas conquistas atribuídas a esmolas em vez de realizações. Ela me levou de volta ao momento no ensino médio quando compartilhei com meu amigo branco que entrei em Cornell e ele respondeu: "Você entrou? Onde está minha carta de aceitação, então?

Onde está a minha?". Levou-me de volta ao momento no ensino fundamental em que meu professor de inglês me disse que eu não deveria ter muitas esperanças de entrar no ensino médio altamente seletivo para o qual me inscrevi e no qual acabei me matriculando, porque "só pessoas realmente inteligentes" conseguiam. Remeteu-me àquele momento em uma festa do corpo docente, realizada no quintal de outro professor, quando alguém mencionou que nosso departamento não tinha diversidade e o anfitrião disse: "Precisamos nos concentrar em candidatos qualificados".

O que as pessoas com privilégios podem não perceber, como quando ficam confusas que um amigo de um grupo desfavorecido se sinta provocado por um comentário passageiro, é que o preconceito parece terrivelmente cumulativo. Cada episódio invoca o peso de um ato de preconceito vivenciado no passado. Ao expressar preocupações, as pessoas dos grupos desfavorecidos lidam não apenas com um exemplo de preconceito, mas com o que isso representa na maneira como foram tratadas durante toda a vida, com o que isso diz sobre seu valor maior no mundo em que vivemos.

Abordei o comentário com Paula. Lembro-me de temer uma reação, de que ela contestasse dizendo que minha sugestão de que ela fez algo racista fosse pior do que ser alvo do racismo. *Isso vale mesmo a pena?*, eu me perguntei. Comentei sobre isso com meu parceiro romântico na época, que sugeriu que eu levantasse essa questão porque claramente não poderia deixá-la de lado. Eu queria engolir, tanto pelos sentimentos de Paula quanto pelos meus, já que provavelmente ficaria ainda mais chateada se isso não corresse bem. Mas também percebi que trazer isso à tona estava a serviço de nossa amizade; era um modo de esclarecer as coisas entre nós. Como Sow e Friedman explicam, "a intimidade inter-racial é o único contexto em que a teoria das 'janelas quebradas' é realmente relevante: quaisquer sinais visíveis de crime encorajam mais crimes! Você precisa denunciar ou isso vai corroer seu relacionamento".

Da maneira mais educada que pude, disse: "Ei, Paula. Eu sei que você não quis dizer isso, mas, quando me apresentou aos seus amigos, você me chamou de 'professora e contratada pela diversidade'. Isso magoa, porque é algo que já ouvi antes e trabalhei muito para chegar onde cheguei". Paula aparentemente não havia se dado conta na hora de dizer aquilo, mas pediu desculpas, admitiu estar errada e agradeceu por eu ter levantado o assunto.

Minha experiência demonstra que trazer à tona pontos problemáticos relacionados à identidade na amizade não é um modo de atacar, reprimir ou reduzir a amizade; é uma forma de salvá-la. Isso cria espaço para a cura e, espera-se, impede que o problema aconteça novamente. Quando esses problemas não são abordados, eles corroem, irritam e fazem a amizade rachar. Por isso a voz é tão importante. Ela ajudou Paula e eu a permanecermos próximas.

Seguir os três vs não é fácil, mas fazer isso é necessário para que pessoas de grupos desfavorecidos sejam totalmente autênticas em suas amizades com pessoas mais privilegiadas. E comprometer-se com a amizade em todos os níveis de privilégio não é apenas comprometer-se a engajar-se com os três vs por um momento; o preconceito inevitavelmente ressurgirá com o tempo.

Experiências como essas revelam nossas concepções equivocadas coletivas sobre autenticidade. "Pare de se importar com o que as pessoas pensam", os outros podem nos dizer como conselhos bem-intencionados para nos ajudar a descobrir nosso verdadeiro eu. Mas esse conselho nega nossa profunda humanidade, uma que se preocupa com os julgamentos e as críticas dos outros. Não podemos simplesmente alcançar a autenticidade sendo insensíveis com as pessoas. Isso é esquivar-se. A autenticidade implica tanto o ator quanto seu entorno. Quando nos tornamos mais seguros, construímos uma blindagem contra as críticas, mas, às vezes, as balas penetram-na. Também podemos optar por ficar fora do alcance das armas. É por isso que a autenticidade não é apenas tornar-se seguro; trata-se de nos colocarmos em espaços que nutrem nossa segurança, lugares que verificamos, onde expressamos nossas preocupações e praticamos a vulnerabilidade. Isso é mais fácil para alguns que para outros.

AJUSTANDO A MUTUALIDADE

Pessoas com privilégios também podem trabalhar para acolher a autenticidade de seus amigos de grupos desfavorecidos. Até agora, discutimos a importância da mutualidade na amizade, considerando não apenas as necessidades dos amigos ou as nossas, mas as necessidades de ambos. Na amizade, entretanto, por meio das diferenças de privilégio, enfrentamos um obstáculo. Nossa amizade não é uma página em branco; o *zeitgeist* molda a dinâmica de poder entre amigos. Se um amigo é mais privilegiado, então a dinâmica de poder da amizade é inerentemente inclinada sem esforço de nenhuma das partes. Uma pessoa sente-se inerentemente mais livre para expressar sua perspectiva. Alguém dedicou muito mais tempo para compreender a experiência de vida da outra. Uma terceira pessoa é inerentemente mais provocada quando surgem comentários preconceituosos e fica mais preocupada com eles depois. Como os grupos subjugados precisam adotar continuamente a perspectiva do grupo privilegiado para funcionar, mas não vice-versa, a mutualidade que não corrige a dinâmica do poder não é, portanto, mútua. Por isso, precisamos de reciprocidade *ajustada*.

Então, como a mutualidade ajustada é alcançada? Emile Bruneau, professor da Universidade da Pensilvânia que estudou paz e conflito entre grupos, argumentou: "Se um grupo é silenciado no resto do tempo, talvez devesse receber maior *status* quando os grupos se reúnem, uma chance de ser ouvido pelo lado mais poderoso. Em vez de tomar a perspectiva, eles podem beneficiar-se ao oferecer a perspectiva". Em seu estudo, ele fez mexicanos-americanos e brancos compartilharem pequenos textos sobre as dificuldades enfrentadas por seus grupos. Depois de ler e resumir as dificuldades uns dos outros, os participantes brancos sentiram-se melhor em relação aos mexicanos-americanos, enquanto os mexicanos-americanos sentiram-se pior em relação aos brancos. Eles sentiram-se melhor em relação aos brancos apenas quando um branco ouvia e resumia suas histórias de dificuldades. Um padrão semelhante de resultados apareceu para palestinos compartilhando com israelenses.[199] Jamil Zaki, professor de Stanford e pesquisador de empatia, argumentou: "O contato funcionou melhor quando se reverteu a estrutura de poder existente em vez de ignorá-la". A pesquisa de Bruneau sugere que simplesmente fazer os amigos de grupos desfavorecidos *sentirem-se ouvidos* quando expressam problemas é vital. Em vez de discordar, contra-atacar, bancar o advogado do diabo ou justificar nossas ações, podemos ouvir e repetir o que eles dizem.

Como é a mutualidade ajustada na prática? Catarina Rivera, palestrante sobre deficiência e consultora de diversidade, equidade e inclusão, que tem perda progressiva de visão e deficiência auditiva, discutiu com sua amiga Rita, que a acusou de ignorá-la e o resto dos amigos, bem como de desaparecer sempre que saíam para dançar. Mas o que realmente aconteceu foi que, por causa de suas deficiências, Catarina ficava perdida. A pista de dança é escura e barulhenta, e ela não podia ver seus amigos: "Então, quando alguém parava de dançar comigo, eu ficava lá e olhava em volta, porque estava girando e estou desorientada. Estou tentando encontrar o grupo, mas a próxima música começa. É mais fácil continuar dançando".

Os julgamentos de Rita sobre Catarina baseavam-se em pressupostos capacitistas. Ela precisava ter mais perspectiva, fazer perguntas em vez de presumir o pior. Em vez de confiar em sua versão da realidade, que era limitada por não ter deficiência, ela poderia ter feito perguntas que convidariam Catarina a compartilhar sua experiência: "Ei, Catarina. Percebo que às vezes perdemos você na pista de dança. Eu estava me perguntando o que pode estar acontecendo com você quando isso acontece".

Para alcançar a mutualidade ajustada, devemos compensar um *status quo* desigual. Quando surgem divergências relacionadas a raça, habilidade, identidade de gênero, orientação sexual, deficiência ou qualquer grupo identitário dividido em eixos de privilégio, o amigo mais privilegiado deve ouvir e ter *mais* empatia para alcançar a verdadeira mutualidade, porque, nas palavras da acadêmica feminista negra Kimberlé Crenshaw, "tratar coisas diferentes da mesma forma pode gerar tanta desigualdade quanto tratar as mesmas coisas de forma diferente".

QUANDO É MAIS AUTÊNTICO DIZER TCHAU?

Muitas vezes me perguntam: em que ponto é mais autêntico dispensar nossos amigos privilegiados se eles parecem opressivos? Eu normalmente ouço duas linhas de pensamento em resposta. Alguns presumem que é um dever das pessoas de grupos desfavorecidos manter a amizade com seus colegas mais privilegiados. "Não vale a pena terminar a amizade. Se ao menos você pudesse ser a pessoa mais evoluída e superar isso", argumentam, como se expor-se à dor fosse um sinal de maturidade. Aqueles que insistem nesses pontos não estão cientes de quão brutal pode ser ficar conectado a alguém cujas palavras, às vezes até bem-intencionadas, transmitem que essa pessoa vê você como inferior.

E aí há outros que não aceitarão nada menos do que abandonar amigos que digam algo problemático. Eles ficaram tão magoados quando tentaram construir relacionamentos com pessoas mais privilegiadas que lhes dizer que façam amigos, apesar das diferenças, parece o equivalente emocional de dizer-lhes que se joguem na frente de uma Ferrari em alta velocidade.

O que percebi quando as pessoas me perguntam se devemos fazer ou manter amigos mais privilegiados que nos fazem algo prejudicial é que devemos dar uma pausa e pesar os maiores prós e contras da amizade, a fim de determinarmos se devemos mantê-la. Em vez de sempre aceitar ou evitar esses amigos, devemos ter discernimento: avaliar o que ganhamos e o que perdemos pessoalmente com a amizade, determinando se ela está nos fazendo mais mal do que bem (porque todas as amizades devem fazer mais bem do que mal). Autenticidade requer intencionalidade, então, quando um amigo diz algo prejudicial, precisamos parar, dar um passo atrás e considerar o contexto maior da amizade para determinar se vale a pena. Será um cálculo diferente ao decidir se afastar de um amigo que diz algo problemático quando o conhecemos e o amamos desde a infância, em comparação a quando um novo conhecido o faz.

Esse processo de ponderação é subjetivo e exige que conheçamos a nós mesmos, nossos valores, nossos gatilhos e nossas necessidades. Para alguns, mesmo um único caso de preconceito sempre eclipsará quaisquer benefícios de amizade. Para Adamma, por exemplo, a desvantagem de ser inautêntica para ser amiga de brancos é um preço alto demais. Para outros, precisar se ajustar aos amigos, apesar da diferença, pode valer a pena se seus amigos privilegiados forem ótimos ouvintes ou compartilharem um interesse único que não podem expressar em outro lugar, como pintar minifiguras ou procurar cogumelos na floresta. Quando se trata de decidir se devemos manter amigos com todas as diferenças, precisamos conhecer a nós mesmos, nossos desejos, nossa capacidade e nossos valores para fazermos a escolha certa.

Esse processo de discernimento passou a ser real para mim quando me tornei professora e vivenciei uma onda de racismo. Um amigo da faculdade, que chamarei de Rob, tornou-se professor de uma universidade de prestígio e sofreu o mesmo. Quando lamentamos, disse que estava pensando em deixar meu emprego. Ele disse que estava pensando em ficar. "Você cresceu na cidade de Nova York e estava cercada por gente de diferentes raças e pessoas brancas que não agiriam de forma *descaradamente* racista. Eu cresci sendo negro na Alemanha. As pessoas me chamavam de todos os tipos de insultos. Isso é algo que eu já vi antes", ele me contou. Ele ainda está na universidade e eu saí da minha. Para mim não valeu a pena ficar, mas para ele valeu.

A decisão de manter amigos apesar da diferença envolverá um cálculo diferente durante os momentos em que nos sentimos particularmente provocados por racismo, sexismo, homofobia, capacitismo ou outros ismos. Após o movimento #MeToo, o ataque à boate Pulse, em Orlando, os assassinatos cada vez mais divulgados de negros nas mãos da polícia e os ataques a asiáticos durante a pandemia da Covid-19, pessoas de grupos desfavorecidos podem sentir-se particularmente cautelosas em serem amigas de pessoas de grupos privilegiados. Isso é normal. Nas teorias de desenvolvimento identitário, pessoas de grupos estigmatizados que vivenciam um episódio de opressão hibernam entre aquelas de seu grupo para se sentirem seguras. Elas precisam de tempo para se recuperarem antes de potencialmente se exporem a mais danos quando estão mais vulneráveis. Isso não significa que nunca mais serão amigas de pessoas de grupos privilegiados novamente, mas podem precisar de tempo para honrar essa necessidade de autoproteção, assim como quando fazemos uma pausa para nos recuperarmos após uma lesão.

No Capítulo 1, discuti pesquisas que indicam que fazer amizades inter-raciais é o método mais comprovado cientificamente que descobrimos para desmantelar o preconceito. Ler essas pesquisas me faz querer torcer – vá em frente! Faça amizade com todos! Seja a mudança! Mas não posso incentivar esta mensagem quando percebo suas implicações: os mais vulneráveis entre nós devem consistentemente se expor à dor. Em vez disso, acho que há alguns que, por causa de suas histórias, seus pontos fortes e fracos únicos, irão encontrar-se na linha de frente, fazendo amizade com pessoas que só viram alguém como eles na televisão. Há outros de nós que, por causa de nossas histórias, desmoronariam se o fizéssemos. Nem todos nós temos de estar na linha de frente. Uma decisão autêntica significa honrar nossa capacidade de fazer amigos por meio das diferenças de privilégio e como essa capacidade evolui.

As perguntas a seguir servem para a reflexão de pessoas de grupos desfavorecidos que fazem amizades apesar das diferenças:

- De que maneira me beneficio dessa amizade?
- De que maneira essa amizade me prejudica?
- Há algo que posso fazer para tornar essa amizade menos prejudicial? (Por exemplo, ter uma conversa difícil, ver esse amigo com menos frequência.) Eu quero fazer isso?
- Percebo que os benefícios da amizade superam os prejuízos?

ENCONTRAR A VERDADEIRA AUTENTICIDADE

Alguns meses depois da viagem disfuncional, Sarah aproximou-se de Hannah enquanto ela limpava seu Tupperware na pia do escritório. Hannah viu Sarah entrar na cozinha e deu as costas, subitamente absorvida pela distração da espuma. "Hannah?", disse Sarah. Hannah sentiu seu corpo esquentar e depois esfriar. "Sim?", respondeu ela, que agora era a áspera na amizade.

"Estive pensando um pouco e agora sei que há um modo de compartilhar minhas necessidades sem atacar. Sinto muito e espero que possamos seguir em frente." Hannah continuou lavando o pote, sem saber o que dizer, antes de finalmente murmurar um "Ok. Obrigada" e sair da cozinha.

As interações de Sarah e Hannah agora estão confinadas ao comentário improvisado nas mídias sociais. Sarah olha para trás e vê como a provação foi sua tentativa equivocada de intimidade, um desejo de construir um relacionamento pautado na honestidade crua.

Como Sarah, eu costumava pensar que autenticidade era sobre crueza, compartilhar com ousadia o que está em sua mente. Mas agora vejo que se trata de ouvir, ouvir a si mesma, não ter medo de experimentar o que está acontecendo dentro de você, reconhecer o que você realmente pensa e sente, teme e ama, sem encobrir isso com defesas. Não se trata apenas de ter a coragem de admitir suas opiniões para os outros, mas de admiti-las por dentro. É somente nessa escuta que podemos sentir quais amigos se sentem mais seguros com nossa autenticidade e compartilhar nosso mundo interno mais verdadeiro. Porque, quando fazemos esse trabalho interno, não pedimos aos outros que o façam por nós. Não dominamos, controlamos, atacamos, desviamos, ignoramos, sumimos, discriminamos ou maltratamos porque precisamos das pessoas para nos aliviar de qualquer desconforto que esteja gorjeando por dentro. E, com o que resta, podemos amar os outros mais profundamente, apreciá-los em sua forma mais verdadeira e encontrar amizade.

LIÇÕES

- ▶ A autenticidade é um estado de presença que acessamos quando não somos sequestrados pela ameaça. É quem somos por trás de nossos mecanismos de defesa.
- ▶ A autenticidade nutre a amizade porque os humanos são seres sociais, o que significa que, quando somos autênticos, despertamos nossa natureza de empatia e compaixão.
- ▶ Para ser mais autêntico em situações ameaçadoras, evite pensar no que vem de maneira reflexiva, porque esse provavelmente é um mecanismo de defesa. Conheça e fique atento aos gatilhos que levam você a se autoproteger sem acioná-los. Pause e respire. Mude sua atenção da defensividade para a abertura. Acesse seu eu superior.
- ▶ Para afastar a ansiedade social que impede a autenticidade, concentre-se na pessoa à sua frente em vez de você mesmo.
- ▶ Não entenda os acontecimentos negativos na amizade como algo ruim sobre você. Separe a rejeição da autocondenação. Para alcançar isso, mantenha uma distância saudável dos outros, para que sua identidade não dependa de como eles veem você.
- ▶ Veja a rejeição como algo do qual você pode se recuperar, um instante em vez de uma eternidade.
- ▶ Para pessoas de grupos desfavorecidos conseguirem fazer amizades autênticas entre todos os níveis de privilégio, sugere-se praticar os três vs:
  - » Verifique os amigos para que possa fazer amizade apenas com pessoas que acreditam no valor e na dignidade de seu grupo identitário.
  - » Seja vulnerável, levando seu eu completo para a amizade, incluindo a livre expressão de suas experiências relacionadas ao seu grupo identitário.

» Dê voz a qualquer preocupação relacionada ao seu grupo identitário.

▶ As pessoas com privilégios podem acolher a autenticidade de seus amigos de grupos desfavorecidos praticando a mutualidade *ajustada*: reconhecendo que precisam compensar a dinâmica de poder inerente à sua amizade adotando ativamente a perspectiva de seu amigo. Em vez de discordar, contra-atacar, bancar o advogado do diabo ou justificar, ouça mais, repita o que seu amigo disse e faça perguntas em vez de suposições.

▶ As pessoas de grupos desfavorecidos que estão decidindo se mantêm ou não uma amizade com uma pessoa mais privilegiada que age de forma problemática devem se perguntar:

» *De que maneira me beneficio dessa amizade?*

» *De que maneira essa amizade me prejudica?*

» *Há algo que posso fazer para tornar essa amizade menos prejudicial? (Por exemplo, ter uma conversa difícil, ver esse amigo com menos frequência.) Eu quero fazer isso?*

» *Percebo que os benefícios da amizade superam os prejuízos?*

CAPÍTULO 6

Harmonizando com a raiva

COMO TIRAR O CAOS DO CONFLITO

Em um curso de pós-graduação, meus colegas e eu respondemos a um questionário chamado Inventário Multifásico de Personalidade de Minnesota. Como acabaríamos administrando-o aos nossos pacientes em terapia, decidimos fazê-lo primeiro para melhor entendê-lo. É bastante extenso: 567 perguntas, exigindo mais de uma hora para ser concluído. Suas respostas sugerem de que transtorno mental você está sofrendo: hipocondria, depressão, psicopatia etc. É sofisticado, com perguntas incorporadas para detectar se você fingiu. Então, eu não fingi.

Quando recebi meus resultados, fiquei aliviada ao descobrir que não sofria da maioria dos transtornos avaliados pelo questionário, exceto um. Os resultados disseram-me que eu suprimia minha raiva. Fiquei surpresa por ter sido avaliada com isso. Para mim, suprimir a raiva parecia mais uma força do que um problema. Qual é o sentido da raiva? Pessoas com raiva gritam, xingam, jogam coisas e machucam as pessoas. A supressão da raiva protegia meus relacionamentos, concluí.

E não sou a única a pensar assim. De acordo com o ensaísta americano Ralph Waldo Emerson, "para cada minuto que você permanece com raiva, abre mão de sessenta segundos de paz de espírito". E, nas palavras do imperador romano Marco Aurélio: "Mais dolorosas são as consequências da raiva do que a causa dela". Figurativamente, o autor americano Mark Twain disse uma vez: "A raiva é um ácido que pode causar mais danos ao recipiente em que é armazenado do que a qualquer coisa em que é derramado". A mensagem é clara: a raiva é ruim. Evite-a de todas as maneiras.

Quando me encontrei com Juan, ele provou ainda mais meu ponto. Juan não parecia, a princípio, uma pessoa zangada; ele era bem charmoso. Ele me contou como deslumbrava em entrevistas, deixou todos os seus empregos mantendo amigos de longa data e ensinou sua filha a ter carisma como outros pais ensinam seus filhos a compartilhar. Ele é o tipo de pessoa que brinca com você como se o conhecesse, até que finalmente conhece de verdade. Ele sorri com frequência, é um bom ouvinte e, quando gostar de você, irá convidá-lo para um *happy hour* e para um jantar no mesmo dia. E você vai.

Como imigrante do Peru para os Estados Unidos, Juan tinha uma habilidade em fazer conexões que era, em parte, talento e, em parte, estratégia de sobrevivência. Sua família se mudou do Peru para uma cidade agrícola no Texas antes de se mudar para um bairro de alta criminalidade em Houston. Aos 7 anos de idade nessa cidade, ele berrava toda vez que ia para a escola. Sua irmã mais velha ficava com ele até que se acalmasse. Mais tarde, a família mudou-se para o norte, para Manassas, no estado da Virgínia, onde viu seus irmãos mais velhos ganharem fama: sua irmã pela inteligência, seu irmão pelo atletismo. Por fim, ele encontrou seu lugar como uma borboleta social. Todos os dias na hora do almoço, ele estava com um grupo diferente de pessoas, transcendendo diferenças raciais e saltando da mesa das crianças negras para as das crianças brancas, e depois variava entre os atletas e os *nerds*.

O único obstáculo de Juan quando se tratava de amizade era sua raiva. Mas a questão era séria. "Eu a sinto chegando e aí ela assume. É quase como se eu não estivesse no controle", relatou. Juan podia ser francamente cruel quando estava com raiva, concentrando-se em pressionar as maiores inseguranças de seus amigos. Certa vez, ele confrontou um amigo por quem se sentiu "depreciado" quando anunciou uma promoção que havia recebido no trabalho. O amigo recusou-se a reconhecer o desrespeito e a conversa foi ficando pior, até que Juan estava a ponto de dizer algo cruel sobre o filho dele. Por sorte, o amigo interrompeu a conversa, percebendo que estava indo pelo caminho errado. Outra vez, um amigo de infância deveria acompanhá-lo para ver seu DJ favorito. Quando desistiu no último minuto sem outra desculpa além de "não estou com vontade", Juan mandou uma mensagem: "Você é um idiota e está morto para mim". Eles não se falaram por três anos.

No mundo da pesquisa, atacar é chamado de "colocar a raiva para fora", e suprimi-la é chamado de "guardar a raiva". Juan e eu parecíamos estar em extremos opostos desse espectro da raiva, mas as duas estratégias têm mais em comum do que parece. Elas evoluem facilmente de uma para a outra. A raiva contida por muito tempo pode jorrar. Os pesquisadores teorizam que cada estratégia provavelmente aumenta o ressentimento, fazendo-nos fermentar nossa raiva, o que pode explicar por que cada uma delas está correlacionada com hostilidade, depressão e ansiedade.[200] Eles argumentam que elas também prejudicam nossos relacionamentos, porque essas estratégias de raiva impedem-nos de abordar, de maneira produtiva, as questões subjacentes que impulsionam a raiva e impedem a intimidade.[201]

Como alguém que guarda a raiva, pode *parecer* que eu tenho mais controle sobre ela que Juan, mas, ao reprimi-la, eu era controlada. Quando algo me deixava zangada, meu reflexo era engolir, ficar resmungando demais para mim mesma, acenar com a cabeça vigorosamente, ceder em um ponto com o qual não concordava. São aqueles péssimos mecanismos de defesa. Quando estava chateada, em vez de me comunicar, eu oferecia um sorriso engessado, aborrecida e com medo de perturbar o outro. Esses comportamentos tomaram conta de mim, como xingar ou gritar tomaram conta de Juan. Eu não era controlada pela expressão de raiva, mas por sua negação.

Aqui está o nosso dilema. A história de Juan (e a de Sarah e Hannah no capítulo sobre autenticidade) revelam que a agressividade não funciona. Minha experiência revela que a repressão também não. Se a raiva nos prejudica quando se transforma em fúria, bem como quando se acalma em um silêncio, então o que devemos fazer com ela? Como podemos satisfazer melhor a necessidade que está aninhada em nossa raiva? E existe um modo de expressá-la que não prejudique nossas amizades ou a nós mesmos?

A RAIVA PODE FORTALECER AMIZADES

Em *Apego e perda*, o pai da teoria do apego, John Bowlby, descreve duas crianças, Laura e Reggie. Cada uma delas vivenciou um episódio de abandono, mas reagiu de maneira notavelmente diferente. Laura, de 2 anos, foi ao hospital para uma pequena operação. Sua internação foi registrada em vídeo, incluindo um caso em que ela chamou sua mãe, que não estava lá. Depois que voltou para casa, Laura assistiu ao vídeo com a mãe. Enquanto assistia, ela se virou para a mãe e disse: "Onde você estava, mamãe? Onde você estava?". Reggie, também de 2 anos, era órfão, criado por uma rede de enfermeiras, mais recentemente uma chamada Mary-Ann. Depois que Mary-Ann partiu por semanas para se casar, Reggie disse a ela ao retornar: "É minha Mary-Ann! Mas eu não gosto dela".

Bowlby usa Laura e Reggie para ilustrar dois tipos de raiva: a de esperança e a de desespero, respectivamente. A raiva de esperança nos energiza, indicando que precisamos curar um problema encravado entre nós para estarmos próximos novamente. É menos uma emoção avassaladora e mais um sinal de que algo precisa mudar. Ela nos estimula a refletir sobre as nossas necessidades não atendidas e como agir para satisfazê-las. Admite que nos importamos com o outro, mesmo quando estamos chateados, e, assim, preserva o valor inerente dele. Não punimos ou culpamos, mas revelamos nossa necessidade não atendida e pedimos mudança, assim como Laura fez quando disse: "Onde você estava, mamãe? Onde você estava?".

A raiva de desespero, no entanto, ocorre quando perdemos a esperança de curar um relacionamento. Ela confunde conflito com combate e se propõe a defender, ofender, punir, destruir ou incitar uma vingança. Enquanto a raiva de esperança leva a uma pausa para reflexão sobre necessidades e valores mais profundos, a raiva de desespero impinge cegamente. É impulsiva, destacando, segundo pesquisadores, "emoções processadas de forma insuficiente".[202] A raiva de desespero se disfarça de proteção a si mesmo, mas também trata de condenar o outro, assim como Reggie fez quando disse: "Mas eu não gosto dela".

A raiva de desespero é a força destrutiva que normalmente associamos à raiva. A de esperança, no entanto, é uma força de cura que pode aprofundar as amizades, uma que devemos abraçar. A psicanalista Virginia Goldner distingue dois tipos de segurança nos relacionamentos: "a segurança flácida do aconchego permanente", que se mantém ao ignorar a raiva e o conflito, fingindo que os problemas não existem, e a "segurança dinâmica cuja robustez é estabelecida por meio de […] assumir riscos e sua resolução – o ciclo interminável de colapso e reparo, separação e reunião". A segurança dinâmica, sugere Goldner, convida à confiança e promove a verdadeira intimidade.[203] A raiva de esperança pode trazer segurança dinâmica às nossas amizades.

COMO FAZER E MANTER AMIGOS PARA SEMPRE

Pesquisas também revelam os benefícios de expressar raiva de esperança. Um estudo descobriu que, quando houve uma traição, confrontar o agressor de maneira aberta e sem culpa *aprofundou* o relacionamento.[204] Segundo outro estudo, as pessoas que são boas em conflito (por exemplo, ouvindo, admitindo falhas, diminuindo a escalada e adotando a perspectiva da outra pessoa) eram mais populares e menos deprimidas e solitárias. Seus colegas de quarto as consideravam mais competentes socialmente e seus amigos estavam mais satisfeitos com sua amizade.[205] Um estudo com casais românticos descobriu que abordar um problema, em vez de perdoar e esquecer, beneficiava o relacionamento e tornava a resolução mais provável, enquanto minimizá-lo, embora seja confortável no momento, não incitava a mudança.[206-207] James Averill, professor emérito de Psicologia da Universidade de Massachusetts Amherst que estuda a raiva, disse: "Quando você analisa os episódios cotidianos de raiva em oposição aos mais dramáticos, os resultados geralmente são positivos".[208] Seus estudos e os de outros pesquisadores descobriram que expressar raiva tem mais probabilidade de beneficiar um relacionamento que o destruir.[209]

Em um estudo de 2005, conduzido pela dra. Catherine A. Sanderson e seus colegas do Amherst College, procurou-se examinar como as pessoas que valorizam amizades íntimas lidam com conflitos. Elas ficavam em silêncio ou discutiam seus problemas? Uma pesquisa com estudantes universitários avaliou o quanto eles valorizavam a intimidade nas amizades, como lidavam com conflitos e quão felizes eram com suas amizades. Os resultados indicaram que esses tipos de amigos expressam suas preocupações de maneira construtiva, em vez de evitar problemas ou simplesmente terminar o relacionamento, o que fez suas amizades serem mais satisfatórias.[210]

Esses estudos sugerem que a raiva de esperança é algo que devemos adotar, pois nos permite perceber como sermos melhores um para o outro, fortalecendo para sempre uma amizade. Compartilhar a raiva indica que somos confiáveis o suficiente para sermos diretos e dedicados o suficiente para confrontar. Conflitos com amigos podem restaurar e até aprofundar nossas amizades. Então, por que os evitamos?

TERMINAR OU SE ABRIR?

Quando se trata de amizade, a maioria de nós guarda a raiva e os irmãos da raiva: a chateação, o aborrecimento, a frustração e a fúria. Estudos sugerem que as pessoas são mais propensas a evitar problemas com amigos do que com parceiros românticos.[211] Em comparação a relacionamentos românticos, vemos a amizade como algo leve, então, quando surgem problemas, achamos que não temos direito a raiva, mágoa ou expectativas. Por trás dessas suposições, está a ideia de que a amizade é trivial. Como disse o dr. Skyler Jackson, que conhecemos no capítulo sobre vulnerabilidade: "Muitas pessoas pensam: *Ah, é um amigo, não importa*. Quem entra em brigas com seus amigos? Mas eu me sinto muito capaz de ser magoado por amigos, e não porque as coisas são superextraordinárias, mas porque as amizades são apenas outro tipo de relacionamento".

Na amizade também podemos optar por encarar os problemas em vez de deixá-los apodrecer até que seja impossível consertar. O problema é que, muitas vezes, ignoramos os tormentos com os amigos, esperando que, em vez disso, nós os superemos. Achamos que somos sensíveis demais ou fazemos barulho por nada. Mas o único teste decisivo para saber se vale a pena abordar um problema é se ele continua a incomodar. Você pode dizer a um amigo que está chateado com qualquer coisa que ele faz: sempre se atrasar, pronunciar seu nome errado ou fazer um comentário rude. Não há critérios objetivos para saber se vale a pena mencionar alguma coisa, além do fato de que isso incomoda você.

Seus amigos podem ficar mais felizes em ouvir sobre o que você pensa. Enquanto sorvíamos *noodles* na minha varanda, minha amiga Ginnie queixava-se de amizades que se deterioravam sem qualquer conversa direta. Em seu casamento, ela estava acostumada a ver os problemas surgirem e, então, cortá-los pela raiz com o marido. Ambos até assinaram o boletim semanal dos famosos terapeutas de casais John e Julie Gottman e usavam linguagem como "Você não está sintonizado comigo" ou "Eu estava oferecendo uma conexão e você não percebeu". Como Ginnie disse: "Há muitas histórias que a sociedade nos conta sobre o casamento ser difícil e cheio de conflitos. Há alguma história de amizade difícil e cheia de conflitos? Não. Ouvimos dizer que os amigos devem fazer você sentir-se bem, elevar seu ânimo. Então, quando ficamos bravos um com o outro, não sabemos como lidar com isso".

Se os amigos estão bravos conosco, muitas vezes expressam isso indiretamente, por meio do distanciamento. A amiga de Lydia Denworth tentou romper com ela cancelando a assinatura de seu boletim informativo, e Lydia é uma especialista em amizades! Uma das minhas amigas só percebeu que um amigo a estava cancelando quando ele criou uma segunda conta no Instagram e a bloqueou. Outras vezes, em vez de recuar completamente, nossa raiva leva-nos a rebaixar nosso amigo. Ele já foi a primeira pessoa para quem enviamos mensagens de texto compartilhando boas notícias, mas algum problema misterioso ocorreu e agora emitimos um "Olá. Como você está?" no Friendsgiving anual enquanto cobiçamos o pão de milho e pegamos o molho de *cranberry*. De acordo com o dr. Jackson, na amizade, muitas vezes optamos por "suportar uma dor duradoura em vez de fazer uma cirurgia, lidar com quatro semanas de recuperação e seguir em frente, ser mais feliz e ter a vida de volta. Podemos lidar com a parte difícil, mas, em vez disso, deixamos a amizade se desmanchar pelo resto de nossas vidas". Para deixar claro, ignorar nosso aborrecimento nem sempre é ruim. Se for um problema passageiro, podemos ignorá-lo; se o problema for crônico, se não conseguirmos superá-lo ou quando a amizade começa a desmoronar, devemos enfrentá-lo.

Ainda assim, às vezes o rompimento faz mais sentido que a abertura. O conflito é um modo de resolver problemas para manter amizades, e nem todas elas devem ser mantidas. Com pessoas que amam você, é bom analisar, perdoar e dar o benefício da dúvida, mas, com pessoas que não o amam, não. Nenhum comportamento é universalmente bom. Devemos entender a relação para saber como agir dentro dela.

Antes de decidirmos lidar com o conflito, devemos avaliar se uma amizade é saudável. Não há razão para se apegar a amigos maldosos. Deborah, que entrevistei, é uma divorciada que frequentemente dormia na casa de seu novo namorado. Sua amiga Mel, que era religiosamente devota, reuniu seus amigos em comum para convencê-los a evitar Deborah por manchar a moral da comunidade dormindo na casa do namorado. Considerando o desrespeito de Mel por ela, seria melhor para Deborah abandonar a amizade. Outros sinais de alerta são quando um amigo não está torcendo pelo nosso sucesso. Alguém consegue um novo emprego e, em vez de comemorar, o amigo diz: "Uau! Espero que você se saia melhor que no último". Um amigo também pode ser egocêntrico. Amigos desse tipo esperam que passemos duas horas no trânsito para vê-los, mas eles não vão nos ver no nosso aniversário. Podemos nos sentir exaustos depois de conversar com eles, talvez porque nunca demonstraram interesse em nós, ou tememos o julgamento deles se compartilharmos algo. No geral, nossas amizades devem nos fazer sentir mais bem do que mal. Problemas surgem em qualquer amizade, mas, se recuarmos para fazer um balanço da dinâmica maior e percebermos que é mais prejudicial que útil, talvez precisemos terminar em vez de consertar.

No entanto, quando surgem problemas em uma grande amizade, aquela em que a outra pessoa tem as melhores intenções conosco, considera nossas necessidades e geralmente nos trata bem, então, como Priya Parker, autora de *The Art of Gathering* [A arte de reunir-se], explica: "A conexão está ameaçada tanto por uma paz doentia quanto por um conflito doentio". Precisamos expressar nossa raiva, porque, depois de guardá-la por muito tempo, podemos acordar com o forte desejo de abandonar até mesmo as melhores amizades. Se nos permitíssemos a raiva mais cedo, perceberíamos os momentos em que poderíamos ter agido para que não chegássemos a isso. Se permitíssemos nossa raiva, teríamos uma abertura para reparar e recalibrar a amizade, e isso poderia alcançar novas profundidades de segurança dinâmica. Quando reprimimos nossa raiva, não cuidamos do problema até que ele esteja condenado, deixando as células cancerígenas metastatizarem e espalharem-se pelo corpo da amizade.

Posso falar sobre esse processo com propriedade. Minha melhor amiga, Billy, havia cometido uma série de pequenas infrações: pensei que ela se esqueceu de responder quando lhe pedi *feedback* sobre um documento importante, ela aceitou um convite em meu nome para o jantar de um amigo ao qual eu não podia comparecer e gritou comigo por colocar muita pressão sobre ela enquanto jogávamos Jenga. Parece bobo agora, mas, na época, eu estava chateada. Percebi que não vinha me aproximando muito dela e, quando ela se aproximou, fui menos receptiva. Achei que estava ajudando a amizade tentando superar esses problemas por conta própria, mas, enquanto me observava recuar, percebi que tratar minha raiva com passividade era destrutivo para nós duas.

Jeff Simpson, professor da Universidade de Minnesota que estudou apego e conflito, recomenda que, quando surgem problemas com amigos, devemos "pensar no que um amigo traz para nossa vida que ninguém mais traz". Essa reflexão desafia nossa tendência de banalizar a amizade, fazendo-nos perceber o que temos a perder e ajudando-nos a enfrentar problemas com amigos em vez de deixá-los. Com Billy, o que eu poderia perder era insuperável. Ela é tão vital para mim quanto meus rins. Ela me faz sentir mais compreendida do que quase qualquer outra pessoa. É para quem eu ligo para contar o que realmente está acontecendo. Por causa de sua calma, sua empatia e sua sabedoria, tornei-me mais eu mesma. Seria maluco para mim sacrificar esse relacionamento por causa dos meus rancores acumulados.

Como alguém que guarda a raiva, aqui estava o meu problema, no entanto: eu sabia que, ao ignorar o conflito, estava prejudicando a amizade, mas não tinha certeza se abordar isso também ajudaria. Se eu me deitasse no sofá de Freud e ele me pedisse para revelar minhas associações inconscientes com o conflito, eu diria: ataques, acusações, vozes levantadas, punhos cerrados, artérias estouradas, tabuleiros de Banco Imobiliário virados. Raiva e conflito, com base no que eu sabia na época, destruíam em vez de curar.

Fiquei agonizando se deveria falar com Billy, então conversei sobre isso com Ginnie e encenei a discussão durante uma sessão de desenvolvimento profissional no trabalho. Logo, eu finalmente mandei uma mensagem para Billy dizendo que deveríamos conversar. Ela disse que estava nervosa. Eu respondi que também estava. Ouvi-la dizer isso me acalmou, já que o nervosismo não é agressivo; é vulnerável, e a vulnerabilidade triunfando sobre a agressividade era tudo o que havia pedido naquela conversa. Expressei sobre o que eu estava chateada. Ela se desculpou e começou a chorar. Ela não estava chateada; estava comovida. Nunca o conflito fora tão amoroso para ela. Nem para mim. Ambas mencionamos que nos sentíamos mais próximas do que nunca.

Minha experiência com Billy ensinou-me que há algumas coisas que não superamos, a menos que falemos sobre elas, e que reconhecer a raiva pode levar a uma conversa que permite liberar os resíduos de mágoas passadas que assombram nossa querida amizade. A raiva pode estimular mudanças positivas em nossas amizades, mas somente se soubermos como usá-la.

COMO COMUNICAR A RAIVA EM NOSSAS AMIZADES

Nossa capacidade de oferecer raiva de esperança depende de nosso estilo de apego. Os inseguros lutam com a raiva de desespero. As pessoas falharam com eles no passado, então eles entram em conflito no modo de sobrevivência. Suas táticas de conflito (agressividade ou retirada) prejudicam os relacionamentos, segundo estudos.[212] Eles não conseguem ver a perspectiva de seus amigos, concentrando-se em como foram prejudicados, e não em como prejudicaram. Em *Why Won't You Apologize?* [Por que você não vai se desculpar?], Harriet Lerner fala sobre quando voou para o lançamento do livro de sua amiga Sheila. Harriet passou o lançamento sentada no canto para conversar com um velho colega. Mais tarde, Sheila ficou furiosa com Harriet por não se misturar porque, sem Harriet saber, muitos participantes queriam conhecê-la, uma renomada autora. Sheila exigiu um pedido de desculpas, recusando-se a reconhecer que nunca comunicou suas expectativas ou que Harriet voou pelo país para comparecer. Ela chamou Harriet de "egoísta" e "repreensível", significando que a prioridade de Sheila era culpar e punir Harriet em vez de reparar o relacionamento. Suas palavras também sugerem que ela supôs que Harriet, em vez de ser alheia ao que estava acontecendo, tinha más intenções, o que é uma suposição que os inseguros fazem.

As pessoas inseguras ficam sobrecarregadas pela emoção durante o conflito porque a confundem com combate em vez de reconciliação. Elas abordam o conflito de maneira reativa, movendo-se em qualquer direção que suas emoções em frangalhos lhes digam (embora as pessoas esquivas tenham menos consciência de que isso está acontecendo). Se sentem raiva, gritam. Se sentem-se ameaçadas, fecham-se. Elas também tentam *vencer* no conflito, para atender às suas necessidades à custa da outra pessoa. A dra. Paula Pietromonaco, professora emérita de Psicologia da Universidade de Massachusetts Amherst, que estuda dinâmicas de relacionamento, disse-me: "Vivemos em uma sociedade muito individualista e competitiva. Trazemos isso para nossos relacionamentos, então as discussões se tornam sobre vencer, mas isso não é bom em longo prazo para uma amizade. O foco em vencer é um sinal de alerta".

Pessoas seguras são colaborativas, abordando o conflito como um modo de atender às necessidades de ambas as partes. Elas não gritam ou

COMO FAZER E MANTER AMIGOS PARA SEMPRE

culpam, mas reconhecem sua raiva como sinal de uma necessidade, que é, então, transmitida pela emoção. O dr. Simpson disse-me que as pessoas seguras "deixam de lado seus sentimentos negativos e pensam no que precisam fazer para resolver o problema e levar o relacionamento adiante. Elas pensam de forma mais ampla sobre aonde querem chegar em longo prazo, o que querem alcançar, como querem que o relacionamento seja melhor no final do conflito".

Se Sheila abordasse o conflito com segurança, ela poderia ter percebido que seu objetivo era expressar sua mágoa para reparar sua amizade com Harriet e que atacar não era a melhor estratégia. Como diz Harriet Lerner, quando acusamos demais, dificultamos para o ofensor oferecer o pedido de desculpas que buscamos. Ela teria, em vez disso, usado táticas benéficas de resolução de conflitos das pessoas seguras, que incluem compartilhar sentimentos e necessidades sem culpar, presumir que a outra tem intenção positiva, considerar a perspectiva dela e admitir seu papel no problema. Ela poderia ter dito: "Ei. Percebo que parte disso é minha culpa porque não comuniquei isso [admitir culpa], mas fiquei magoada por você não ter interagido mais com os outros no lançamento do livro [expressão de sentimentos sem culpa]. Sei que você provavelmente não percebeu que eu queria isso [presumindo intenção positiva] e agradeço por você ter atravessado o país para participar [tomada de perspectiva], mas eu teria adorado se você conhecesse outras pessoas lá [expressão da necessidade sem culpar]".

"Pessoas seguras fazem pessoas inseguras parecerem bem durante o conflito", disse-me o dr. Simpson. Elas envolvem-se em uma regulação conjunta, em que acalmam não apenas seus próprios sentimentos, mas também os da outra parte. Já aprendemos a gerenciar nossos gatilhos no capítulo sobre autenticidade, mas o conflito exige que demos um passo adiante e administremos os de nossos amigos. Quando as pessoas seguras sentem que o outro está aumentando a voz, elas diminuem. Para alguns de nós, especialmente aqueles com histórico de traumas, isso parecerá impossível. O trauma torna exponencialmente mais difícil gerenciar nossos gatilhos, imagine, então, os de outra pessoa. Pode ser mais um objetivo de longo prazo adotar a regulação conjunta do que algo que podemos decretar imediatamente, e está tudo bem.

191

Mesmo enquanto regulam conjuntamente, as pessoas seguras não se esquecem de suas necessidades. Elas não pedem desculpas por algo que não deveriam, como as pessoas ansiosas podem fazer. Se um amigo disser: "Você está sendo muito sensível", elas podem dizer: "Não. Isso é importante para mim". Elas se defendem, ao mesmo tempo em que consideram a perspectiva do outro. Adotam a mutualidade, perguntando-se: *Se somos uma equipe e nossas necessidades são igualmente importantes, como resolvemos esse problema de maneira que honre as necessidades de ambos?*

ACALME SEUS SENTIMENTOS

Para ser bem-sucedido no conflito, você deverá compartilhar sua perspectiva enquanto considera a da outra pessoa. Se estiver com muita raiva, fracassará. Dedique um tempo para acalmar suas emoções. A autocompaixão ajuda. Classifique seus sentimentos, valide-os (*Tudo bem que eu me sinta assim*) e reconheça que todos se sentem do mesmo jeito que você às vezes. Conte a uma outra pessoa de confiança que o deixará desabafar. Medite. Não diga a si mesmo que você é muito sensível ou que a maneira como se sente está errada. Sua raiva é importante porque indica que você precisa mudar, então honre-a ao senti-la.

Quando suas emoções estiverem mais brandas e você estiver pronto para abordar o assunto, lembre-se de ser colaborativo em vez de confrontar. Você não está criando problemas na amizade ao falar sobre eles, porque o que quer que o magoe fere também sua amizade, uma vez que você é um participante dela. Você está abrindo o diálogo não só para falar sobre sua mágoa, mas também para tornar a amizade melhor.

Antes de abordar seu amigo, você deve se perguntar:

1. O que espero conseguir com esse conflito?
2. Qual é o meu papel nesse problema e qual é o do meu amigo?
3. Eu vejo o conflito como uma forma de melhorar a amizade?
4. Posso abordar meu amigo com calma?
5. Estou pronto para equilibrar minha perspectiva e a do meu amigo?

PREPARE SEU AMIGO PARA UM CONFLITO CONSTRUTIVO

Envie uma mensagem para seu amigo e definam um horário para conversar sobre o problema pessoalmente, de modo que ele esteja emocionalmente preparado. Defina o tom certo sinalizando que você está levantando um problema porque está comprometido com a amizade. Aqui estão algumas frases de abertura úteis.

- "Nossa amizade significa muito para mim, e é por isso que quero falar abertamente sobre algo que está em minha mente, para que possamos esclarecer. E também quero saber o que você pensa."
- "Eu amo nossa amizade e quero trazer algumas coisas que vêm me incomodando, para que nada disso afete nosso relacionamento."

COMPARTILHE SEU MUNDO

Quando você se encontrar com seu amigo, compartilhe seus sentimentos, mas não o critique ou o culpe. Ao falar sobre suas preocupações, substitua "Você é…" por "Eu senti…". Concentre-se em como o comportamento do seu amigo afetou você em vez de culpá-lo. No *podcast Unlocking Us* [Revelando-nos], Brené Brown descreveu a culpa como lidar com o desconforto transferindo-o a outra pessoa. O quanto você deseja causar dor é proporcional ao quanto você está *com* dor. Deixe sua sede de vingança indicar o que você precisa fazer em sua própria vida e, assim que descobrir o que está incomodando, compartilhe. Compartilhar seu mundo também tem mais probabilidade de incitar mudanças em seu amigo. Como Brown nos lembra, quando rotulamos alguém como um "mau amigo" ou "tóxico", simultaneamente dizemos a ele que queremos que ele mude, mas não pode porque sua transgressão fundamentalmente o define.

- Em vez de dizer: "Você é ingrato. Toda sexta-feira, eu busco sua filha no treino de futebol e você nunca agradece", diga:

"Fico chateada quando busco sua filha no futebol e você não agradece. Significaria muito se o fizesse".

- Em vez de dizer: "Foi péssimo você ter perdido o bar-mitzvá do meu filho. Achei que você fosse um amigo melhor que isso", diga: "Fiquei muito magoado por você não ter ido ao bar-mitzvá do Archie. Sua presença teria significado muito para mim".

COMPREENDA A PERSPECTIVA DE SEU AMIGO

Depois de compartilhar seu lado da história, pergunte: "O que estava acontecendo com você naquele momento?". Compreender a perspectiva do seu amigo não é uma forma de enfraquecer sua posição ou permitir a ele que se livre da responsabilidade. Isso permite a compreensão mútua, e levamos as coisas menos para o lado pessoal quando entendemos como fatores mais amplos afetam o comportamento de alguém. Você pode perceber, por exemplo, que seu amigo perdeu o bar-mitzvá do Archie porque fraturou a tíbia.

Ele também pode revelar como seu comportamento contribuiu para o problema. Esteja aberto a isso. Responsabilizar-se por uma parte não minimiza suas preocupações nem torna o problema sua culpa, apenas reconhece várias verdades: que você pode ficar chateado com um problema *e*, sem saber, aumentar o problema. Os relacionamentos (exceto os abusivos) costumam ser uma dança – em que ninguém é culpado, mas o comportamento de cada pessoa ricocheteia uma na outra até que um problema maior se materialize. Se você acha que a refutação dele é justa, assuma a responsabilidade e peça desculpas. Se for injusta, não.

Por exemplo, certa vez, uma amiga recusou-se a ajudar-me quando eu estava passando por um aperto, então eu disse a ela que me sentia sem apoio. Falei algo como: "Sei que você é ótima em fornecer apoio emocional, mas talvez o apoio tangível não seja a sua praia". O conflito aumentou. Mais tarde, eu trouxe o conflito de volta à tona. Ela disse que se ressentia por eu ter pego um único caso para fazer uma suposição mais ampla sobre como ela se apresenta como amiga. Achei que ela tinha razão, então pedi desculpas.

AMENIZE SEUS GATILHOS

É normal ser provocado durante o conflito. Como aprendemos no capítulo sobre autenticidade, se você ignorar seus gatilhos, eles o controlarão, e você atacará ou ficará na defensiva. Em vez disso, durante o conflito, você precisa monitorá-los constantemente e amenizá-los para que não assumam o controle. Você pode usar as mesmas estratégias que aprendemos no capítulo sobre autenticidade: pausar, respirar, sentir a sensação desconfortável por trás do gatilho e localizar onde ele se manifesta em seu corpo.

Um modo adicional de se apaziguar envolve imaginar-se dividido em dois eus durante o conflito, um para sentir e o outro para observar a si mesmo. Você pode sentir seu desejo de lutar, observá-lo e perguntar-se se as luvas de boxe que tem serão úteis. Pode sentir o desejo de ficar na defensiva ou atacar, mas, percebendo que isso não resolverá o problema, você escolhe uma abordagem que funcionará. Também não pode negligenciar o desejo, porque ele contém uma mensagem: de que há algo dentro de você que precisa ser protegido. Você reconhece a raiva na cabine e responde a ela pelo intercomunicador, enquanto seu eu superior pilota o avião.

Conforme você se acalma, vai tornando-se mais capaz de atenuar a situação.

ATENUE

O conflito é difícil, especialmente na amizade, na qual as pessoas não estão acostumadas a ele. Você pode fazer tudo certo, mas seu amigo ainda pode estar com a energia da raiva de desespero. Suas experiências passadas o levam a supor que você o está atacando, mesmo que tenha afirmado o contrário. Seu objetivo é curar a amizade, mas a defesa dele não está ajudando. Contudo, vocês são uma equipe, então, onde uma pessoa não age, a outra avança. Você precisa ser estratégico e atenuar, porque seu objetivo não é vencer, é resolver. Aqui estão algumas opções:

- Coloque o conflito na sua frente em vez de entre vocês. Se seu amigo está ficando defensivo, ele o vê como um adversário.

Ou ele ganha ou você ganha. Lembre-o de que vocês estão nisso juntos declarando sua perspectiva e a dele, e perguntando o que pode ser feito para satisfazer vocês dois. Inclua frases amplas usando "nós" ou "nosso": "Então, fiquei chateado quando você disse que, depois de perder meu emprego bem remunerado, precisava engolir meu orgulho e me inscrever para um trabalho que pague um salário mínimo. Você disse que estava tentando ser útil. Como nós podemos nos comunicar melhor para que concordemos sobre o que é útil?".

- Admita quando seu amigo acerta. O conflito aumenta quando ignoramos o que concordamos e nos concentramos no que discordamos. Não se desculpe por algo pelo qual você não sente muito, mas procure o pequeno fragmento de verdade que você pode reconhecer na defesa de seu amigo. Qual seria um pequeno ponto pelo qual você pode assumir responsabilidade? "Eu lhe disse que você magoa meus sentimentos quando falo sobre meu divórcio e você me diz que é hora de eu superar isso. Você me disse que eu falo muito sobre isso e que isso o esgota. E percebi que posso ser melhor em buscar apoio de diferentes amigos em vez de colocar toda a pressão em você."

- Faça perguntas. Quando nosso amigo fica na defensiva, em vez de insistir até que ele ouça, pare e pergunte sobre a perspectiva dele. Por exemplo, se depois de contar ao nosso amigo que ficamos zangados quando ele está sempre atrasado, ele diz: "Aqui estou eu tentando cuidar de três crianças *e* achar um tempo para vê-lo, e você não reconhece isso", podemos responder: "Ok, percebi que você está sobrecarregado. Conte mais sobre o que está acontecendo e que torna difícil você chegar na hora".

- Faça uma pausa. Se você ou seu amigo estão tensos, nenhum tem a capacidade de considerar a perspectiva do outro, então sugira uma pausa: "Oi, eu sei que é difícil resolver problemas. Por que não fazemos uma pausa e conversamos sobre isso mais tarde, quando esfriarmos a cabeça?".

PEÇA O COMPORTAMENTO QUE VOCÊ QUER VER NO FUTURO

Às vezes, desabafar sobre suas preocupações e receber um pedido de desculpas corrige o problema, mas, em outras, o conflito decorre de um problema crônico que você gostaria de abordar. Em caso afirmativo, certifique-se de pedir o comportamento que deseja ver no futuro.

- "No futuro, eu agradeço se, em vez de se distanciar, você falar sobre qualquer problema em nossa amizade."
- "Da próxima vez, seja claro sobre algo que seja importante para você e me certificarei de estar lá."

COMO RECEBER A RAIVA DE SEU AMIGO

Nós aprendemos a comunicar nossa raiva. Mas e quando estamos recebendo a raiva de um amigo? Como reagir de maneira que melhore em vez de prejudicar a amizade? A história de Njambi funciona como alerta.

Cinco anos haviam se passado desde que a amizade de Njambi e Makenna terminou, mas Njambi ainda desabava quando via fotos de Makenna no Instagram. Makenna compartilhou fotos dela e de seus amigos em viagens, comendo fora e conhecendo os bebês um do outro, todas as coisas que elas planejavam fazer juntas. Rompimentos de amizade podem ser especialmente isoladores porque não há espaço para respirar durante a dor. Como minimizamos o significado dos amigos, minimizamos também a dor de perdê-los. Mas, para Njambi, a perda foi devastadora: "Percebi que almas gêmeas nem sempre são românticas. Makenna era minha alma gêmea."

As duas se conheceram por intermédio de uma amiga em comum no Quênia, de onde eram. Elas imigraram para os Estados Unidos para fazer faculdade. Njambi estudava em uma universidade no Arkansas, e Makenna, em uma no Texas. Quando Njambi chegou, Makenna ligou para recebê-la. Elas se tornaram a salvação uma da outra enquanto lutavam para se ajustar às frustrações de viver nos Estados Unidos, como o horário de verão e o horrível sistema imperial. No fim do primeiro mês de Njambi nos Estados Unidos, elas já conversavam todos os dias.

No verão antes do último ano de Makenna na faculdade, Njambi foi morar com ela no Texas. As duas se tornaram inseparáveis, muitas vezes invadindo o quarto uma da outra com novas fofocas e atualizações sobre a vida. Todos os dias havia festa do pijama. Essa facilidade era especialmente importante para Njambi, uma autodeclarada pensadora em excesso que muitas vezes era torturada pela interação social. Ela repetia alguma gafe em sua cabeça por dias, às vezes meses. Mas, com Makenna, ela sentiu-se amada incondicionalmente, e seu constrangimento evaporou. "Eu sabia que, quando dissesse algo bizarro, ela culparia minha boca em vez do meu coração", disse ela.

As duas também frequentemente discutiam seus problemas de relacionamento. Makenna namorava havia alguns anos e estava ansiosa para o namorado pedi-la em casamento. Na primavera seguinte, ele procurou Njambi para perguntar sobre o tamanho do anel de Makenna. Njambi ficou animada por Makenna, mas, como sua melhor amiga, esperava ser avisada da data exata em que o pedido ocorreria.

Durante um fim de semana, Makenna foi a Washington, D.C., para uma viagem curta com o namorado. Quando voltou, ela estava noiva. Njambi ficou ofendida por não ter sido avisada de antemão, mesmo que talvez essa raiva tenha sido mal direcionada (pode-se argumentar que ela deveria ter se irritado com o namorado, e não com Makenna, mas a raiva, assim como o amor, nem sempre é racional). Quando Makenna voltou de sua viagem de noivado, Njambi expressou sua raiva trancando-se no quarto sem murmurar nem um "Parabéns". Para Makenna, Njambi priorizar-se sobre sua alegria era imperdoável.

Makenna poderia ter dito a Njambi o quanto ela estava magoada, o quanto precisava que a amiga se sentisse feliz por ela. Mas não o fez. Em vez disso, ela a afastou, hibernando em seu quarto e saindo correndo do apartamento antes que Njambi voltasse do trabalho. Elas viveram juntas por mais oito meses, evitando uma à outra o tempo todo.

Pode parecer que a resposta malfeita de Njambi ao noivado destruiu sua amizade. Mas havia algo mais insignificante que aconteceu antes do evento em questão que fez a amizade oscilar em sua trajetória condenada. Njambi era uma pessoa franca, às vezes grosseira. Quando Makenna uma vez perguntou a ela o que achava de sua roupa, Njambi respondeu: "Você se vestiu no escuro?". Quando Makenna fez as sobrancelhas, Njambi comentou: "Parece que você as desenhou com um lápis." Quando Makenna recebia essas respostas, ficava quieta e deixava cair os ombros. Njambi justificava-se dizendo: "Sou uma pessoa honesta. É assim que eu sou".

As palavras de Njambi não eram apenas prejudiciais, mas sua resposta ao aborrecimento de Makenna por causa delas era ainda pior. A resposta convenceu Makenna de que, se ela abordasse os problemas, seria ignorada. Essa suposição foi um veneno de ação lenta para a amizade, pois significava que as duas nunca poderiam resolver problemas, que eles apenas apodreceriam e inchariam. A lembrança dessa resposta garantiu a Makenna que, quando surgissem novos problemas, ela teria apenas duas opções: aguentar ou ir embora. Ela escolheu aguentar até precisar ir embora. Uma vez que seu aluguel terminou, a amizade também chegou ao fim.

Em relacionamentos saudáveis, desejamos satisfazer as necessidades um do outro. Quando um amigo tem um problema, o outro tenta se adaptar para aliviá-lo (no capítulo sobre generosidade, aprenderemos a fazer isso sem nos perder). Uma resposta como "É assim que eu sou" não apenas ignora as necessidades dos amigos, mas também prediz que suas necessidades nunca serão atendidas, enquanto formos quem somos.

Ainda assim, é normal que nosso reflexo seja responder como Njambi fez: negar que fizemos algo errado, ou até mesmo dizer ao nosso amigo como ele está errado por estar chateado: *Você está pedindo demais, você se acha tão perfeito, você já fez a mesma coisa!* Mas, como aprendemos no capítulo sobre autenticidade, temos de ser atentos em vez de primitivos para evitar essas respostas, porque prejudicam não apenas a amizade, mas também a nós mesmos.

Se ficarmos na defensiva durante o conflito, também perderemos uma oportunidade de entendimento. O conflito é uma das únicas vezes em que recebemos um *feedback* honesto a nosso respeito. Sem ele, causamos danos sem perceber. A maioria das pessoas afasta-se silenciosamente quando fazemos isso, deixando-nos repetir nosso comportamento ofensivo em um carrossel de autossabotagem. Somos deixados em um déjà-vu, com a sensação de que os amigos continuam indo embora, enquanto as razões permanecem confusas. Quando alguém nos diz como o impactamos, ajuda-nos a escapar do carrossel. Por fim, Njambi tornou-se amiga de outra mulher que passou por um terrível rompimento de amizade. Quando as duas dissecaram o que deu errado em suas amizades, sua amiga disse a ela que sua honestidade com Makenna não precisava magoar. Njambi não é mais uma pessoa contundente.

Se encararmos os comentários de um amigo não como uma crítica, mas como uma oportunidade de esclarecimento, podemos responder à sua preocupação agradecendo pelo *feedback*, assumindo responsabilidades e crescendo. Basicamente, é como ser responsivo quando nosso amigo está chateado. Muitos estudos constataram que a capacidade de resposta melhora os relacionamentos.[213] Essa capacidade tem três partes: mostrar compreensão (reformulando o que nosso amigo disse de volta para ele), validação (dizendo que sua preocupação é válida e compreensível) e cuidado (compartilhando o que faremos para melhorar). Aqui estão alguns exemplos:

- "Entendo que você está triste por eu ter chegado tão atrasado no seu aniversário, pois sou um amigo muito importante na sua vida [compreensão]. Compreendo por que você se sente assim, e é até bom saber o quanto sou importante para você [validação]. Da próxima vez, vou me esforçar mais para chegar na hora, especialmente nos momentos de maior importância [cuidado]."
- "Você se sentiu desamparada quando me pediu para pegar um remédio para você e eu não tive tempo para isso [compreensão]. Entendo por que você tenha se sentido isolada [validação]. Percebo que isso é importante e, da próxima vez, vou me esforçar mais para ajudar [cuidado]."
- "Então você se sentiu desconfortável quando passei tanto tempo falando com sua esposa na festa [compreensão]. Entendo por que você tenha se sentido dessa forma, e eu provavelmente sentiria o mesmo [validação]. Talvez, na próxima, possamos conversar em grupo [cuidado]."

Você não precisa concordar com os sentimentos de seu amigo para ser responsivo. Pode pensar que ele está totalmente errado ao interpretar mal sua conversa com a esposa na festa, mas você nunca disse que concordava, e sim que entendeu. Você disse que os sentimentos dele são legítimos, não que sente o mesmo. Concordar não é necessário para a capacidade de resposta. As opiniões e os sentimentos do seu amigo são importantes, quer você concorde ou não. Njambi acabou aprendendo essa lição. Inicialmente, ela pensou que Makenna estava sendo muito sensível em resposta à sua franqueza, já que não se importaria se Makenna se comunicasse como ela, mas logo percebeu que tem de "tratar as pessoas como elas querem ser tratadas, e não como eu quero tratá-las, porque não somos iguais. Então, se eu sou amiga de alguém e ele quer isso de mim e não é algo exagerado, por que não fazer?".

Para ser responsivo, não ofereça cuidados que você não pode dar. Você pode sentir vontade de bancar o amigo perfeito e ceder a qualquer coisa que seu amigo pedir: "Sim, vou voar para Marrakesh e visitá-lo quando você começar seu novo emprego enquanto minha esposa dá à luz nosso terceiro filho". Jeff Simpson recomenda, em vez disso, "descobrir o que impulsiona a necessidade deles e propor um plano concreto que satisfaça sua necessidade de maneira que seja razoável para você". Portanto, se seu amigo quiser ligar para você todos os dias no horário de almoço, o cuidado pode ser algo como: "Entendo que você se sente sozinho no trabalho na hora do almoço. Que tal eu ligar para você às quartas-feiras?".

Ser responsivo exige que normalizemos o erro. Só porque você *fez* algo errado não significa que *seja* uma pessoa errada. Se você misturar seus erros com seu valor, nunca admitirá culpa. Fazer isso será como jogar-se no lixo. Errar é humano. Quando uma de minhas colegas errou várias vezes em um dia, perdendo reuniões e prazos, ela se descreveu como tendo um "dia de humano". Todos nós temos dias de humano.

"Parece muito trabalho", um amigo me disse quando compartilhei essas dicas para conflitos saudáveis. "Tipo, de repente eu tenho que ser um mediador de conflitos mesmo quando estou chateado?" Quando você está acostumado a ser brutalmente honesto, ser ponderado soa exaustivo. E é. Vamos nos livrar da noção de que o conflito deve ser fácil. Nossos relacionamentos são os aspectos mais importantes de nossas vidas. Eles merecem nosso esforço meticuloso, nossos eus mais elevados.

No entanto, nós ainda provavelmente vamos estragar tudo. Costumo fazer isso com frequência, mesmo sabendo os passos certos. Uma coisa é entender como ter conflito de forma intelectual, e outra é dizer a coisa certa quando você está tendo ondas de calor induzidas pelo conflito. Ainda assim, todos nós podemos melhorar em lidar com o conflito se tentarmos.

Quanto mais fazemos, mais fácil fica. E, em longo prazo, dá muito menos trabalho que encontrar novos amigos. Enquanto Juan refletia sobre a briga com seu amigo durante o evento do DJ, ele disse: "Foi um hiato de três anos com aquele amigo. Quem sabe todas as coisas divertidas que poderíamos ter feito, as lembranças que poderíamos ter nesse período, que nunca teremos?".

SALVANDO A AMIZADE

Eu quero ser honesta e reconhecer que o conflito pode ser um desastre, mesmo quando o fazemos bem. Ouvi muitas histórias de conflito destrutivo entre amigos. Uma pessoa pediu à sua amiga que parasse de fofocar sobre um amigo em comum, ao que ela respondeu: "Você também não é tão boa assim". Outra pessoa disse ao amigo que não queria falar sobre seu encontro recente porque ele fica com ciúmes. "Sempre costumava conversar com meu terapeuta sobre quão bom e solidário você é, e agora sei que isso não é verdade", respondeu o amigo. Uma pessoa confrontou seu amigo por compartilhar algo dito de forma confidencial. A resposta? "Eu não dou a mínima." Embora as pesquisas que analisamos sinalizem que o conflito pode salvar e aprofundar a amizade, nem sempre será assim. É um risco.

Então, o que acontece quando o conflito falha? A amizade deve acabar? Não necessariamente. Às vezes, a falha significa que ele precisa ser revisto. Foi o que Ginnie me disse quando revelei que um conflito com um amigo deu errado e me senti desconfortável com a pessoa desde então. Ela me disse que talvez o conflito não tivesse acabado e me encorajou a entrar em contato com esse amigo novamente. E estava certa. O sinal de que um conflito acabou não é vocês terem falado sobre isso uma vez, mas chegarem a algum tipo de entendimento e resolução mútuos, e cada parte não guardar mais ressentimentos, o que pode levar algumas tentativas.

Embora eu entenda tudo isso na teoria, quando Ginnie me deu o conselho de examinar o conflito, eu me irritei. *Você está realmente me dizendo para me jogar de volta no fogo quando ainda me sinto queimada?* Parecia absurdo, mas eu precisava admitir que a lógica por trás de suas palavras fazia sentido. Se ainda estava estranho, o conflito não havia acabado. Entrei em contato com meu amigo e disse: "Ei! Sinto que as coisas ficaram um pouco amargas desde que tivemos aquele conflito. Eu valorizo sua amizade e adoraria colocar as coisas de volta nos trilhos. Queria ter uma conversa para ver se há mais coisas para resolver". O esclarecimento foi melhor, em parte, porque o abordei melhor. Eu estava mais pronta para ouvir, pedir desculpas e mostrar gratidão pelo que meu amigo fez de certo.

Digamos que vocês analisem o conflito e ele ainda caia na hostilidade. E então? Antes de se separar de seu amigo, quero que considere algo. Temos essa sensação de que os eus mais verdadeiros das pessoas são revelados durante o conflito. Quando os finais são explosivos, reescrevemos a amizade e a vemos como perpetuamente extinta, nosso amigo como traiçoeiro o tempo todo, nós mesmos como as partes ingênuas. Essa tendência é impulsionada por um viés de negatividade, nossa tendência de dar mais peso a informações negativas do que a positivas. Eu alerto contra isso porque, com base no que expliquei no capítulo sobre autenticidade, nossos eus mais verdadeiros não são revelados durante o conflito, mas, sim, nossos eus que são mais provocados.

Para neutralizar o viés da negatividade, precisamos reumanizar nosso amigo após um conflito que acabou mal e considerá-lo de maneira mais ampla, em vez de reduzi-lo à parte dele materializada no conflito. Podemos lembrar o que Oprah Winfrey e Bruce Perry nos recordam em seu livro, *O que aconteceu com você?*, de que a regulação é um privilégio, já que a desregulação geralmente vem do trauma. Pensar na regulação dessa forma me ajuda a ter mais compaixão por mim e por meus amigos quando o conflito aumenta.

Antes de cortar os laços, distancie-se para considerar a dinâmica maior da amizade, o bom e o ruim. Talvez o conflito fracassado reflita uma dinâmica maior de um amigo sendo fajuto e, nesse caso, você tem minha permissão total para cortar a conexão. Mas talvez não. E, se não, pode haver algo que vale a pena salvar.

Salvar uma amizade significa rejeitar absolutos. Exige que consideremos o quanto queremos um amigo em nossas vidas, em vez de considerarmos *se* realmente o queremos nela. Isso nos livra das opções polarizadas de terminar ou aguentar a amizade; reconhecer que existem áreas cinzentas de proximidade que podem se encaixar melhor. O salvamento é refletido nas palavras da autora Cheryl Strayed: "A resposta para a maioria dos problemas está, em grande parte das vezes, fora do binário certo-errado ao qual tendemos a nos agarrar quando estamos com raiva, medo ou dor. Somos pessoas complicadas. Nossas vidas não acontecem de modo absoluto".

Se nosso amigo é radioativo durante o conflito, podemos nos resignar ao fato de a amizade não mergulhar na segurança dinâmica que acompanha a comunicação honesta. No entanto, há níveis mais baixos de intimidade que podem ser oportunos. Nem todo amigo tem de ser um melhor amigo. Talvez esperemos menos deles, compartilhemos menos de nós mesmos e compartimentalizemos a amizade ao que parece mais gratificante. "Às vezes, a melhor maneira de administrar um relacionamento é ter menos dele", disse-me Jeff Simpson. Criei o termo "amigo de baixa dose" para reconhecer que, como um remédio, alguns são maravilhosos em certa dose, embora em altas doses nos deixem enjoados. A distância nem sempre é ruim para a amizade; com certos amigos, ela pode realmente salvá-la.

Mesmo que o conflito não tenha trazido a você a intimidade e a cura sonhadas, você ainda agiu certo. Durma tranquilo sabendo que agiu de acordo com sua integridade, em vez de desaparecer de repente ou fofocar, e que você pode ter o crescimento pessoal que vem com uma conversa difícil, não importa como seu amigo respondeu.

ENCONTRAR A CATARSE

Como aprendemos ao longo deste capítulo, o propósito da raiva é esti-mular a reflexão e aguçar nosso senso de nossas necessidades. Se pudermos confessar nossa raiva em vez de suprimi-la, isso transmitirá informações vitais que revelam como definimos um tratamento justo. E, se o conflito aumentar, talvez nos diga algo sobre nossos gatilhos ou nossos amigos. Talvez entendamos melhor nossas expectativas e como elas podem ser honradas. Talvez reflitamos sobre o que estava faltando para acessar algo mais seguro sobre o que queremos dos amigos que estão por vir. Então, não importa o que aconteça durante o conflito, obtemos uma imagem mais clara de nós mesmos.

Refletir sobre a necessidade por trás de nossa raiva e expressá-la de maneira estratégica não produz necessariamente a catarse que associamos à raiva. Você não ouvirá gritos nem verá comida sendo arremessada ou paredes socadas ou travesseiros espancados. Você pode não atingir o clímax do que os pesquisadores chamam de "orgasmo de raiva", mas a raiva de esperança ainda pode nos trazer a catarse se reformularmos o que isso significa.[214] A tradução mais comum da palavra grega antiga para "catarse" é "purgação", mas outra tradução é "educação". A catarse não precisa ser encontrada liberando o que é ruim; pode ser alcançada adicionando o que é bom.

LIÇÕES

- ▸ O conflito é normal na amizade. Devemos levantar os problemas com amigos próximos em vez de nos distanciarmos. Para fazer isso, pense sobre o que a amizade traz a você que nenhum outro relacionamento consegue.
- ▸ Algumas amizades não valem o conflito. Para decidir se deve terminar ou consertar uma amizade, dê um passo para trás e pense nos prós e nos contras mais amplos da amizade. Avalie se é mais útil ou prejudicial em geral.
- ▸ Para lidar bem com o conflito:
  - » Acalme seus sentimentos.
  - » Prepare-se para o conflito construtivo expressando o quanto você valoriza a amizade e como isso leva você a examinar os problemas.
  - » Compartilhe seu mundo usando "Eu sinto…"; não culpe seu amigo.
  - » Peça a seu amigo que mostre sua perspectiva.
  - » Amenize seus gatilhos:
    - · Pause e respire.
    - · Divida-se em dois eus para que possa se observar querendo contra-atacar e, em vez disso, escolher apaziguar.
  - » Apazigue conforme necessário:
    - · Colocando o conflito à sua frente, e não entre vocês:
    - · Admita culpa.
    - · Faça perguntas.

- · Faça uma pausa.
- » Peça o comportamento que quer ver no futuro.
- » Responda às preocupações de seus amigos com:
  - · Compreensão: reformulando o que seu amigo disse de volta para ele.
  - · Validação: dizendo a ele que a preocupação é válida e compreensível.
  - · Cuidado: compartilhando o que você fará para melhorar. Certifique-se de comprometer-se com algo que realmente realizará.
- ▶ Para ser melhor em admitir falhas, descole seus erros de sua autoestima, veja cometer erros como algo normal e inevitável, bem como reconheça que o *feedback* é uma oportunidade de esclarecimento sobre como ser um amigo melhor.
- ▶ Se o conflito terminar mal:
  - » Considere examinar o problema. O sinal de que um conflito acabou não é vocês terem falado sobre isso uma vez, mas terem chegado a um entendimento e a uma resolução mútuos, bem como ninguém guardar ressentimento, o que pode levar algumas tentativas.
  - » Antes de cortar laços, distancie-se para considerar a dinâmica maior da amizade, a boa e a ruim. Se o conflito reflete uma dinâmica prejudicial em sua maior parte, considere cortar os laços.
    - · Se a amizade é ótima, apesar desse caso de conflito, salve-a levando em consideração o quanto quer um amigo em sua vida, em vez de *se* realmente o quer nela.
- ▶ Lembre-se de que, mesmo se um conflito terminar mal, você fez a coisa certa ao agir com integridade.

CAPÍTULO 7

Oferecendo generosidade

COMO SER GENEROSO COM SEUS AMIGOS SEM SE PERDER

A mãe de Melody trabalhava na Organização das Nações Unidas (ONU), então ela cresceu no Nepal, em Marrocos, na França e em uma miscelânea de outros países. Seu melhor amigo era um estadunidense cujos pais imigraram para o Nepal como parte do Corpo da Paz e nunca mais foram embora. Autodenominada criança de terceira cultura, seu guarda-roupa era decorado com bugigangas de suas viagens: uma bolsa de couro marroquina aqui, uma blusa cambojana de contas ali. Em sua redação para o vestibular, ela escreveu sobre como as viagens a criaram, transformando-a na cidadã eclética e de mente aberta que qualquer faculdade adoraria ter falando sobre epistemologia em um de seus seminários. Foi eficaz de maneiras inesperadas. A faculdade que era sua primeira opção lhe ofereceu a oportunidade de passar o primeiro ano do curso em Florença, na Itália. Emocionada, ela disse que sim. Imaginou-se vagando pela Europa, aprendendo a dizer coisas como "Posso comer uma pizza?" em italiano e fazendo alguns dos melhores amigos de sua vida.

Ela chegou ao *campus* de Florença em um dia quente de agosto. Estava salpicado de oliveiras e era impregnado de mármore. Havia áreas ao ar livre floridas e rebuscadas. Uma enorme colina separava os dormitórios das salas de aula, oferecendo aos alunos a oportunidade de aproveitar o sol da Toscana todos os dias. Árvores finas como palitos com copas ovais ladeavam o prédio principal da sala de aula. Era idílico, exatamente o que ela sonhava, até que ela conheceu suas companheiras de quarto.

Eram todas mulheres ricas e atraentes que podiam servir como modelos da Lululemon. Elas estavam mais interessadas nos garotos do quarto ao lado do que nela. Todas as noites, tocavam música e recebiam os rapazes para festas, enquanto Melody lutava para dormir. Melody é laosiana, e suas colegas de quarto eram brancas. Uma delas contou uma história sobre a colega de quarto de sua prima, uma coreana, que espalhou cocô na parede em forma de cruz. "Acho que ela fez isso porque é cristã e coreana", comentou sua colega de quarto. "Mas você não é esse tipo de asiática", disse ela, olhando para Melody.

"O que exatamente tem a ver espalhar cocô na parede com ser asiática?", perguntou Melody.

As coisas continuaram a se deteriorar. Suas colegas de quarto e os garotos do quarto ao lado começaram um clube da luta em seu dormitório. Em algumas noites, eles lutavam uns com os outros, cuspindo sangue em seus lençóis. Em outra de suas festas, alguém derramou água no *laptop* dela. Quando Melody mencionou isso, sua colega de quarto disse: "Bem, você não deveria ter deixado seu *laptop* em sua mesa".

Melody, uma pessoa que gosta de agradar aos outros, lidou com os maus-tratos tornando-se mais gentil. Ela começou seu primeiro ano com uma ideia razoável sobre amizade: se você for legal, as pessoas vão gostar de você. Então, enquanto suas colegas de quarto e os rapazes a intimidavam e a negligenciavam, Melody oferecia generosidade. Quando eles estavam com fome, ela se oferecia para fazer *paninis* com presunto fresco e muçarela. Ela ajudava-os com a lição de casa, convidava-os para shows de comédia que fazia com os amigos, oferecia *croissants* que pegava do refeitório. Tentou fazer as pazes, para – metaforicamente – estender um daqueles ramos de oliveira do *campus*.

Nada daquilo funcionou. As lutas de boxe no quarto de Melody continuaram, assim como os comentários rudes e a negligência geral. Se a generosidade é boa para as amizades, então por que falhou? Você pega mais moscas com mel que com vinagre, como dizem, mas Melody estava fazendo mel e não conseguindo nenhuma mosca. Como veremos neste capítulo, a generosidade é complicada. Pode tornar-nos amigos, mas também pode reabrir nossas feridas, azedar-nos ou sobrecarregar-nos. Pode parecer uma expressão de amor ou de desespero, como aconteceu com Melody. Pode aproximar-nos dos outros, mas pode dissolver-nos no processo. É diferente de muitas de nossas outras habilidades de amizade, porque é especialmente finita. Quanto mais damos, menos nos resta. É amor em uma gangorra. E, para lidar com essa cisão, devemos trabalhar com os contornos da generosidade: aprender quando, como e com quem, para fazermos amigos sem nos perder.

OS BENEFÍCIOS DA GENEROSIDADE
PARA A AMIZADE

Generosidade é dar aos outros sem esperar nada em troca. Podemos dar objetos materiais, como vales-presente, jantares, almôndegas suecas da IKEA ou nosso tempo e nossa atenção, como, por exemplo, aparecendo no funeral da mãe de um amigo, cuidando de seus filhos ou ajudando-os a se mudar.

De acordo com uma enxurrada de estudos, Melody não estava errada quando presumiu que a generosidade alimentava a amizade. Sim. A empresa de investimentos Motley Fool realizou uma pesquisa com mais de mil estadunidenses e descobriu que pessoas generosas têm relacionamentos mais próximos, mais amigos e mais apoio em tempos difíceis.[215] Outros estudos revelaram que crianças generosas são mais queridas e aceitas por seus pares.[216] Pesquisadores descobriram que alunos do quinto ano sem melhores amigos eram mais propensos a ganhar um melhor amigo no sexto ano, quando se tornavam mais sociáveis ou prestativos e atenciosos.[217]

Ser generoso também é a chave para manter as amizades. Um estudo acompanhou 2.803 estudantes do ensino médio e concluiu que as pessoas sociáveis eram mais propensas a manter um alto número de amigos ao longo do tempo e experimentar o maior bem-estar.[218] Os participantes que receberam ajuda de um aliado após um problema com o computador eram mais propensos a relatar que queriam trabalhar com esse aliado novamente.[219] As pessoas querem ser e permanecer amigas de quem as valoriza, e a generosidade é uma forma de expressar isso.

Um equívoco infeliz é que ser popular é ser grosseiro, egoísta ou mesquinho. Eu costumava pensar assim. Fiz o ensino médio na Escola Michael J. Petrides, em Staten Island, onde os alunos populares não eram conhecidos por sua bondade. A maioria das garotas populares ignorava-me, e os garotos populares podiam ser os valentões. Como uma moleca gordinha, ainda me lembro de como um valentão igualmente gordinho sussurrava "Terremoto" enquanto eu passava. E, mesmo agora, vemos que muitas celebridades, CEOS e líderes políticos universalmente conhecidos são notados por seu narcisismo mais do que por sua generosidade.

Mas a verdade é que, embora a maldade possa ocasionalmente nos trazer *status* ou levar os outros a nos ver como líderes encantadores e divertidos, isso não nos trará amigos. Um estudo comparou pessoas agressivas e sociáveis em suas trajetórias de amizade.[220] Nele, os sociáveis desenvolveram amizades de maior qualidade. Quando supomos que ser mau vai nos fazer amigos, confundimos o que significa ter *status* e o que significa fazer amigos. Em *Meninas malvadas*, toda a escola aplaudiu quando uma colega de classe confessou seu plano de destruir a garota alfa, embora popular e malvada, Regina. Os alunos também não pareciam muito tristes quando ela foi atropelada por um ônibus.

Com todas essas pesquisas demonstrando os méritos da generosidade para a amizade, não é de admirar que a vejamos como uma virtude. Tomás de Aquino acreditava tão profundamente na generosidade que argumentava que ela elevava o homem para mais perto de Deus. Segundo ele, espelhamos o amor que Deus tem por nós na maneira como tratamos os outros. A generosidade também marca nossos maiores heróis, de Madre Teresa a Martin Luther King. Quase todas as religiões exaltam a generosidade, do cristianismo ao judaísmo, do islamismo ao siquismo. De acordo com os primeiros ensinamentos judaicos, "a caridade é igual em importância a todos os outros mandamentos da Torá combinados".[221]

É ótimo que valorizemos a generosidade. Fazer isso nos guia para ter mais sucesso em fazer e manter amigos. Todos devemos refletir sobre como podemos ser mais generosos com os outros. Quer fazer amizade com um colega de trabalho que mora perto? Ofereça-se para levá-lo ao trabalho. Você e uma nova amiga vão a uma festa em que cada um leva um prato de comida? Guarde alguns bolinhos, caso ela esteja atrasada. Conseguiu um saco extra de Doritos Cool Ranch depois de lutar com a máquina de venda automática? Ofereça-o a um amigo. Minha melhor amiga, Billy, disse-me no início de nossa amizade, quando viajamos para Portugal, que ela sabia que eu era algo especial quando a ajudei a carregar sua mochila pesada pelo aeroporto.*

A seguir, alguns outros exemplos de como ter generosidade com amigos.

- Asse um bolo para eles.
- Mande cartões de amizade.

---

* É claro, embora raro, que haverá momentos em que os amigos não reconhecerão nossa generosidade. Aprenderemos mais sobre o motivo no capítulo sobre afeto.

- Ensine a eles uma habilidade.
- Ofereça-se para conectar amigos com alguém que possa ser útil a eles.
- Ofereça-se para ajudá-los a atingir um objetivo (por exemplo, caminhar juntos, se estão tentando fazer mais exercícios).
- Passe mais tempo com eles.
- Compre presentes para os amigos quando vir algo de que possam gostar.
- Cozinhe para eles.
- Ofereça-se para fazer tarefas (passear com o cachorro, ir ao mercado).
- Transfira dinheiro aos amigos para um café ou uma refeição como um mimo.
- Leve-os ao aeroporto.
- Deixe-os pegar emprestado roupas ou livros.
- Ofereça-se para ser babá dos filhos de seus amigos.
- Compartilhe informações úteis com eles.
- Traga presentes de uma viagem.

AS DESVANTAGENS DA GENEROSIDADE
RECONHECENDO A GENEROSIDADE TÓXICA

Embora a generosidade seja maravilhosa e necessária para a amizade, os problemas abundam quando a confundimos com abnegação, proclamando que, para sermos verdadeiramente generosos, devemos dar até a última gota de nós mesmos. Essa junção é o vestígio da ética de trabalho protestante que deu origem aos Estados Unidos: faça até não ter mais nada, recuse o descanso, enterre suas necessidades. Pedir qualquer coisa é autoindulgente. O mártir tornou-se nosso modelo de generosidade. Esse martírio do eu nos afeta profundamente, como Virginia Woolf descreveu em seu discurso à Sociedade Nacional para o Serviço das Mulheres em 12 de janeiro de 1931:

> Ela era intensamente solidária. Ela era imensamente encantadora. Ela era totalmente altruísta. Ela se destacava nas difíceis artes da vida

familiar. Ela se sacrificava diariamente. Se havia frango, ela pegava a coxa; se havia uma corrente de ar, sentava-se nela; em suma, ela era tão composta que nunca tinha uma mente ou um desejo próprio, preferindo solidarizar-se sempre com as mentes e os desejos dos outros. Eu fiz o meu melhor para matá-la. Minha desculpa, se eu fosse levada a um tribunal, seria que agi em legítima defesa. Se eu não a tivesse matado, ela teria me matado.

Somos ensinados a nos sacrificar pelos outros desde cedo. Em seu artigo do *The New York Times*, "We Need to Talk About 'The Giving Tree'" [Precisamos falar sobre "A árvore generosa"], Adam Grant, que escreveu *Dar e receber*, e sua esposa, Allison Sweet Grant, afirmam que o popular livro infantil *A árvore generosa* valoriza o martírio em vez de generosidade saudável. Como diz a história, uma árvore amava um menino, então dava coisas a ele. O menino pegou as folhas para fazer sua coroa, subiu em seu tronco para comer suas maçãs e dormiu à sua sombra. Quando ficou mais velho, raramente visitava a árvore, mas, quando o fazia, não queria brincar com ela. Ele queria ganhar dinheiro. Então, a árvore sacudiu todas as suas maçãs para que o menino pudesse vendê-las. Quando ele voltou, queria uma casa. A árvore ofereceu seus galhos para a casa. Velho e triste agora, ele queria um barco a fim de ir para longe. A árvore ofereceu seu tronco para um barco. Quando o não-mais-menino voltou pela última vez, a árvore disse: "Gostaria de poder dar-lhe algo. Eu não tenho mais nada. Eu sou um toco velho". O homem só precisava de um lugar tranquilo para se sentar, e a árvore o convidou a sentar em seu toco. "O menino o fez, e a árvore ficou feliz."

Quando a árvore generosa é nosso modelo de generosidade, aprendemos que a maneira certa de doar é até ficar à beira da ruína. Sentimo-nos mal, até moralmente falidos, quando impomos limites. Quando falamos um não, somos atormentados pela culpa e pela vergonha, imaginando se somos defeituosos porque nossa vontade de doar é finita. Quando os limites desencadeiam essa onda de culpa, parece mais fácil apenas dizer sim. Qualquer coisa é melhor que a agonia da culpa.

DE ALTRUÍSTA A EGOÍSTA

Como essas formas extremas de generosidade nos deixaram exaustos e ressentidos, o pêndulo balançou para a outra direção. Na década de 1980, o movimento da autoestima tomou conta e passamos de altruístas a egoístas. Em 1986, o deputado californiano John Vasconcellos iniciou a Força-Tarefa da Califórnia para Promover a Autoestima e a Responsabilidade Pessoal e Social [*California's Task Force to Promote Self-Esteem and Personal and Social Responsibility*], acreditando que a baixa autoestima era uma "vacina social" contra os males sociais. Ele contratou professores do sistema da Universidade da Califórnia para escrever *Towards a State of Esteem* [Em direção a um estado de estima], um relatório que relacionava a autoestima ao abuso infantil, à gravidez na adolescência e ao uso de substâncias, entre outros problemas sociais. O relatório foi um sucesso, com mais de 60 mil leitores. Vasconcellos foi no programa *Oprah* para fazer proselitismo da autoestima. Embora os dados tenham sido posteriormente contestados por serem correlacionais, mas não causais, em 1995, 30 estados promulgaram mais de 170 estatutos para promover a autoestima.[222]

Towards a State of Esteem definiu a autoestima como uma responsabilidade consigo mesmo e com os outros, mas a parte "responsabilidade para com os outros" perdeu-se ao longo do caminho. As escolas mudaram radicalmente desde o início do movimento de autoestima, oferecendo notas infladas e troféus para o 12º lugar. Promover a autoestima elevada sem prestar contas aos outros tem sido uma receita para o narcisismo, que vem crescendo há décadas, segundo uma metanálise.[223] Como disse Roy Baumeister, pesquisador que estuda a autoestima: "Hitler tinha uma autoestima muito alta, mas essas dificilmente eram garantias de comportamento ético", e "os custos da autoestima elevada são arcados por outras pessoas".[224]

Com essa ascensão do narcisismo, normalizamos a priorização de nós mesmos sobre os outros, e isso escorreu para nossas amizades. No que chamo de "generosidade da nova era", não estamos dispostos a dar uma gota a nossos amigos. Melissa A. Fabello escreveu um *thread* de *tweets* viral no qual ela se referia à oferta de apoio emocional aos amigos como "trabalho emocional" e forneceu um modelo de como dizer não a um amigo necessitado: "Estou no limite... Podemos nos falar às [horário e data posteriores]? Você tem mais alguém com quem você possa entrar em contato?". O *tweet* mexeu em um nervo cultural, desencadeando artigos de reflexão em veículos como *Vice, TIME, HuffPost* e *The Guardian*.

A generosidade da nova era confunde generosidade não com abnegação, mas com tirarem proveito de você. Se o seu vizinho pedir uma xícara de açúcar, seja assertivo e diga que você compra açúcar mascavo e não pode dividir açúcar desse calibre. Se seu amigo liga para você às 3h da manhã pensando em suicídio, diga a ele que não é apropriado ligar a essa hora e que você estará acessível entre 10h e 10h19 da manhã. Se um amigo precisa de seu conselho, certifique-se de enviar a eles sua chave PIX, porque menos que isso significa que você não está se valorizando.

Todas essas tendências foram agravadas pela internet. Fay Bound Alberti, em *A Biography of Loneliness: The History of an Emotion* [Uma biografia da solidão: a história de uma emoção], argumenta que a internet nos deu relacionamentos que se baseiam em interesses compartilhados sem responsabilidade mútua. Você pode juntar-se ao grupo de fãs de água com gás no Facebook e descobrir seu amor compartilhado pelas bolhas, mas ninguém precisa levar você ao hospital quando o SodaStream rola do balcão e cai no seu pé. Fay escreve: "Uma característica definidora da comunidade tem sido historicamente não apenas características compartilhadas, que é o uso moderno [...], mas também um senso de responsabilidade pelos outros". A cultura da internet levou-nos a estilhaçar a amizade, a receber bem suas alegrias, mas escapar do trabalho que ela dá. Estamos presos apenas a vibrações positivas, em que cada pedido é uma imposição, um amigo que precisa é um amigo para deixar de lado e nossos laços estão mais frágeis do que nunca.

Então, para onde vamos daqui? Vacilamos de uma herança de tudo ou nada da generosidade da árvore a um soco reativo contra ela. Ao longo do caminho, falhamos em nos fazer perguntas mais profundas sobre o que a generosidade significa para nós, como podemos intencionalmente convidá-la para nossas vidas. Precisamos curar nosso relacionamento com a generosidade. Mas, para fazer isso, ainda temos de nos aprofundar na fonte de nosso relacionamento doentio com ela.

É GENEROSIDADE OU BAJULAÇÃO?

Lembranças de infância assombram Melody. Seu pai tentando ensiná-la matemática, chamando-a de um fracasso estúpido quando ela não conseguia. Sua mãe entrando na discussão para ajudá-la e seu pai gritando com ela também. Brigas em que ela disse para ele parar de gritar e ele disse: "Quem você pensa que é para falar comigo desse jeito?". Ela quebrando o utensílio de cozinha dele e colando no banheiro com cola instantânea para que ele não gritasse com ela por ser desajeitada. Ele a encontrando, gritando e acusando-a de cheirar cola. Dessas primeiras experiências, ela aprendeu que era inadequada, que defender a si mesma levaria a mais humilhações e que os problemas nos relacionamentos eram sua culpa.

Foi essa mesma energia que ela trouxe para suas colegas de quarto em Florença. Se elas eram más, ela devia ter merecido. A culpa era dela por não ser magra o suficiente para usar um biquíni sem se preocupar ou tranquila o suficiente para deixar passar quando molharam seu *laptop*. Se fossem más, a solução era compensar seus defeitos, ir além para conquistar o amor delas, alimentá-las com *croissants* e *paninis*, além de sua alma, como praticou com o pai.

De acordo com o especialista em trauma Bessel van der Kolk, "ser tratado por membros da família como irrelevante [...] cria outro tipo de padrão psicológico. A identidade das pessoas é formada em torno de perguntas como 'O que eu fiz de errado?' ou 'O que eu poderia ter feito diferente?'. Isso se torna a preocupação central de suas vidas".[225] As feridas levam-nos a acreditar que podemos controlar as pessoas, mudá-las, se apenas nos contorcermos da forma certa. É um problema de onipotência equivocada. Ouvimos falar de reações de luta, fuga ou congelamento em resposta ao trauma, mas a última resposta é bajulação: tentar fazer as pessoas gostarem de você para que parem de prejudicá-lo. Também chamamos isso de agradar as pessoas.

A bajulação é uma estratégia de sobrevivência. Bajuladores, como Melody, aprenderam que a maneira de estar seguro ou ser valorizado é acomodar. E que outra escolha eles têm? Quando crianças, não podemos ir embora. Melody não podia deixar sua família. Ela poderia resistir, mas isso amplificaria a ira de seu pai. A bajulação a suavizou.

O problema com a bajulação, porém, é que ela confunde nossa clareza sobre se doamos porque amamos ou porque queremos ganhar amor. Quando bajulamos, muitas vezes doamos a pessoas de quem nem gostamos, mas que queremos que gostem de nós. Pessoas seguras doam porque se preocupam com os outros. Pessoas ansiosas também, mas, muitas vezes, também doam porque querem que as pessoas se importem com elas, segundo pesquisas.[226] O apego ansioso está relacionado a algo chamado "doação egoísta", dar não por puro altruísmo ou amor pela outra pessoa, mas porque você tem um motivo oculto. Em um estudo sobre voluntariado, com amostras da Holanda, de Israel e dos Estados Unidos, os ansiosos voluntariaram-se não por puro altruísmo, mas para sentirem-se melhor consigo mesmos.[227] Como Melody disse: "Eu tinha medo de ninguém gostar de mim e não me encaixar. Senti que tinha que compensar minha existência, provar meu valor. Eu queria ser a mais inteligente, engraçada e divertida, fazer as pessoas rirem ou dar-lhes coisas para que não fossem embora". Esse tipo de doação ansiosa está relacionado a uma saúde psicológica mais precária, sugerindo que nossa generosidade pode nos prejudicar quando impulsionada pela insegurança.[228]

Uma dinâmica semelhante à de sua infância ocorreu entre Melody e Milly, sua amiga do ensino médio. Melody pagava os jantares, enchia-a de atenção, abdicava de seu tempo. Milly menosprezava tudo. Elas estavam em um almoço uma vez quando seu namorado ligou para perguntar se ela estava ocupada. Milly saiu no meio do almoço, enquanto Melody pagava a conta e terminava seu hambúrguer sozinha.

Mas nem tudo era culpa de Milly, disse Melody. Ela dava a Milly não por amor, mas pelo que Milly representava para ela: sua salvação. Se ela conseguisse fazer Milly mostrar seu amor, "isso significaria algo profundo sobre mim que eu queria desesperadamente que fosse verdade – que eu era suficiente. O amor estava envolto em ego". Ela não amou quando Milly se tornou a capitã do time de futebol ou entrou em sua principal escolha de faculdade. "Se fosse amor de verdade, eu adoraria vê-la prosperar quando não tinha nada a ver comigo. Mas, em vez disso, ficava mais nutrida por suas realizações quando se referiam à nossa amizade. O maior triunfo que ela poderia alcançar, aos meus olhos, era ser minha melhor amiga." Quando não temos amor por nós mesmos, às vezes nosso amor pelos outros é um cavalo de Troia, uma tática para fazer os outros compensarem nossos sentimentos de indignidade amando-nos.

Embora a generosidade seja uma característica de grandes amizades, a história de Melody revela que também é uma característica de amizades tóxicas. Uma pessoa se dissolve ao dar, e outra domina ao receber. Como Melody explicou: "A doação vinha do medo e não do amor. Quando vem do medo, procuro algo em troca, geralmente alguém que goste de mim. Estou pensando que devo doar às pessoas para que eu seja o suficiente para elas. Então, eu doaria mesmo que isso me matasse, porque eu não me valorizava". Quando doamos para ganhar amor, falta-nos amor-próprio e, portanto, doaremos até colapsar.

O problema é que se você não está doando para expressar amor, mas para ganhá-lo, então doará às pessoas erradas, como Melody fez. Faça uma pausa. O desejo de ganhar o amor daqueles que o maltratam não se materializa do nada. Provavelmente ajudou você a sobreviver no ambiente em que cresceu, assim como fez com Melody.

Mas, agora, você não precisa apenas sobreviver. Precisa prosperar. Prosperar significa que você não convida pessoas destrutivas para sua vida porque elas dão a você a oportunidade de ganhar amor. Isso significa que as pessoas que o amam livremente não são mais suspeitas e aquelas que retêm o amor não são mais motivadoras. Significa que você é generoso porque ama alguém e quer demonstrar isso, não porque alguém não o ama e você quer mudar isso. Quando alguém retém o amor, você prospera ao afastar-se em vez de fazer mais esforço. Porque não é sua culpa que elas não o amam, e isso não significa que algo está errado com você. Você merece relacionamentos de generosidade mútua, mas, para Melody perceber isso, "eu precisei abrir mão dessa identidade como uma pessoa quebrada. Precisei perceber que eu poderia mudar minha vida".

USANDO A GENEROSIDADE SAUDÁVEL PARA CONSTRUIR AMIZADES

Devemos evitar ser generosos com as pessoas que nos maltratam e saber discernir se somos generosos para mostrar amor ou lidar com o sentimento de não ser amado. Agora que conhecemos as armadilhas da generosidade, vamos explorar como ser generosos corretamente, por meio da história de Derrick e Park.

Quando Derrick se mudou para Nova York para fazer pós-graduação, muitas vezes estava sozinho: nos vagões do metrô, enquanto tomava café puro no Café Grumpy, enquanto examinava o homem de chapéu de papel-alumínio no Washington Square Park. Ele ansiava por humanos e acabou encontrando uma namorada, Dina. Então mais humanos vieram. Dina convidou Derrick, seu melhor amigo, Che e o namorado de Che, Park, para a caixa de sapatos que era seu apartamento em Nova York. No começo, Park não causou uma forte impressão em Derrick, a quem ele descreveu como "quieto e tranquilo, com um pouco de arrogância". Os casais continuaram saindo, e Park e Derrick começaram a gostar um do outro daquele jeito tipo "eu ficaria animado se desse de cara com você".

Mas a pós-graduação é solitária e isoladora, especialmente no verão, quando as pessoas voltam para casa, onde quer que seja. Dina ficou com o pai em Long Island (esse é o nome, ela riu, porque é *muito longe* do resto da cidade). Os outros amigos de Derrick em Nova York nunca pareciam querer ir ao seu minúsculo apartamento em uma parte remota da cidade, exceto Park, que aparecia, vindo do Bronx. Ele suportava viagens de trem de uma hora e meia cheias de artistas de rua implorando por dinheiro que ele não tinha, apenas para ver Derrick.

Park, um nova-iorquino nativo, tornou-se o mentor de Derrick em Nova York. Ele era obcecado por transporte, então, enquanto os dois andavam de *skate* por parques, bares e pizzarias baratas, Park explicava por que uma rua era larga ou estreita, cheia de carros ou sem eles. Park o apresentou aos outros no parque de *skate*: "Derrick é meu chapa. Ele é novo no bairro". "Acho que nunca teria assimilado a cidade de Nova York, feito dela minha casa como fiz, se nunca tivesse conhecido Park", disse Derrick.

Não será nenhuma surpresa para quem viveu seus vinte e poucos anos em Nova York que Derrick e Dina acabaram se separando, mas, nessa época, para surpresa de Derrick, Park também desapareceu. As mensagens de texto de Derrick para Park ficaram sem resposta por meses, e as redes sociais de Park estavam visivelmente sem atualização. Por fim, uma atualização explicou por que ninguém tinha tido notícias dele. Ele estava na cadeia.

COMO FAZER E MANTER AMIGOS PARA SEMPRE

Derrick sentiu que precisava fazer algo. Então Derrick, sua nova namorada, Tasha, e seu pai (que era pastor) reuniram-se para orar por Park, "um homem de bom coração, que agiu em desespero", para que ele recebesse uma segunda chance. Park rezou por si mesmo também. O juiz de Park deve ter ouvido suas orações, porque todas as acusações foram retiradas. O resultado foi profundo e espiritual, "como se nossa oração tivesse mudado o ímpeto do universo", disse Derrick.

Você sabe o que mais não surpreenderá ninguém que viveu seus vinte e poucos anos em Nova York? Derrick assinou um contrato de aluguel para morar em um apartamento de um quarto no Harlem com Tasha, mas ela terminou com ele antes de se mudar. O apartamento cheirava a sua dor e às caixas de comida que ele costumava usar para esquecê-la. Também cheirava à dor de Park, quando ele vinha jogar videogame para escapar das preocupações com seu próprio rompimento, seu subemprego crônico e a notícia recente de que sua avó estava com câncer.

Uma noite, quando Park voltou ao apartamento de sua avó, onde morava, não conseguiu entrar. Ela havia se mudado para uma casa de repouso para cuidados contínuos, e seu tio aparentemente havia trocado as fechaduras. Derrick foi a primeira pessoa a quem Park recorreu. "Estou o ajudando, mano. Eu estava orando por você e parece metafísico que estou em posição de ajudar", disse Derrick a Park. "Você pode ficar comigo. Às vezes as coisas se alinham de certas maneiras, como se o funcionamento do universo fosse feito por você."

Mas, se Derrick fosse completamente honesto, sua decisão de ajudar Park não era apenas metafísica. Era prática. Depois do término do namoro, Derrick, deprimido e solitário em seu apartamento, decidiu arranjar um cachorro, Sheen, como companhia. E, à medida que conhecia seu novo filhote cheio de energia, Derrick percebeu que sua agenda frenética de trabalho não dava a ele o tempo necessário para cuidar de Sheen de forma adequada. Ele precisava de ajuda.

E sabia a quem pedir.

"Eu realmente precisava de ajuda para cuidar de Sheen", disse Derrick. E ele sabia que Park estaria lá para ele, porque, "embora Park não vá pagar por suas viagens ou comprar comida para você, ele estará lá por você. Ele vai oferecer suas mãos, seus pés, sua mente, o que quer que ele tenha".

CULTIVE O "INTERESSE PRÓPRIO ESCLARECIDO"

Se adotarmos a generosidade da árvore, presumiremos que a generosidade de Derrick foi maculada pelo interesse próprio. Questionamos se seu comportamento foi realmente generoso. Em vez disso, reservaríamos nossos elogios para alguém como Evan Leedy, um estudante universitário que arrecadou dinheiro para comprar um carro a um homem que caminhava 33 quilômetros para ir e voltar do trabalho.[229] Nós os reservaríamos para Robin Emmons, que transformou seu quintal em um jardim para cultivar alimentos para pessoas famintas. Reservaríamos para Estella Pyfrom, que criou um laboratório de informática móvel usado para orientar crianças de baixa renda.[230] Reservaríamos para os vencedores do Caring Canadian Award, que são descritos como "pessoas atenciosas que dão tanto aos seus concidadãos, os heróis desconhecidos que oferecem seu tempo, seus esforços e grande parte de suas vidas para ajudar os outros, e que não pedem nada em troca". Esses vencedores recebem um broche de lapela simbolizando uma mão "esticada para representar uma generosidade sem limites".[231] Generosidade sem limites, nada em troca. Isso é o que nos ensinaram que marca a verdadeira generosidade.

Mas, quando os pesquisadores entrevistaram os vencedores do Caring Canadian Award, bem como um grupo de controle de pessoas comuns de demografia semelhante, eles descobriram algo interessante. Os vencedores do prêmio não eram apenas mais propensos a doar, eles eram mais propensos a doar de maneiras que beneficiassem os outros *e* a si mesmos, para, como os pesquisadores explicaram, "avançar seu próprio interesse promovendo o interesse dos outros". Um vencedor pode, por exemplo, promover uma luta de boxe para arrecadar dinheiro para caridade, mas também estaria motivado a receber um prêmio por isso.[232]

A generosidade da árvore, de mártir, ao que parece, ensinou-nos errado. As pessoas mais generosas do Canadá podem atestar isso. Os pesquisadores do estudo concluíram que, para viver virtuosamente, nosso objetivo não deve ser o altruísmo, mas o "interesse próprio esclarecido", em que nossos "interesses próprios alinham-se aos interesses dos outros". Em outras palavras, devemos deixar nosso amigo ficar em nosso sofá, mas também devemos pedir ajuda com nosso cachorro.

Mas por que não podemos ser apenas altruístas? Por que tem de haver algo para nós? Somos criaturas sociais, não gostamos de doar? É verdade. Gostamos. De fato, a pesquisa descobriu que, quando as pessoas recebem dinheiro e ouvem que devem gastá-lo consigo mesmas ou com os outros, elas ficam mais felizes ao gastá-lo com os outros. Essa descoberta é válida em todo o mundo: Estados Unidos, Canadá, África do Sul e Vanuatu. Gastar com os outros pareceu diferente em certos lugares.[233] Em Uganda, quando as pessoas foram questionadas sobre a última vez que gastaram o equivalente a 20 dólares canadenses com os outros, elas disseram que gastaram em sapatos para um irmãozinho descalço ou em remédios para úlceras doloridas de um amigo. No Canadá, gastaram em rosas no Costco para o aniversário da mãe. Mas, em quase todos os países, elas sentiam alegria ao doar. A Gallup World Poll perguntou às pessoas o quanto estavam satisfeitas com suas vidas e se haviam doado dinheiro no mês anterior. Gastar com os outros contribuiu para o bem-estar em todas as regiões do mundo.

O ato de doar é bom e nos beneficia. Quando um amigo precisa de algo e isso não exige muito de nós, ajudar beneficia as duas partes. Mas, quando nos sacrificamos para doar, o impacto muda. Uma metanálise combinando dados de 32.053 pessoas descobriu que aquelas que se sacrificam em seus relacionamentos românticos têm menos bem-estar, e as que se sacrificaram de maneiras especialmente custosas não apenas experimentaram menos bem-estar, como também sofreram com seu relacionamento romântico.[234]

Quando estamos cronicamente doando e não recebendo nada em troca, tornamo-nos "doadores absolutos", adotando afirmações como "Eu sempre coloco as necessidades dos outros acima das minhas", "É impossível para mim satisfazer minhas próprias necessidades quando elas interferem nas dos outros" e "Mesmo quando exausto, vou ajudar outras pessoas". Essas pessoas altruístas, essas doces arvorezinhas generosas, são mais estressadas e deprimidas, segundo estudos.[235] E seu comportamento custa, em vez de beneficiar, seus relacionamentos. Uma metanálise descobriu que as pessoas motivadas a proporcionar mais bem-estar experimentavam mais bem-estar também, assim como seus parceiros de relacionamento.[236] Isso não foi verdade para doadores absolutos ou seus parceiros. O altruísmo nos concede uma passagem só de ida para a Cidade da Exaustão, onde todos estão deprimidos, sobrecarregados e sugando tudo.

Mas a abnegação também pode ser sedutora. Quando somos absorvidos pelos outros, deixamos de lado nossas partes das quais queremos escapar: os problemas, a depressão, a baixa autoestima. Somos tão consumidos pelas pessoas que esquecemos, por um momento, o peso de ser uma pessoa. Esse lapso momentâneo, essa pequena morte, é claro, não resolve nossos problemas; joga areia sobre eles apenas temporariamente. A única maneira pela qual o abnegado pode resolver seu problema é entendendo do que eles estão tentando fugir por meio do sacrifício.

Isso porque a abnegação não nos salvará de nossos problemas, mas os agravará. Mesmo que forneça um barato temporário, também apresenta sintomas de abstinência. Emoções como ressentimento ou amargura borbulham para nos lembrar de não oferecer o bolo, a menos que consigamos um pedaço dele. Sentimo-nos completamente exaustos quando nos sacrificamos de maneira crônica, o que revela que a doação completa não é o que nosso organismo deseja. E as pessoas a quem estamos doando, muitas vezes, sentem-se desconfortáveis por estarmos ressentindo-as por algo que escolhemos doar.

Madoka Kumashiro, professora da Goldsmiths, Universidade de Londres, chama o processo de balancear nossa generosidade de "equilíbrio". Sua pesquisa descobriu que, nos dias em que estamos muito concentrados em nosso relacionamento, naturalmente desejamos nos concentrar em nós mesmos. Mas o oposto também acontece. Somos criaturas de equilíbrio. Isso é uma coisa boa. Os participantes que experimentaram o equilíbrio, que responderam afirmativamente à frase "Eu faço das minhas necessidades relacionais *e* minhas necessidades pessoais uma grande prioridade na vida", aquelas que encontraram vantagens para os dois lados estavam menos deprimidas e ansiosas, além de mais satisfeitas com suas vidas seis meses depois. Sabe o que mais? Seus relacionamentos não sofreram porque elas se concentraram em si mesmas também. De fato, o estudo descobriu, e Derrick pode atestar, que, quanto mais as pessoas mantêm o equilíbrio, mais saudáveis são seus relacionamentos.[237]

A pesquisa de Kumashiro sugere que, embora possamos pensar que o interesse próprio esclarecido polua a generosidade, na verdade ele a sustenta. Derrick deixou Park dormir no sofá por um ano inteiro e era menos ressentido e mais disposto a doar, porque Park também doava. Ele pedir ajuda a Park não era apenas do seu interesse, mas também do interesse de

Park, porque, quando o combinado serviu a Derrick, Park ficou por mais tempo. Derrick é um doador natural, mas seu conselho para as pessoas que querem ser mais generosas é pedir coisas aos amigos também. Isso é parte do que diferencia a generosidade saudável da doação irrestrita. Um estudo descobriu que doadores absolutos eram mais deprimidos porque se sentiam desconfortáveis em pedir ajuda e lutavam para afirmar suas necessidades. Quando também pedimos coisas, isso nos reabastece e arranca as ervas daninhas do ressentimento, para que possamos doar mais.[238]

Se adotamos a generosidade da árvore, podemos pensar que pedir coisas seja algo egoísta ou abusivo, mas a pesquisa de Kumashiro sugere que pedir o que precisamos beneficia não apenas nós mesmos, mas também nossos relacionamentos. Quando não apenas doamos, mas, além disso, pedimos e recebemos, protegemo-nos do esgotamento, para que possamos doar mais por mais tempo. Ficamos menos ressentidos quando os amigos precisam de algo de nós e melhores em estar lá para eles. As pessoas mais generosas consentem em pedir o que precisam porque isso as reabastece, permitindo que sejam mais generosas em longo prazo.

Em seu ano juntos, Park e Derrick desenvolveram uma rotina que curtiam. Park trabalhava à noite em uma garagem e voltava para casa com o café da manhã. "Você acorda de manhã e seu melhor amigo está lá", disse Derrick. Eles relaxavam até Derrick sair para o trabalho. Derrick trazia o jantar para os dois ou eles iam a um bar próximo, onde comiam asas por 5 dólares e *Henny Coladas*. Park dava a Derrick algumas centenas de dólares quando podia. Ele lavava a louça, fazia o chuveiro funcionar, recolhia o cocô de Sheen. "Talvez eu esteja doando mais financeiramente, mas Park está me dando algo de que eu realmente precisava. Estávamos lá um para o outro nos momentos mais difíceis de nossas vidas."

USE LIMITES PARA FORTALECER OS LAÇOS

Ao ler sobre o conceito de equilíbrio, lembrei-me de uma breve amizade que tive com uma mulher que chamarei de Margaret. Nós saímos algumas vezes, uma vez em um parque, depois em um jardim e, então, para uma caminhada, quando Margaret me disse que estava se mudando. Ofereci-me para ajudá-la a pegar as caixas, já que eu tinha carro e ela não.

Ela aceitou minha oferta e fomos juntas até o Lowe's. Na semana seguinte, durante sua mudança, ela pediu ajuda novamente, também perguntando se eu levaria meu grande e corpulento parceiro na época para ajudar também. Ele relutou. Ele não conhecia Margaret e não estava motivado a sacrificar seu sábado por ela. Mas eu o convenci a ajudar porque era a coisa certa a fazer.

Quando chegamos ao apartamento de Margaret, ela me contou seus planos de usar meu carro para levar as coisas para seu novo apartamento. Eu disse a ela que estava tudo bem, desde que fosse antes das 13h30, quando eu precisava sair para uma consulta. Eram 13h30 quando Margaret finalmente conseguiu colocar tudo no carro. Eu estava frustrada, mas não queria deixá-la na mão. Quando chegamos ao novo apartamento com as coisas de Margaret, já eram 14h. Ela insistiu que não apenas ajudássemos a tirar suas coisas do carro, mas também que as levássemos pelo elevador até seu novo apartamento. Outros amigos estavam auxiliando, mas ainda estavam no antigo apartamento ajudando a fazer as malas, então ficamos sozinhos com Margaret. Eu me senti culpada demais por deixá-la sozinha com os móveis, então ajudamos. Quando o carro foi esvaziado e seu espelho, suas roupas e suas sacolas ficaram espalhados por seu novo apartamento, faltavam dez minutos para o início da minha consulta. Eu tinha planejado deixar meu parceiro em casa antes disso, mas disse a ele que lhe pagaria um táxi.

Antes que minha amargura por doar demais me deixasse, Margaret me contatou novamente, no dia seguinte, para ver se eu voltaria com meu carro para ajudar a mover o que restava. Desta vez, eu disse a ela que estava ocupada demais para ajudar.

O que aconteceu entre Margaret e eu? Perdi toda a motivação em vê-la. Ela falava comigo e eu respondia: "Legal", "Ótimo" ou "Obrigada", ou dizia que estava ocupada. Percebi que, se ela não entendesse os sinais, eu precisaria ser honesta em vez de sumir de vez. Contei a ela como senti que meus limites haviam sido ultrapassados e essa amizade não funcionaria para mim. Ela nunca me respondeu.

Ao longo de toda essa provação, senti-me profundamente culpada e egoísta. Percebi que eu não estava chateada por não ter ajudado Margaret naquele segundo dia; fiquei chateada por não *querer* ajudar. E o que isso diz sobre mim, se os humanos deveriam gostar de ser generosos? Mas agora eu sei por quê. De acordo com a pesquisa da dra. Kumashiro, eu estava em desequilíbrio, e, quando isso acontece, é normal precisar recuar. Só porque eu não era altruísta não significava que eu era egoísta; significava apenas que eu era humana.

Outra coisa que percebi é que não era justo dizer que gostava ou não de ser generosa com base na minha experiência com Margaret. Era mais correto dizer o grau em que eu gostava de ser generosa, dependendo da pessoa com quem eu praticava a generosidade. No caso de Margaret, eu estava desmotivada a ajudar, não porque não gostasse dela, mas porque eu realmente não a conhecia. Se minha amiga mais próxima estivesse em apuros em seu segundo dia de mudança, eu mudaria minhas entrevistas para aparecer. Isso tudo me fez pensar: as regras de generosidade mudam para aqueles com quem você tem mais proximidade?

GENEROSIDADE EM NOSSAS AMIZADES MAIS PRÓXIMAS

Enviei um post do Instagram para alguns amigos. Ele dizia:

"Você deve se sentir confortável ao dizer:
1. Estou fazendo uma pausa e voltarei mais tarde.
2. Estou indisponível. Por favor, procure outra pessoa para apoio.
3. Estou esgotada. Responderei quando tiver energia novamente."

Depois de enviar esse post a eles, perguntei: *O que você diria se estivesse passando por uma dificuldade, procurasse um amigo próximo e ele respondesse com uma dessas três mensagens? Não há respostas erradas.*

Aqui está meu relato de como essas frases fizeram meus amigos se sentir:

Eu me perguntaria se ele está bravo comigo ou se está tentando me afastar de forma deliberada.
Eu ficaria magoada e provavelmente não o procuraria novamente.
Isso me deixaria pior ainda com a dificuldade em que estivesse.

As reações de meus amigos a esses limites transmitem algo fundamental sobre a amizade: esperamos que nossos amigos façam o possível para aparecer em nossos momentos de necessidade. Um estudo analisou 491 respostas à pergunta "Que qualidades você procura em um bom amigo?", do *site* www.authentichappiness.com, e descobriu que o apoio era uma das três principais.[239] Outro estudo, de 1984, analisou as opiniões das pessoas sobre as "regras" da amizade, quatro das quais foram extremamente endossadas em várias culturas. Uma dessas regras muito almejadas era que um amigo "deveria ajudar voluntariamente em caso de necessidade". Nesse estudo, o apoio dado em momentos de necessidade marcou a diferença entre amizades de alta e de baixa qualidade.[240]

É apropriado compartilhar esses tipos de limites com alguém que não conhecemos bem ou com quem não nos preocupamos, mas, quando nos aproximamos, as regras da generosidade mudam. O mundo da Psicologia costumava supor que essas regras eram estáticas, não importava o relacionamento. Entre estranhos e amigos, somos egoístas, dispostos a dar na medida em que esperamos receber.[241] Com estranhos, podemos receber mais cedo, mas, com amigos, podemos esperar para receber depois. É isso que a amizade da nova era implica: os limites são imutáveis, universais, não importa o tipo de relacionamento, tão firmes com um barista do Starbucks quanto deveriam ser com nossos melhores amigos.

Mas Margaret S. Clark, professora da Yale, tem feito um trabalho incrível que mostra que o que é apropriado em um relacionamento depende da natureza dele. À medida que nos aproximamos uns dos outros, nossos relacionamentos transformam-se no que ela chama de "relacionamentos partilhados", em que, mesmo que nos custe, doamos em momentos de necessidade.*[242]

Clark argumenta que os relacionamentos partilhados são aqueles em que "damos benefícios em resposta a necessidades para demonstrar uma preocupação geral com a outra pessoa". Quanto mais força comunal um relacionamento tem, mais estamos dispostos a fazer sacrifícios quando alguém precisa de nós. Os relacionamentos partilhados são os mais significativos em nossas vidas. Estudos descobriram que as pessoas estão mais

---

* A dra. Clark chegou a entrar em um imbróglio acadêmico com outro pesquisador, C. Daniel Batson, que argumentou que ela está errada sobre as regras dos relacionamentos mudarem dependendo de sua profundidade. No melhor jeito acadêmico, a briga se desenrolou por uma série de artigos científicos. Desde então, já existem centenas de estudos confirmando os relacionamentos partilhados.

dispostas a serem vulneráveis nesses relacionamentos, seja para expressar felicidade, seja para expressar tristeza.[243] Eles são nossos relacionamentos mais próximos, de acordo com outros estudos.[244] Um pesquisador define os relacionamentos partilhados como a definição do amor, bem como a "chave para o funcionamento ideal do relacionamento e, de fato, a condição *sine qua non* de relacionamentos íntimos".[245-246] Esses são os tipos de amizade que estávamos esperando.

O que mantém os relacionamentos partilhados não são os limites, como passamos a defini-los, mas estar lá pelos outros. Um estudo revelou que, quando um amigo responde em momentos de necessidade, as pessoas são mais propensas a apoiá-lo profundamente, fazendo coisas como dizer-lhe que ele é legal do seu jeito, ouvindo-o, animando-o e dizendo-lhe quão próximas elas se sentem dele.[247] Quanto mais apoio recebemos de amigos, segundo outro estudo, mais apoio damos a eles e mais seguros e próximos nos sentimos.[248]

Em outras palavras, encontramos relacionamentos partilhados quando os oferecemos. Você não pode desenvolver uma amizade profunda sem ser responsável por um amigo em necessidade, mesmo quando está desconfortavelmente cheio por comer demais no Denny's, por assistir a reprises de *I Love Lucy* ou por bater seu recorde em *Call of Duty*. Quando escolhe ser um amigo, você escolhe estar lá para ele. A pesquisa descobriu que o apoio em momentos de necessidade é um fator crucial que torna as pessoas mais seguras ao longo do tempo e, como outros estudos revelaram, quanto mais seguros estamos, mais apoiamos de volta.[249-250] Quando nos sentimos priorizados em momentos de necessidade, com nossas necessidades atendidas e nosso bem-estar sendo considerado, retribuímos. Então, para que a amizade floresça, precisamos saber se, quando ligarmos para um amigo chorando porque fomos demitidos de nosso emprego, ele não responderá: "Estou indisponível no momento".

Estabelecer esses tipos de limites individualistas destrói os relacionamentos partilhados, porque essas declarações dizem a você para priorizar a si mesmo, colocar-se em primeiro lugar, colocar a máscara de oxigênio em si mesmo, ainda que seu amigo asfixie. Eles presumem que a amizade é opcional, algo que podemos oferecer apenas quando estamos descansados, exercitados, malhados, bronzeados e cheios de uma refeição rica em nutrientes. Eles sugerem que nunca devemos nos sentir sobrecarregados, incomodados ou ofendidos, e, no instante em que suspeitarmos que seremos, será nosso dever aplicar o limite como nossa primeira linha de defesa. Os limites, na forma como passamos a entendê-los, são expressões de nossos reinos mais profundos de individualismo, justificados sob o pretexto de autoempoderamento.

Não há lugar para limites, então, em nossas amizades mais íntimas? Não, não é isso. Ainda precisamos de limites, mas de um tipo diferente. Os limites partilhados, envoltos em amor em vez de autoproteção, são diferentes. Eles são mais gentis, criativos, mais fluidos, uma negociação que honra ambas as partes. São menos binários; uma pessoa não consegue seu espaço enquanto a outra se contorce na sarjeta. Nos momentos de necessidade de nossos amigos, os limites da amizade da nova era se resumem a tudo ou nada de "dado meu estado atual, não posso oferecer nada a você", enquanto os limites partilhados exigem que nos perguntemos: "dado meu estado atual, o que posso oferecer?".

Com limites partilhados, estaremos lá para um amigo em crise porque praticamos a mutualidade. Distanciamo-nos para avaliar a amizade. Perguntamo-nos, se considerarmos ambas as nossas necessidades, quais são as mais urgentes? Não é uma submissão de si pelo outro nem uma dominação do outro por si; é um encontro, uma colaboração, uma sinergia. Os limites partilhados dependem do contexto; caso contrário, são muros. Com eles, se eu tiver um dia ruim no trabalho e não quiser conversar, posso dizer: "Vamos conversar em outra hora" quando meu amigo me chama para falar sobre o final da temporada de *Lost*, mas não quando ele liga porque seu filho está se cortando. Mutualidade significa que, quando alguém importante para nós está em crise, nós o priorizamos, a menos que nós mesmos estejamos em crise também.

Os limites partilhados e a mutualidade não são destinados a proteger o eu, mas a proteger um relacionamento. Como disse minha vizinha Kirsten: "Muitas vezes, usamos os limites para nos desconectar, mas eles devem ajudar nossos relacionamentos a florescer, para que possamos nos conectar de maneira que atenda às necessidades das pessoas", ou, nas palavras de Prentis Hemphill, que trabalha com cura, educação somática e escrita: "Os limites são a distância na qual posso amar você e a mim ao mesmo tempo." Os limites partilhados param o carro para reabastecer a fim de que ele possa continuar dirigindo, enquanto os limites individualistas param o carro para estacionar na calçada.

Fora das crises, os limites partilhados não significam que sempre aparecemos exatamente como nosso amigo quer, porque atender às nossas necessidades também está a serviço da amizade. Quando nosso amigo nos pede para ser babá, mas temos um encontro planejado, ou ele nos pede para passear com seu cachorro quando moramos a uma hora de distância, dizemos não, porque, se recusarmos agora para resolver nossas questões, podemos doar mais em longo prazo. Quando a melhor amiga de Melody, Chelsea, mudou-se para St. Louis para ficar perto dela, Chelsea queria sair todos os dias. Ela era solteira e desempregada, e Melody, fazendo malabarismo com jornadas de doze horas e um namorado, simplesmente não tinha a mesma disponibilidade. Constantemente preocupada se decepcionaria Chelsea, Melody desejava apenas trazer à tona suas necessidades conflitantes para negociar um arranjo que funcionasse para ambas: "Eu poderia ter dito: 'Sei que é difícil se mudar para uma nova cidade e quero estar lá para você. Meu trabalho está me estressando, mas você é importante para mim e eu adoraria sair. E se tivermos um jantar semanal?'".

Em contrapartida, mutualidade também significa nos ajustarmos a nossos amigos não atendendo 100% de nossas necessidades quando isso os prejudicar. Descobrir quanta folga damos aos amigos nem sempre é fácil; é menos uma ciência e mais uma arte, e exige que sejamos honestos conosco sobre quão urgentes são as nossas necessidades e as deles. Para Chelsea, mutualidade significava tolerar não ver Melody com a frequência que ela gostaria, porque as prioridades de Melody também eram importantes para ela. Mas, se ela estivesse realmente com dificuldade, poderia ter resistido e chamado Melody para dois jantares por semana.

Casey, que trabalha em uma organização sem fins lucrativos, não recebeu mutualidade de sua amiga. Por volta do início da pandemia da Covid-19, ela de repente começou a desmaiar quase todos os dias, e os médicos não conseguiam descobrir o porquê. Sua amiga Elma a convidou para participar de uma competição de dança. Quando Casey respondeu não por causa da pandemia, especialmente porque ela tinha uma doença misteriosa, Elma disse que ela era uma má amiga e a estava abandonando. A ironia é que, ao exigir que suas necessidades fossem atendidas sem considerar que a vida de Casey estava literalmente em jogo, Elma agia de forma terrível. Quando abraçamos a mutualidade, *queremos* que nossos amigos cuidem de si mesmos, mas queremos também nos cuidar. Ambos são importantes. Podemos entender que nossos amigos têm limites para se recuperar, a fim de que continuem lá por nós, ou permanecer vivos por nós, como no caso de Casey. Seus limites, portanto, são o ato supremo de generosidade.

Para que a mutualidade funcione, devemos ser claros com nossos amigos próximos quando temos uma necessidade importante, porque, nas palavras do autor Neil Strauss, "expectativas não ditas são ressentimentos premeditados". Como nosso amigo pode saber que agora é hora de nos priorizar se não dissermos: "Ei, isso é muito importante para mim"? Precisamos nos sentir confortáveis ao impor quando é necessário, porque, se a outra pessoa se sentir à vontade para perguntar e nós não, até mesmo nossas amizades mais saudáveis acabarão ficando desiguais. Ser compreendido não é apenas sobre a outra pessoa dedicar tempo e esforço para nos entender, mas também sobre nos tornarmos compreensíveis. Sabendo dessa pesquisa, depois de terminar um relacionamento, mandei uma mensagem para meus amigos: "Apoio para mim agora parece ser passar um tempo comigo e trazer comida".

A mutualidade nos mantém em equilíbrio no grande esquema da amizade, porém, mais importante, permite que o desequilíbrio e a abnegação ocorram, não cronicamente, mas em momentos de necessidade. Às vezes doamos mais, como quando Derrick deixou Park dormir no sofá por um ano, e, então, recebemos mais, como quando Derrick dormiu no sofá de Park depois de se mudar para D.C. e visitar Nova York; então, no grande esquema das coisas, a generosidade se iguala. Não é uma igualdade de olho por olho, monitorando tudo, mas, sim, de confiar no fato de que, se estivermos comprometidos em estar lá um para o outro, as coisas se igualarão.

Encontrar um benefício para ambas as partes também é uma forma de mutualidade, pois exige que perguntemos: "Existe uma forma de atender a ambas as necessidades?". Melody percebeu que poderia ter conseguido um benefício mútuo com Chelsea se elas trabalhassem juntas alguns dias por semana no café perto de seu apartamento. Chelsea poderia ter sua companhia, e Melody poderia vasculhar seus 187 e-mails de trabalho. Minha amiga Allie Davis ofereceu uma emocionante vitória para todos.

Ela disse que, se um amigo estivesse em crise e ela também, em vez de dizer-lhe que está sobrecarregada demais para falar com ele, ela diria: "Obrigada por me enviar uma mensagem. Sinto muito que você esteja passando por isso. Eu também estou passando por uma dificuldade. Você quer fazer um FaceTime para chorarmos juntos?".

Os benefícios para as duas partes da mutualidade significam que, mesmo que eu esteja enrolada com minha própria crise quando minha amiga precisa de mim, ainda posso oferecer empatia ao mesmo tempo em que tenho o espaço para me recuperar. Isso pode ser tipo: "Isso é péssimo, sinto muito. Que bom que você me procurou. Podemos conversar amanhã". Considere como isso soa diferente de "Estou esgotada. Responderei quando tiver energia novamente". Os dois exemplos alcançam a mesma coisa: uma pausa para conversar mais tarde, mas um não se concentra apenas em nós mesmos e afirma que as necessidades de nosso amigo ainda são uma prioridade.

Limites individualistas	Limites partilhados
Priorizo minhas necessidades.	Considero ambas as nossas necessidades e priorizo a que seja mais importante.
Não ofereço nada se estou exausto.	Avalio o que ainda posso oferecer apesar de estar exausto.
Meus limites são os mesmos, não importa quem esteja pedindo ou a urgência de suas necessidades.	Meus limites mudam dependendo do meu relacionamento com quem está pedindo e da urgência da necessidade.
Os limites são usados para me proteger.	Os limites são usados para proteger a amizade.

Limites individualistas	Limites partilhados
Considero meus limites sem me preocupar com os da outra pessoa.	Recebo bem os limites do meu amigo porque desejo seu bem-estar.
Nunca faço sacrifícios.	Faço sacrifícios quando um amigo próximo está passando por necessidade.
Quando minhas necessidades entram em conflito com as de um amigo, eu me priorizo.	Quando minhas necessidades entram em conflito com as de um amigo, avalio se há uma forma de atender a ambas.

A mutualidade é como equilibramos o altruísmo e o egoísmo. É onde a generosidade da árvore e a da nova era chegam a um meio-termo. Mas uma ressalva importante à mutualidade é que não podemos oferecê-la a todos. Por mais que queiramos cuidar dos cidadãos de todos os continentes e de seus arquipélagos e suas ilhotas correspondentes, não podemos. Quanto mais contatos temos, segundo um estudo, menos tempo passamos com cada um. Esse estudo também descobriu que, quanto maior nossa rede, mais fracos nossos relacionamentos tendem a ser.[251] Se tentarmos investir em todos, podemos acabar investindo em ninguém.

Para abraçar a mutualidade, portanto, primeiro precisamos descobrir quem são nossos amigos. Mutualidade não é algo que podemos ter com alguém que acabamos de conhecer; é um processo gradual e, em última análise, um subproduto de uma amizade forte e estável. Se a mutualidade não for mútua, então nos esforçaremos por amigos que usam limites individualistas conosco.

Mas saber quem são seus amigos é mais difícil do que você pensa, já que pesquisas mostram que metade de nossos amigos não nos considera como tais.[252] Os autores do estudo explicam que a maioria de nós pode negar que uma amizade não seja recíproca para não nos sentirmos muito mal. Essa discrepância também pode ser um subproduto do "efeito de falso consenso", nossa tendência de presumir que os outros veem as coisas exatamente como nós.

Shasta Nelson, especialista em amizades, descreve outro tipo de enigma em que um amigo se sente mais próximo que o outro. Se você e um amigo classificam seus amigos de 1 a 10, sendo 10 para os melhores e 1 para os conhecidos, é possível que você o classifique com 5 e ele classifique você com 10. Você quer almoçar uma vez por mês, mas ele quer sair todos os dias, falar com você sobre os problemas, pedir-lhe que leve uma canja de galinha para você e esperar o mesmo. Se isso ocorrer, podemos conversar com nosso amigo sobre o que ele está disposto a oferecer ou podemos avaliar o relacionamento por conta própria perguntando: *Eu sou sempre o único que vai atrás, pedindo apoio? O único vulnerável?* Como Melody revelou, se a amizade for unilateral, devemos trazer o assunto à tona, ajustar as expectativas ou, então, buscar a mutualidade em outro lugar.

Saber de nossa situação com as pessoas e ajustar as expectativas de acordo com isso nos ajuda a não nos machucar. Se estamos ansiosos, podemos ficar tentados a forçar mais e pedir mais quando sentimos que um amigo não está tão interessado, mas, como aprenderemos no capítulo sobre afeto, o amor não é forçado; ele é dado livremente. Assim como as pessoas devem consentir sexualmente, novos amigos devem consentir emocionalmente com o nível de intimidade que queremos. Então, se alguém não está disposto a consentir, aceite e encontre outro amigo que o faça.

Quando as pessoas são generosas conosco, não porque nos amam, mas porque as pressionamos a fazê-lo, é mais provável que se ressintam em vez de gostar dessas doações. A motivação por trás da generosidade prevê se gostaremos dela. Um estudo envolveu pessoas relatando atos de doação e por que doaram por duas semanas. Nos dias em que doavam porque gostavam e isso as satisfazia, sentiam-se melhor e mais energizadas, experimentando aumentos na autoestima.[253] Nos dias em que doavam porque se sentiam obrigadas, temendo serem más pessoas se não o fizessem, elas pioravam nesses resultados em relação às pessoas que não doavam nada. Quando Margaret me impeliu a oferecer um nível de generosidade para o qual eu não estava preparada, isso me afastou ainda mais, porque senti que minha generosidade era resultado não de amor, mas de pressão.

Também nos sentimos mais obrigados do que energizados por nossa generosidade quando nos pedem para sermos generosos com pessoas de quem não somos próximos. Em um estudo, as pessoas se lembraram de uma vez em que gastaram 20 dólares com alguém de vínculo forte (por exemplo, um bom amigo, um parente ou um parceiro romântico) ou fraco (por exemplo, um conhecido, um colega de trabalho ou um colega de classe). Elas sentiram-se melhor depois de recordar um exemplo de generosidade com alguém com forte vínculo.[254] Outro estudo descobriu que o humor das pessoas melhorou depois de ajudar alguém com quem desejavam ter um relacionamento, mas não quando ajudaram alguém com quem não desejavam tê-lo.[255] Doar a alguém próximo também tem um impacto maior. Um estudo concluiu que as pessoas ficavam mais felizes em receber dinheiro de alguém próximo em vez de receber de alguém que não o era.[256] De modo geral, quanto mais nos aproximamos de alguém, como diz a dra. Clark, mais nós "automaticamente nos solidarizamos com [ele] e vemos seu ambiente através de seus olhos", então, doar a ele é como doar a nós mesmos.[257] Quando doamos às pessoas que amamos, a generosidade não é apenas uma ameaça ao autocuidado, mas uma forma disso, permitindo-nos doar mais no grande esquema das coisas.

No geral, esses estudos sugerem que devemos nos envolver na mutualidade com amigos com os quais estamos realmente comprometidos, e não com todos. Seja generoso, mas, quando a generosidade for desgastante, deixe-a ser proporcional à profundidade da amizade e dê a si mesmo uma licença de culpa por dizer não quando a amizade não é tão importante. Entretanto, quando se trata de nossas expectativas, devemos criá-las gradualmente em vez de esperar uma manifestação de generosidade desde o início. Quando a amizade está mais bem estabelecida, é mais provável que nossos amigos doem a nós porque nos amam e porque querem. Mas, quando colocamos muita pressão em uma amizade que está nascendo, podemos afastar as pessoas porque sua doação vem do medo de nos decepcionar, e não do amor. A mutualidade requer que ambas as partes estejam dispostas.

Casey aprendeu da maneira mais difícil a importância de afunilar a generosidade dependendo da profundidade da amizade. Uma empática natural e ouvinte absorta, Casey era a confidente preferida de muitos, a ponto de seu telefone tornar-se uma linha direta de terapia 24 horas por dia, 7 dias por semana. Certa vez, durante o ensino médio, ela estava mandando mensagens de texto para uma pessoa chateada até altas horas da noite, mesmo que seus pais proibissem telefones na cama. Quando ela mandou uma mensagem de que deveria dormir, a mensagem de resposta dizia: "Não. Eu preciso de você agora. Esteja aqui para mim". Sua mãe viu o brilho de seu celular pela fresta da porta. Quando ela entrou para ver, Casey jogou o telefone debaixo da cama para que sua mãe não o notasse. "Quando você tem que mentir para os outros sobre o quanto está ajudando, talvez não devesse", disse ela.

A generosidade de Casey atingiu seu limite quando, em uma noite, ela recebeu uma ligação de um desconhecido, que disse: "Matt está no hospital. Ele quebrou o fêmur. Qual é o seu problema? Já deveria estar lá". Enquanto Casey dirigia para o hospital, ela se sentiu profundamente ambivalente. Todo mundo deveria ter alguém para estar lá para eles, isso ela sabia, mas essa pessoa deveria ser ela? Talvez ela tenha tido apenas três conversas com Matt em sua vida. Então, quando chegou ao hospital, recebeu outra ligação. Era outra pessoa em crise.

Casey é uma pessoa naturalmente generosa que sente alegria em ajudar. Seu problema não era aparecer em tempos de crise, mas não ter discernimento. Ela se doava tanto a seus amigos quanto a um conhecido passando por estresse. Como a árvore generosa, ela doava repetidamente, a um custo pessoal grave, para pessoas que lhe tiravam, mas nunca lhe davam nada. Ela não estava dormindo ou comendo o suficiente. Toda vez que seu telefone tocava, ela se assustava. Quando esperava uma hora para responder, seu telefone tocava com mensagens irritadas: "Por que você não está respondendo? Eu preciso de ajuda!". Seus supostos amigos ficavam ofendidos se ela fizesse novas amizades. Ela não estava apenas negligenciando suas necessidades, mas estava deixando entrar em sua vida pessoas que as negligenciavam.

"Era dependência em vez de amizade", disse Casey. A dependência nos relacionamentos é como unilateralidade, com a pessoa dependente iniciando sempre a comunicação, sobretudo para falar sobre sua crise e raramente apenas para ver como a outra está. A pessoa dependente não respeita limites, sente-se no direito de cuidados constantes, sem considerar atender às necessidades da outra parte. Elas também fazem de sua cura a responsabilidade do outro e não assumem a responsabilidade por ela mesma. Minha amiga Zoe admitiu ter sido dependente no passado: "Eu usava meus amigos para evitar meus sentimentos. Em vez de me perguntar o que estava sentindo e lidar com isso, eu jogava meu sentimento para um amigo com uma mensagem urgente".

As amizades de Casey eram como arrancar o capítulo de um livro em que o clímax trágico acontece. As histórias não tinham um começo: à medida que o relacionamento se desenvolve ao longo do tempo, com uma ida ao cinema ou cachorros-quentes no píer, o discernimento acontece, conforme o investimento mútuo cresce. Elas não tinham os momentos mundanos ("Eu só queria uma amizade em que pudéssemos jogar jogos de tabuleiro") que significam que estamos com amigos em momentos de tragédia, mas também em momentos de mediocridade. Ela teve de aprender a evitar ser tão generosa com pessoas que a queriam durante a crise, mas a esqueciam nos momentos de paz.

GENEROSIDADE INTENCIONAL

A generosidade revela nossas preocupações existenciais mais profundas: como é fazer os outros e a mim mesmo felizes? Como são os limites como ato de amor? O que significa ser meu eu autêntico enquanto acomodo os outros? Quando sentimos que devemos sempre doar porque é a coisa certa a fazer, acabamos nos esgotando. Quando nos tornamos muito frugais com nossa generosidade, não vivenciamos suas alegrias nem construímos laços. Precisamos parar de ver a generosidade como binária (*devo sempre doar ou não tenho nada para doar*). Devemos abordar a generosidade com intencionalidade e mutualidade. A generosidade deve ocorrer na espinha dorsal da autoconsciência do que e quem é importante para nós, bem como da consciência em relação aos outros, do que é importante para nossos amigos. É um convite para discernir a nós mesmos, nossos limites e nossos amigos.

Casey acabou descobrindo isso, embora admita que ainda é um trabalho em andamento. Ela teve sua primeira experiência com mutualidade com sua amiga Tamara: "Nem sempre estávamos em crise. Saíamos para tomar sorvete, assistíamos à televisão e conversávamos ao telefone". Casey e Tamara eram colegas de quarto, e, quando Casey demorava um pouco mais para lavar a louça durante sua semana de provas, Tamara entendia. Ela fazia pedidos em vez de exigências, dando espaço para Casey dizer: "Agora não", se estivesse sem tempo.

Então, um dia, o carro de Tamara quebrou na beira da estrada. Seu noivo chamou Casey para ajudar porque ele estava muito longe para buscá-la. Casey dirigiu mais de uma hora para buscar Tamara e sentiu-se feliz a cada quilômetro. "Se alguém com quem você não tem esse relacionamento fica pedindo muito", disse ela, "você tem que buscar essa energia profundamente dentro de você, pegá-la de outro lugar. Quando é alguém que você ama, alguém próximo, você se sente energizada. Fica tipo 'Ah, meu Deus, você está passando por isso, eu estarei aí e quero estar aí'".

LIÇÕES

▸ Para fazer e manter amigos, seja generoso. Aqui estão algumas sugestões:

  » Asse um bolo para eles.
  » Mande cartões de amizade.
  » Ensine a eles uma habilidade.
  » Ofereça-se para conectar amigos com alguém que possa ser útil a eles.
  » Ofereça-se para ajudá-los a atingir um objetivo (por exemplo, caminhar juntos, se estão tentando fazer mais exercícios).
  » Passe mais tempo com eles.
  » Compre presentes para os amigos quando vir algo de que possam gostar.
  » Cozinhe para eles.
  » Ofereça-se para fazer tarefas (passear com o cachorro, ir ao mercado).
  » Transfira dinheiro aos amigos para um café ou uma refeição como um mimo.
  » Leve-os ao aeroporto.
  » Deixe-os pegar emprestado roupas ou livros.
  » Ofereça-se para ser babá dos filhos de seus amigos.
  » Compartilhe informações úteis com eles.
  » Traga presentes de uma viagem.

- Entenda os motivos de sua generosidade. Doe porque você ama alguém e quer mostrar isso, não porque alguém não o ama e você quer mudar a situação.
- Busque benefícios mútuos na generosidade. Se um amigo exige demais de você, encontre maneiras de beneficiar-se da situação também. Peça o que você precisa para tornar sua generosidade sustentável. Isso evitará a exaustão para que você possa doar mais em longo prazo.
- Adote a mutualidade com os amigos próximos, considerando as necessidades de ambas as partes e priorizando a pessoa que precisa mais. Para fazer isso:
  » Diga aos amigos quando suas necessidades tiverem urgência.
  » Limite o número de amigos com quem você pratica a mutualidade. Pratique-a apenas em amizades onde haja reciprocidade:
    · Pode haver baixa reciprocidade se você responder sim a perguntas como: eu sou sempre o único que vai atrás, pedindo apoio? O único sendo vulnerável?
  » Como a doação é custosa, a quantidade que você doa e espera receber deve ser proporcional à profundidade da amizade.
- Pode haver dependência em vez de amizade se: uma pessoa inicia sempre a comunicação para falar sobre uma crise e raramente vê como a outra está, não respeita os limites, sente-se no direito de ter um cuidado constante sem consideração pela outra parte e joga a responsabilidade por sua cura apenas nos outros.

CAPÍTULO 8

Dando afeto

COMO DAR E RECEBER AMOR

Rachel e Gabby são amigas há mais de duas décadas e ainda ficam chapadas com a companhia uma da outra. Seus *hobbies* em comum são dança, cerâmica, jogos de tabuleiro e falar bem uma da outra. Em sua amizade, não há mentirinhas. Quando Gabby pergunta: "Esse vestido fica bom?", Rachel responde: "Está um pouco frouxo no meio. Que tal trocar?". Elas desfrutam uma amizade suficientemente segura para tolerar a honestidade total. Quando foram para um acampamento de férias juntas, as pessoas confundiram seus nomes, mesmo que elas não se parecessem em nada. Um dia no acampamento, Gabby apresentou-se falando rápido porque estava nervosa. Ninguém entendeu o que ela disse, até que Rachel traduziu, revelando: "Eu falo a língua de Gabby".

Quando as duas moravam em cidades separadas, Gabby surpreendeu Rachel com uma visita em seu aniversário. Rachel ficou tão animada que desmaiou. Elas são melhores amigas, confidentes e contatos ocasionais de emergência. Gabby e Rachel têm o máximo de proximidade que dois seres humanos podem ter. A única maneira de aumentarem seu vínculo é se elas pedissem uma à outra em casamento em uma cerimônia formal diante de seus entes queridos, e foi exatamente o que elas fizeram.

Tudo começou quando Gabby disse a Rachel: "Tenho uma ideia! Por que não traçamos a mão uma da outra?". As duas estavam jogadas em um sofá surrado doado por uma cafeteria local enquanto *Lost* passava na televisão. Rachel ergueu as sobrancelhas e respondeu: "Por que faríamos isso?".

"Porque pode ser divertido", respondeu Gabby.

O aniversário de Rachel estava chegando e, conforme o lápis de Gabby cutucava seu dedo anelar, ela adivinhou o motivo. "Você está tentando descobrir o meu tamanho de anel! Se você vai me dar um anel de aniversário, é bom que você faça um pedido de casamento", brincou.

Na semana seguinte, no aniversário de Rachel, dez dos amigos mais próximos de Rachel e Gabby espremeram-se na sala de estar de seu apartamento. Enquanto as pessoas bebiam vinho e acabavam com as batatas fritas e o molho, Gabby anunciou que gostaria da atenção de todos. Ela ajoelhou-se e fez o pedido. O anel estava inscrito com suas iniciais e, em seu centro, estava cada uma de suas pedras de nascimento, ametista e peridoto.

Gabby conseguiu uma amiga para oficiar. "Rachel Jane Stein, você será a melhor amiga de Gabby, para sempre, para ter e manter, até que a morte as separe?" "Sim! Sim!", disse Rachel. Gabby estendeu a mão debaixo da mesa de centro para tirar uma certidão, colocada em uma moldura que ela havia comprado no brechó. Dizia: "Certidão de amizade". Gabby e Rachel a assinaram. "É oficial", disse Rachel enquanto amigos tiravam fotos do par e ela acenava com seu novo anel. Rachel refletiu sobre a experiência dizendo: "Foi muito Gabby. Eu rio de como foi extraordinário. Ela é tão ridícula. Eu a amo".

No aniversário de Gabby, as duas foram ao 7-Eleven comprar Slurpees. Depois de fazer o pedido, elas voltaram para o carro, afastando o calor com a bebida. Quando Gabby estava na metade de sua bebida sabor cereja selvagem, Rachel tirou uma caixa do bolso. Gabby abriu e encontrou um colar. "Eu gostaria de usar este colar para renovar nossos votos", disse Rachel, puxando dez guias de papel, cada uma com compromissos que fariam uma à outra. Rachel, que tem um trabalho extra como cabeleireira, deu um para Gabby assinar: "Eu nunca vou cortar meu próprio cabelo". Rachel assinou uma guia que dizia: "Eu sempre vou cortar o cabelo de Gabby".

Um ano depois, Gabby estava fazendo intercâmbio na Escócia. Rachel estava viajando para a Europa para visitar a família na Romênia, e as duas planejavam se encontrar em Londres. Elas foram para um bar com a irmã de Rachel, Lily, e um homem do albergue em que estavam hospedadas, Roy. Depois que a garçonete anotou o pedido, Rachel ajoelhou-se e perguntou a Gabby: "Quer ser minha amiga para sempre?". Roy saiu para fumar porque não conseguia lidar com todo o carinho delas. Quando a garçonete voltou, ela perguntou a Rachel: "Isso realmente aconteceu? Você fez um pedido de casamento?". Lily disse: "Não, não, não, é falso". Depois que a garçonete saiu, Gabby repreendeu: "Por que você fez isso,

Lily? Teríamos conseguido champanhe grátis! Se eles perguntarem se é seu aniversário ou se é um pedido de casamento real, você sempre diz que sim! Porque então você ganha champanhe! Lição de vida".

Mesmo que os pedidos fossem uma piada, também meio que não eram. Rachel e Gabby estão, de fato, comprometidas em ser amigas uma da outra para sempre. Quando Gabby fez o pedido pela primeira vez em seu aniversário, Rachel insistiu que escrevessem com o que realmente se comprometeriam na amizade. Quando Gabby olha para o passado, percebe que ela e Rachel se amam e estão dispostas a cumprir esses votos. Agora que elas têm certidões de amizade e anéis, não há muito mais o que possam fazer para aumentar seu vínculo.

Quem vê uma amizade como a de Rachel e Gabby se pergunta como elas ficaram tão próximas; elas parecem ter decifrado o código da proximidade. Enquanto isso, muitos de nós estão presos no estágio de quitação da amizade, privados não apenas de amigos, mas da verdadeira intimidade. Podemos ter alguém com quem ir ao cinema, mas ninguém para ligar do hospital. Recebemos cem parabéns no Facebook, mas ninguém aparece na nossa festa. Não estamos famintos apenas por pessoas, mas por uma *conexão significativa*. Então, como podemos encontrá-la? Como Rachel e Gabby demonstraram, o afeto pode nos ajudar a chegar lá.

POR QUE ESCONDEMOS O AFETO DOS AMIGOS

O afeto é uma expressão que faz a outra pessoa sentir-se valorizada e amada, como cumprimentos calorosos, elogios, encorajamento ou apreço. Rachel e Gabby compartilham um nível de afeto normalmente reservado às almas gêmeas. Quando a mãe de Rachel ouviu sobre os pedidos, disse: "É meio estranho, mas também está tudo bem". Elas não apenas compartilham anéis e cerimônias de amizade, mas também se aconchegam. Para Rachel e Gabby, isso é normal, mas, para a maioria de nós, na amizade, não é. Por quê?

Não é que não sintamos profundo amor pelos amigos; é só que nem sempre nos sentimos à vontade para expressá-lo. Quando fiz uma palestra sobre como fazer amigos no trabalho, pedi ao público que escrevesse algo positivo que sente por um amigo e que ainda não contou a ele. As respostas surgiram: "Quero dizer à minha amiga o quanto ela me inspirou todos esses anos de amizade", "Quero dizer aos meus amigos que eles me tornaram uma pessoa melhor", "Espero que minha amiga perceba que alma linda ela tem" e "Eu ouço você sorrir pelo telefone. Isso me faz ganhar o dia". Tive uma sensação agridoce pelo meu público: doce por causa do amor deles, mas azeda porque ainda não havia sido dito.

Por que não falamos sobre nosso amor pelos amigos? Nós simplesmente não temos a mesma permissão para expressá-lo como temos para com nossos cônjuges. Cartões, cartas de amor e toque físico: nos Estados Unidos, muitos sinais de afeto estão restritos a nossos cônjuges, embora não precisem ser. Para nossos parceiros, temos aniversários de relacionamento, Dia dos Namorados e votos de casamento para transmitir nosso amor. Para os amigos, bem, há o Dia Internacional da Amizade, mas ninguém ouviu falar (30 de julho). Sua notoriedade pode rivalizar com o Dia de Medir seus Pés (23 de janeiro) ou o Dia Nacional do Alho (19 de abril). É só a partir de 2010 que passamos a ter o Galentine's Day (algo como Dia de Amor pelas Amigas), que foi popularizado em um episódio de *Parks and Recreation* quando a personagem principal, Leslie Knope, criou o dia para expressar seu amor por suas amigas. O Palentine's Day [Dia de Amor pelo Companheiro], sem especificação de gênero, surgiu desde então.

Existem qualidades inerentes à amizade que nos impedem de expressar afeto aos amigos. Por natureza, a amizade é menos formal, mais selvagem e mais versátil do que relacionamentos românticos, não tendo um roteiro específico, o que significa que simplesmente não sabemos se nossos amigos estão tão envolvidos quanto nós. Conforme mencionado no capítulo sobre generosidade, aproximadamente metade das pessoas que chamamos de amigos não nos chamam de amigos.[258] Quando nos casamos com alguém, sabemos que essa pessoa está firmando um compromisso; a cerimônia, os votos e o anel provam isso. Com a família, supõe-se dedicação mútua porque "o sangue é mais espesso que a água". Mas, com amigos, é mais arriscado demonstrar afeto porque não temos certeza se eles sentem o mesmo.

Além disso, a tecnologia tornou ainda mais confuso descobrir seus amigos. O termo "amigo" foi tão eviscerado que, mesmo que quiséssemos mostrar amor a eles, teríamos dificuldade em discernir quem são. Os amigos do Facebook contam? Pessoas que compartilham nosso *tweet*?

COMO FAZER E MANTER AMIGOS PARA SEMPRE

Aquele amigo com quem você não fala há cinco anos, mas vocês curtem os *posts* um do outro a cada dois anos bissextos?

A tecnologia e as mídias sociais criaram uma cultura de laços soltos: temos mais supostos amigos e, no entanto, cada vez mais nos sentimos próximos a menos deles. Em vez de esclarecer quem são esses poucos e investir e celebrá-los, deixamos que um algoritmo faça isso por nós, e torcemos não necessariamente por nossos verdadeiros amigos, mas por quem quer que seja que apareça em nosso *feed*. Sem as mídias sociais, podemos ser forçados a nos perguntar: *Quem eu quero manter em minha vida de maneira intencional?* Em vez disso, damos nosso afeto a quem está ativo em nossa plataforma mais amada. É difícil expressar afeto por nossos amigos quando nem temos certeza de quem eles são.

Outra razão pela qual mostrar amor por amigos não é popular (em relação a fazer isso por parceiros românticos) é por causa da confusão de qualquer tipo de amor com amor sexual. Ficamos petrificados ao expressar amor por nossos amigos porque, se o fizermos, corremos o risco de ser acusados de nos sentirmos atraídos por eles. Mas essa desordem revela nossa confusão coletiva quanto às diferentes formas de amor. Segundo Angela Chen, em seu livro *Ace: What Assexuality Reveals About Desire, Society, and the Meaning of Sex* [*Ace*: o que a assexualidade revela sobre desejo, sociedade e o significado do sexo], sentimos amor platônico (apreço e afeição por alguém), romântico (paixão inebriante e idealização de alguém) ou sexual (desejo de fazer sexo com alguém) separadamente.

Podemos nos sentir apaixonados por alguém (amor romântico) sem querer fazer sexo com ele (amor sexual). Isso significa que podemos sentir romance dentro dos limites da amizade. Existe até um termo para isso: "amizade romântica". Ao longo da História, o romance tem feito parte da amizade, talvez mais até do que fazia parte do casamento. A primeira definição de amor fazia alusão aos amigos: "Estar satisfeito com, considerar com carinho.[259] Amamos um homem que nos fez um favor."

Antes do século XVIII, na Europa e nos Estados Unidos, as pessoas, embora predominantemente brancas, não amavam necessariamente seus cônjuges. O parceiro conjugal era escolhido para elas pela família por razões práticas. Os familiares escolhiam alguém de uma família com quem gostariam de se aliar ou que lhes pudesse fornecer recursos. Como a historiadora Stephanie Coontz disse: "Durante a maior parte da História,

243

era inconcebível que as pessoas escolhessem seus companheiros com base em algo tão frágil e irracional quanto o amor".[260]

No livro de Coontz, *Marriage, a History: How Love Conquered Marriage* [Casamento, uma história: como o amor conquistou o casamento], ela descreve como, mesmo quando o casamento por amor tornou-se popular na Era Vitoriana, as pessoas ainda buscavam a amizade para ter afeto. O pensamento popular na época era que homens e mulheres eram opostos e precisavam unir-se para completar um ao outro. Um homem era racional e analítico; uma mulher era moral e pura. Mas os gêneros eram tão diferentes que eles tinham problemas para se conectar, e homens e mulheres conectavam-se melhor com seus amigos do mesmo gênero.[261] Nas palavras de Coontz, "muitas pessoas se sentiam mais próximas de seu próprio sexo do que o que era visto como literalmente 'oposto' (e estranho)". Em 1863, Lucy Gilmer Breckinridge, uma mulher cujo diário foi publicado posteriormente, escreveu que temia "nunca aprender a amar homem algum... as mulheres são tão amáveis, tão angelicais. Oh, o que eu não daria por uma esposa!".

Em uma época em que o amor não era monopolizado pelos cônjuges, resquícios de romance eram aparentes entre amigos famosos do passado. Alexander Pope, o poeta inglês, escreveu a Jonathan Swift, o satirista: "É uma verdade honesta, não há ninguém vivo ou morto em quem eu pense mais ou melhor do que você". Herman Melville, autor de *Moby Dick*, escreveu a Nathaniel Hawthorne, autor de *A Letra Escarlate*: "Devo deixar o mundo, sinto, com mais satisfação por ter conhecido você. Saber que você me convence mais do que a Bíblia de nossa imortalidade". E Frederick Douglass proclamou que deixar amigos era a parte mais difícil de escapar do *plantation*: "O pensamento de deixar meus amigos foi decididamente o mais doloroso com o qual tive de lidar. O amor deles foi meu ponto fraco e abalou minha decisão mais do que todas as outras coisas".

O amor romântico na amizade não é radical, mas tradicional, se você olhar para trás o suficiente em nossa História. Mesmo agora, é normal que amigos íntimos sintam a paixão intoxicante e a idealização inebriante que normalmente consideramos apropriadas apenas para cônjuges. Quase todos os melhores amigos que entrevistei e sobre os quais li pareciam compartilhar algum grau de amor romântico, como eu o defini. Eles são entusiasmados e possessivos um com o outro, idealizam um ao outro ou querem passar todo o tempo juntos.

Quando fingimos que o amor romântico é anormal na amizade, deixamos as pessoas envergonhadas e confusas pelo profundo amor que sentem pelos amigos. Então, em vez de expressá-lo, elas o enterram. Na década de 1970, uma mulher escreveu no jornal feminista *Ain't I a Woman?* [Eu não sou uma mulher?] que compartilhava amor próximo e afetuoso com suas amigas até ler que esses sentimentos justificavam aconselhamento psiquiátrico. Ela sentia-se "irremediavelmente suja e doente. Fiquei desconfiada de quaisquer emoções e motivos incontroláveis que meu estranho novo eu pudesse ter". Por causa de como combinamos amor sexual e romântico, Gabby também admite estar confusa sobre seus sentimentos em relação a Rachel: "Uma vez eu me perguntei: 'Estou atraída por ela?'. E, então, eu disse: 'Não, não estou'. Como isso é possível? É difícil conciliar isso. Nós ficamos abraçadas, mas não estou fisicamente atraída por ela. Eu simplesmente a amo demais". A atração *romântica* pode surgir sem atração *sexual*. E só porque sentimos uma não significa que sentimos a outra.

O que aconteceu? Por que estamos tão menos confortáveis agora para compartilhar esse amor profundo com nossos amigos? Nosso desconforto com o afeto nas amizades coincide com o aumento da homofobia, como se expressa hoje. Antes de 1900, os comportamentos sexuais de uma pessoa não compreendiam um aspecto de sua identidade, como fazem hoje. Antes de 1868, não havia homo ou heterossexuais, de acordo com Hanne Blank, autora de *Straight: The Surprisingly Short History of Heterosexuality* [Hétero: a surpreendentemente curta história da heterossexualidade]. Como a orientação sexual não era uma identidade, as pessoas eram severamente estigmatizadas por fazer sexo com alguém de seu gênero, mas não por serem ou mesmo parecerem gays. Elas eram livres para entalhar suas iniciais em árvores, abraçar e dormir ao lado de amigos sem estigma, porque nada disso era sexual. Amigos também escreviam cartas de amor apaixonadas um para o outro, como quando uma mulher do século XIX escreveu a um amigo: "A expectativa de ver seu rosto novamente me faz sentir calor e febre."[262] Não foi até que psiquiatras proeminentes, como Sigmund Freud e Richard von Krafft-Ebing, caracterizaram o amor entre pessoas do mesmo sexo como um transtorno sexual,[*] criando o conceito de identidade sexual no processo, que a homofobia – como a conhecemos – surgiu e o afeto na amizade diminuiu.[263]

A ascensão da homofobia, ou, mais especificamente, da homo-histeria, devastou as amizades dos homens heterossexuais em particular. A homo-histeria descreve os medos dos homens heterossexuais de serem percebidos como gays, e os pesquisadores argumentam que esses medos impedem a intimidade emocional entre eles.[264] Homens que são especialmente homofóbicos, segundo um estudo, são menos propensos a serem vulneráveis com seus amigos heterossexuais, o que os leva a ter amizades menos próximas e satisfatórias.[265] Antes do século XIX, a sociedade não era homo-histérica, portanto, enquanto o sexo entre homens era proibido, eles eram vulneráveis uns com os outros; assim como as mulheres da época, eles escreviam cartas de amor uns aos outros e abraçavam-se. Agora, alguns homens sentem-se compelidos a esclarecer que "não são homo" ao abraçar ou mostrar afeto por seus amigos, sinalizando que mesmo as migalhas de seu afeto não são homoeróticas.

Não é que não amemos nossos amigos como amamos nossos cônjuges. De fato, um estudo descobriu que as mulheres experimentam mais intimidade com sua melhor amiga do mesmo sexo que com seu amante, e ambos os gêneros relatam ter mais em comum com os melhores amigos que com os amantes.[266] Mas, quando se trata de amigos, sentimos mais pressão para esconder esse amor. Expressá-lo exige transcender a homo-histeria, desafiando a homofobia e reconhecendo que a atração sexual não é transmitida por toda a gama de comportamentos afetivos. Transcendê-la também parece dar a nós mesmos permissão para expressar aos nossos amigos o quanto os amamos profundamente.

---

[*] No final do século XIX, a industrialização fez pessoas irem em massa para as cidades. Com menos fofoca nas cidades pequenas e mais anonimidade, elas começaram a se envolver em todos os tipos de atos sexuais que se sentiam proibidas de fazer quando moravam nas cidades pequenas, incluindo sexo com pessoas do mesmo gênero. As pessoas adotaram a pseudociência de Krafft-Ebing e Freud em torno da sexualidade porque procuravam uma forma de justificar a contenção do aumento do sexo entre pessoas do mesmo gênero que surgiu nessas cidades. Leia *Straight: The Surprisingly Short History of Heterosexuality* para saber mais.

O AFETO BENEFICIA A AMIZADE

Quando não expressamos afeto, corremos o risco de perder a própria amizade. Acontece que o afeto é uma força poderosa para nutrir a conexão e a intimidade. Em um estudo intitulado "The Development and Maintenance of Friendship" [O desenvolvimento e a manutenção da amizade], Robert Hays, professor da Universidade de Utah, acompanhou o comportamento de amizades em desenvolvimento. Ele seguiu duplas de amigos em potencial por doze semanas e as acompanhou meses depois, para ver se conseguia prever quais pares terminariam como amigos. O que havia de diferente entre os pares bem-sucedidos e os fracassados? Os pares bem-sucedidos expressaram grandes quantidades de afeto um pelo outro.[267]

Hays descobriu que muitas das coisas que nos aproximam de nossos amigos funcionam particularmente bem em certos estágios da amizade, talvez logo no início ou somente depois que nos conhecemos. O afeto, no entanto, criou proximidade em todas as etapas. Para as pessoas que já são amigas, o companheirismo, fazer coisas como assistir à TV juntos, aproximou-as, enquanto o poder desse ato nos estágios iniciais da amizade era mais fraco. O afeto, porém, aproximou ainda mais as pessoas, não importando o estágio de proximidade em que estivessem. Ele fortalece as amizades quando elas são apenas um embrião, mas também quando são como adultos maduros com um emprego, seguro de vida, fios grisalhos e um modesto plano de previdência. Dizer às pessoas que você tem apreço por elas, que as valoriza e vê tanta coisa boa nelas constrói amizades, não importa quão próximos vocês sejam. Quanto mais você demonstrar afeto, maior a probabilidade de não apenas fazer amigos, mas também aprofundar as amizades que já tem.

Em outro estudo, um pesquisador deu a estudantes universitários dois pacotes de questionários e pediu a eles que entregassem um pacote a alguém conhecido que expressasse muito afeto pelos outros e o segundo a uma pessoa que expressasse pouco afeto. As pessoas muito afetuosas tinham perfis notavelmente diferentes das não afetuosas. Elas não apenas eram menos deprimidas, mais felizes e mais seguras de si, mas também recebiam mais afeto dos outros, tinham vida social mais completa e eram menos isoladas.[268]

247

Expressar afeto não beneficia apenas nossas amizades, mas a nós mesmos também. Como somos criaturas sociais, para nos estimular a nos conectar, nosso corpo tem uma regra: tudo o que fazemos para nos conectarmos com os outros também nos torna saudáveis. Estudos vêm mostrando que os afetuosos são menos deprimidos, têm maior autoestima e têm colesterol, cortisol e pressão arterial mais baixos.[269] Esses estudos revelam que, embora pensemos que mostrar afeto beneficie os outros, também gera energia positiva em nós. Quando julgamos, a energia negativa corrói-nos, mas, quando amamos, os sentimentos calorosos enriquecem-nos. A maneira como vemos os outros determina o que experimentamos dentro de nós mesmos. Conhecendo essa pesquisa, comecei a "rolagem de tela do amor" dos meus amigos, o oposto da rolagem de tela da ruína. Percorro meu *feed* de notícias e digo aos amigos como eles estão indo bem e como estou orgulhosa e feliz por eles, e percebo o carinho que sinto. Acontece que levar meu carinho para as redes sociais é uma boa estratégia para fazer e manter amigos. Um estudo descobriu que postar nos murais de amigos, apoiá-los após más notícias e parabenizá-los via Facebook estão ligados a amizades mais satisfatórias e mais próximas.[270]

Por que exatamente o afeto fortalece a amizade? Encontramos algumas pistas nas teorias de reciprocidade de gostar e atração inferida. O cerne dessas teorias é que as pessoas gostam de quem gosta delas. Em um estudo histórico de 1958, estranhos foram reunidos em um grupo para discutir como melhorar o ensino em sala de aula. Antes de chegar, eles fizeram testes de personalidade e, no início do grupo, receberam informações falsas indicando que três membros do grupo deveriam gostar mais deles, com base nos resultados dos testes. No final da discussão, os pesquisadores disseram aos membros do grupo que eles poderiam, mais tarde, ser organizados em equipes e deveriam relatar com quem queriam formar duplas. Em geral, as pessoas optaram por juntar-se a outras que acreditavam que gostavam delas.[271] Esses mesmos resultados surgiram em estudos em que estranhos interagem e depois relatam o quanto gostam uns dos outros ou onde as pessoas avaliam o quanto gostam de quem já está em suas vidas. Gostamos das pessoas que pensam como nós.[272]

Essa pesquisa contesta um equívoco sobre fazer amigos. Achamos que fazer amigos é ser charmoso como James Bond, inteligente como Bill Gates ou engraçado como Chris Rock. Achamos que se trata de impressionar as pessoas com nossas personalidades irresistíveis, mas não é. Em um estudo, as pessoas relataram que ser divertido ou persuasivo eram as qualidades menos importantes em um amigo, enquanto a mais importante era que um amigo as fazia se sentir bem consigo mesmas.[273] As pessoas que se destacam em fazer amigos têm uma coisa em comum: menos quem são e mais como tratam as pessoas. Eles fazem as pessoas se sentirem importantes. Oprah Winfrey, uma das celebridades mais simpáticas do mundo, faz isso quando exclama: "Esse é um momento de *ahá*!" ou "*Tweetável*!" sempre que seus convidados dizem algo profundo. E nada diz "Você importa" como comprar um carro novo para alguém! Como ela diz: "Todos nós queremos ser ouvidos, saber que somos importantes e que o que tínhamos a dizer significava alguma coisa".

EXPRESSAR AFETO É MENOS ESTRANHO DO QUE VOCÊ PENSA

Apesar do impacto pungente do afeto na amizade, uma razão pela qual o evitamos é acharmos que parecerá estranho. Percebi isso quando dei uma aula chamada "Helping Skills" [Habilidades de ajuda], na qual estudantes universitários aprendiam ferramentas básicas para tornarem-se terapeutas. Embora os alunos geralmente adorassem a aula, havia uma semana que sempre deixava todos desconfortáveis. Nela, praticávamos uma habilidade de terapia chamada imediatismo: expressar diretamente como pensamos ou sentimos em um relacionamento.

"Hoje vocês vão expressar as coisas que gostam um no outro", eu dizia à classe como introdução à atividade daquele dia. Sempre havia um silêncio extenso, e eu era recebida com olhos arregalados, traseiros mexendo-se nos assentos e borrachas sendo manipuladas agressivamente. Os alunos ofereciam uma lista de medos: "E se eu apavorar alguém?", "E se eu parecer grudento e desesperado?". Eu os ouvia desabafar e depois esperava seu silêncio, até que uma alma corajosa se apresentasse para participar da atividade.

"Tudo o que você diz é tão sábio. É como se você estivesse quieto, mas, quando fala, solta tantas verdades." "Há algo em você que é tão legal e tão confiante, e eu admiro isso." "Todos os dias eu venho aqui, e você me diz oi e me faz sentir muito bem-vinda." Todos os alunos participavam de uma onda de valorização. Em meus muitos anos dando essa aula, ninguém nunca terminou a semana apavorado, apesar dos medos iniciais.

Assim que a atividade terminava, a dinâmica da aula era alterada para sempre. Era transformador. As pessoas participavam mais, riam mais, cumprimentavam-se nos corredores. Era como se a turma estivesse usando um espartilho que finalmente abandonou. Na última aula, refletíamos sobre o curso e os alunos diziam como a "semana do imediatismo" os aproximou mais do que qualquer outra. Um aluno compartilhou: "É assim que você fortalece um relacionamento, quando toma a iniciativa de dizer a alguém o que essa pessoa significa para você".

Exploramos por que muitas vezes não expressamos afeto na amizade. Também subestimamos o quanto perdemos quando não o fazemos. Minha aula ilustra um preconceito que temos na forma como vemos o afeto, que é exatamente como os preconceitos que discutimos sobre vulnerabilidade ou iniciativa: achamos que nosso afeto vai assustar as pessoas, mas, na verdade, faz com que elas se sintam mais próximas de nós.

Em um estudo, as pessoas escreveram cartas de gratidão e depois indicaram quão felizes ou constrangidos os destinatários se sentiriam ao recebê-las. Os destinatários relataram quão felizes ou estranhos eles realmente se sentiram. Os participantes, ao que parece, superestimaram quão estranhos os destinatários se sentiriam e subestimaram quão bem eles se sentiriam ao receber a carta. Um estudo posterior, no mesmo artigo, mostrou que, quanto mais descontamos o poder do nosso afeto nos destinatários, menor a probabilidade de expressá-lo.[274] Esse preconceito é um problema real. Como afirmam os autores do estudo, "não entender como os destinatários responderão positivamente a uma expressão de gratidão pode fazer as pessoas optarem por expressá-la com menos frequência do que realmente gostariam; uma barreira potencialmente mal colocada para interações positivas".

O AFETO NOS DEIXA MAIS SEGUROS

Em uma noite de outono, quando Gabby estava no oitavo ano, ela vagava pelas ruas suburbanas de Maryland. Seus irmãos brigavam e gritavam, e, quando ela tentou intervir, foi empurrada para o lado. Eles começaram a jogar objetos, e foi quando Gabby saiu para se abrigar na casa de Rachel. Era o sabá, então ela não podia ligar ou pegar carona. Teve de caminhar os poucos quilômetros.

Ela bateu à porta de Rachel e esperou, nervosa ao pensar que ouviria para voltar para casa. Uma parte dela queria fugir, mas outra parecia que explodiria se não buscasse tranquilizar-se imediatamente. A mãe de Rachel abriu a porta.

"A... Rachel... está?", Gabby perguntou, fazendo pausas a cada palavra para buscar ar, da forma que fazemos quando estamos tentando não chorar.

"Ah, querida, o que há de errado?", a mãe de Rachel perguntou. "Você sempre pode nos ligar e iremos buscá-la. Mesmo se for no sabá. Por favor, ligue." Rachel desceu as escadas e, ao ver Gabby olhando para baixo com o rosto cheio de lágrimas, abraçou-a.

As duas foram para o quarto de Rachel. Gabby desabou na cama e Rachel a segurou enquanto ela contava o que tinha acabado de acontecer. Depois daquela noite, a família de Rachel começou a acolher Gabby, e ela passava muitas noites com eles, como se fosse sua filha adotiva. Rachel apoiou-se em Gabby também. Quando sua tia favorita teve câncer, ela compartilhou seus medos com Gabby.

Um aspecto definidor da amizade de Rachel e Gabby, o principal ingrediente que a tornou tão próxima, é a segurança. Quando uma delas necessita de algo, sabe que a outra está lá. Claramente, a segurança é cultivada por meio da vulnerabilidade e do apoio, como o que Rachel e Gabby ofereceram uma à outra quando Gabby apareceu em sua casa. Mas também é cultivada pelo afeto, o que sinaliza que *eu te amo e valorizo como você é e você está segura para ser você mesma comigo*. O afeto aumenta o valor de alguém, fazendo essa pessoa sentir-se suficiente e amável. Gabby nunca recebeu isso em casa. Ela se lembra de cuidar de sua sobrinha e tentar garantir que ela nunca se sentisse tão indigna quanto a tia. Ela dizia: "Esperamos nove meses por você e, no dia em que você nasceu, estávamos tão animados para conhecê-la, para saber das coisas de que você gosta e das coisas de que não gosta. Você sendo você é o suficiente".

Mas Gabby recebia esse afeto em algum lugar, e era de Rachel. Seus pedidos mútuos de amizade são a cereja do bolo de suas abundantes expressões de afeto uma pela outra. Elas também escrevem longos cartões uma para a outra, textos que detalham o quanto são importantes. Elas se elogiam na frente de companhias externas. "Ela é apenas uma adorável bola de energia e é muito ela mesma. É um ser humano maravilhoso e gentil", Rachel disse a outra amiga sobre Gabby. Nenhuma delas precisa caçar elogios, porque eles estão embutidos na linguagem de sua amizade. Quando Rachel disse a Gabby que seria entrevistada para este livro, Gabby disse: "Certifique-se de dizer a ela que você é uma amiga incrível e como você legitima todos o tempo todo".

O AFETO TORNA CONVERSAS DIFÍCEIS MAIS FÁCEIS

O afeto pode fortalecer as amizades não apenas quando estamos felizes com nossos amigos, mas também quando estamos chateados com eles. Quando demonstramos afeto ao levantar uma preocupação, as pessoas sentem-se desafiadas de uma forma que lhes dá dignidade e as faz sentir amadas e empoderadas, em vez de inúteis. Isso permite que elas sejam mais receptivas às nossas preocupações. Na faculdade, o namorado de Gabby, Paul, foi morar com ela e suas colegas de quarto, mas uma delas, Tina, dormia no quarto dela porque sua cama estava coberta de roupa suja. Gabby confrontou Tina com um beijo na testa, uma massagem no ombro e disse: "Eu te amo, mas você não pode continuar fugindo de suas merdas. Tem que lidar com isso. Vejo uma pilha de roupas na cama e sei que é por isso que você não está dormindo lá. Tenho que ir para aula, mas quando eu chegar em casa, vou lavar roupa com você. Vou ajudá-la. Trarei comida e faremos isso juntas. Mas tem que acontecer". Tina refletiu sobre essa lembrança, dizendo: "Gabby vai me dizer da maneira mais amorosa para arrumar minhas coisas. Outras pessoas me dizem para fazer alguma coisa, e eu fico tipo, bem, foda-se. Mas, com ela, eu realmente escuto por causa de como ela diz isso".

O afeto desencadeia algo marcante na outra pessoa. Como já mencionamos no capítulo sobre autenticidade, tentar nos proteger muitas vezes está em desacordo com a proteção de nossos relacionamentos. Quando tentamos nos proteger fechando-nos, sendo passivos ou tentando nos elevar acima dos outros, muitas vezes prejudicamos nossos relacionamentos. E, quando tentamos protegê-lo, apaziguando o conflito ou confiando, nosso eu fica mais indefeso. Para construir uma amizade melhor, precisamos

COMO FAZER E MANTER AMIGOS PARA SEMPRE

descobrir não apenas como mudar para o modo pró-relacionamento (em vez de autoproteção), mas também ativar o modo pró-relacionamento de nossos amigos, para que eles invistam na amizade, apesar do risco para seus eus. O afeto nos ajuda a fazer isso.

De acordo com a "teoria da regulação do risco" desenvolvida por Sandra Murray, professora de Psicologia da Universidade de Buffalo, "a confiança na consideração positiva e no cuidado de um parceiro permite que as pessoas se arrisquem em busca de dependência e conexão". Em outras palavras, para investir em um relacionamento, precisamos de provas de que não seremos rejeitados ao fazê-lo.[275] Da mesma forma, se queremos que as pessoas invistam em nós, precisamos fazê-las sentir-se seguras. E concedemos essa segurança quando demonstramos afeto. Transmitimos que amamos, valorizamos e aceitamos alguém para que se sintam seguras em assumir os riscos da intimidade conosco.

O AFETO DEIXA NOSSOS AMIGOS SEGUROS

Até agora, aprendemos a nos tornar mais seguros na amizade. Mas, para fazer e manter amigos, a teoria da regulação de risco sugere que não precisamos apenas estar mais seguros; precisamos tornar os outros seguros e nos tornar santuários de apego, terrenos de segurança, e podemos fazer isso demonstrando afeto. Fazer os outros se sentirem seguros não é apenas um ato altruísta para benefício de nossos amigos; é do nosso interesse. Aprendemos que pessoas seguras são melhores amigas; elas são mais vulneráveis e autênticas, bem como tomam mais iniciativa. Quando fazemos com que nossos amigos saibam que são amados e aceitos, eles baixam a guarda e entram em um modo seguro de pró-relacionamento. Eles sentem-se à vontade para tomar a iniciativa conosco, ver se estamos bem, apoiar-nos, ser vulneráveis conosco. Estão investidos em nós. Nós trazemos o melhor deles, e eles trazem o melhor de nós, em uma espiral ascendente que traz o melhor da amizade.

A teoria da regulação do risco revela quão prejudicial é nossa cultura de deixar alguém na mão. Quando fazemos isso no último minuto, nós deixamos as pessoas mais inseguras, pois sinalizamos que não as valorizamos, o *oposto* do que as faz sentir-se confortáveis em investir em nós. Em vez de

253

colocá-las no modo pró-relacionamento, nós as colocamos no modo de autoproteção, e elas param de nos procurar. É claro que, quando fazemos isso, nem sempre queremos transmitir que não gostamos de uma pessoa, mas, independentemente de nossas intenções, o impacto é o mesmo. Eu mesma fui culpada disso. Uma amiga de uma amiga convidou-me para o aniversário dela; era tarde da noite e estava frio. Eu tinha respondido que sim, mas, à medida que a hora se aproximava, não queria me aventurar. Essa amiga nunca mais me convidou para sair, e ela até disse à outra quão magoada estava por eu tê-la deixado na mão e que estava preocupada que eu não gostasse dela.

O que devemos fazer em vez disso? Como podemos usar o afeto para que as pessoas se sintam seguras o suficiente para investir em nós? Se encontrarmos um amigo em potencial em um *happy hour*, em vez de checar nossas mensagens de texto durante a conversa, podemos cumprimentá-lo calorosamente e continuar envolvidos. Se quisermos que nosso novo amigo nos convide para uma pizza, quando ele mandar uma mensagem para perguntar como estamos, em vez de dizer "Está tudo bem", podemos dizer: "É tão bom ouvir você! Há tanta coisa que eu queria lhe contar". Se queremos que nossos amigos nos mantenham a par de suas vidas, quando eles nos dizem que receberam um prêmio, em vez de dizer "Que legal", dizemos: "Estou tão orgulhoso de você! Não há ninguém que eu conheça que mereça mais isso!". Embora tendamos a nos concentrar em nossas necessidades quando ansiamos por conexão, quando paramos de pensar se pertencemos e passamos a fazer os outros sentirem que pertencem, inevitavelmente também nos sentiremos assim.

A amizade de Gabby e Rachel alinha-se com os princípios da teoria da regulação de risco. De acordo com Gabby: "Essa amizade me ajudou a ser mais aberta e a me conectar com outras pessoas. Isso me ajudou a perceber minha autoestima. Eu sei que sou digna de amor. Ter isso me fez mais corajosa. Se eu não tivesse essa amizade, seria muito mais cautelosa em sair e tentar me conectar com as pessoas, questionando se sou boa o suficiente. Ela me deu confiança". Como Rachel a fez sentir-se segura, ela sente-se à vontade para investir não apenas nessa amiga, mas em todas as suas outras amizades.

Uma das maneiras importantes de Rachel e Gabby demonstrarem afeto uma pela outra é mostrando entusiasmo pelas boas notícias de cada uma. Quando Gabby disse a Rachel que estava pensando em ter um bebê sozinha, Rachel ficou em êxtase: "Se você decidir que quer passar por isso, deve saber que seu futuro bebê já tem uma tia que o ama muito. Ele tem família. E você tem alguém que vai às aulas de Lamaze com você. Estou tão animada por você e estarei lá!".

Pesquisas sugerem que, quando Rachel respondeu com tanto entusiasmo às notícias de Gabby, ela fortaleceu ainda mais a amizade. Um estudo chamado "I Like that You Bear My Pain, But I Love that You Feel My Joy" [Gosto que você suporte minha dor, mas amo que sinta minha alegria] descobriu que ficamos mais satisfeitos em nossos relacionamentos próximos quando outras pessoas ficam felizes por nossa alegria. Na verdade, essa capacidade de resposta predisse mais a qualidade do relacionamento que a maneira como os outros responderam ao nosso sofrimento.[276] Outro estudo envolveu uma pessoa entrando no laboratório e compartilhando um dos melhores eventos que lhe aconteceram nos últimos anos com um "estranho" que trabalhava secretamente para o pesquisador. Em uma condição, o estranho respondia com entusiasmo ("Uau! Isso é ótimo!") e, em outra, fazia uma lista de perguntas neutras sobre o evento, como "O que torna seu evento tão positivo para você?". Posteriormente, os participantes relataram sentir mais proximidade e gostar do parceiro responsivo.[277] Por fim, como prova da teoria da regulação do risco, um estudo descobriu que, em uma entrevista, quando o entrevistador respondeu positivamente a algo que o entrevistado expressou, este era mais propenso a devolver o dinheiro que foi "pago a mais" por sua participação.[278] Quando mostramos afeto às pessoas, elas investem de volta.

COMO MOSTRAR AFETO

A teoria da regulação do risco nos mostrou que fazer amigos é fazer com que as pessoas se sintam seguras, quer isso signifique dar-lhes mais afeto ou aprender a receber melhor o delas. Também nos implica o sucesso de nossas amizades. Muitas vezes, quando são superficiais, culpamos nossos amigos. "Eles não são meus amigos", podemos dizer a nós mesmos. Isso pode ser verdade. Às vezes, as pessoas simplesmente não se dão bem, mas a teoria da regulação de risco sugere que, se queremos amizades melhores, é útil voltarmos o microscópio para nós mesmos, a fim de avaliar: "Eu faço as pessoas se sentirem seguras? Mostro-lhes que as amo e as valorizo? Transmito que elas são importantes?".

Uma mulher que entrevistei, Anne, sabia que tinha muros, mas reclamou que os outros não estavam se esforçando o suficiente para escalá-los. Mas o que Anne não percebeu foi que os outros também têm muros; na verdade, é saudável que eles o façam. Esperar que os outros repetidamente se tornem vulneráveis e nos procurem enquanto nos escondemos atrás de nossos muros, não demonstrando nenhum afeto ou recebendo abertamente o deles, é esperar que eles abandonem seus mecanismos saudáveis de autoproteção, enquanto falhamos em fazê-los sentir-se seguros para tal. Em vez de apenas perguntar por que nossos amigos não tentam mais, também devemos avaliar se os fazemos sentir seguros para isso.

Aqui está uma lista de maneiras de mostrar afeto a amigos:

- Diga o quanto eles significam para você.
- Quando procurarem você, diga o quanto está contente em ouvi-los.
- Anime-se com suas boas notícias.
- Elogie-os.
- Elogie seu trabalho árduo.
- Cumprimente-os calorosamente.
- Quando compartilham algo com você, deixe claro que isso significa muito.
- Conte a eles quando você pensa neles por um momento.
- Diga-lhes o quanto, para você, eles são incríveis.
- Diga-lhes quando eles impressionam você.
- Diga-lhes que eles vão conseguir alcançar seus sonhos.
- Diga-lhes quando você acha que a ideia deles é ótima.
- Sorria genuinamente.
- Lembre-os de que você é grato por conhecê-los.

Mas o afeto nem sempre faz as pessoas se sentirem confortáveis e seguras. Muitos de nós já passamos por momentos em que tudo desabou. Podemos ter dito a um amigo que o valorizamos e ele ficou estranho e mudou de assunto. Se o afeto é tão poderoso para a amizade, por que isso acontece? A resposta, ao que parece, é que muitos de nós não sabemos o que *é realmente* o afeto. Como a história de Kory revelará, expressar afeto pode ser mais difícil do que pensamos.

COMO DAR O AMOR QUE OS AMIGOS PODEM RECEBER

Quando Kory se tornou um estudante de pós-graduação na Universidade de Washington, ele recebeu seu próprio escritório. Posteriormente, outro estudante de pós-graduação, Scott, juntou-se a ele. Scott adornou a parede com uma foto de Estocolmo, na Suécia. Kory tinha estado lá no verão anterior, então os dois conversaram sobre suas maravilhas. Outro dia, Kory entrou no escritório e encontrou Scott esparramado em sua mesa, lendo alguma coisa e rindo tanto que estava com falta de ar. Kory assistiu, com medo de que Scott pudesse rolar da mesa, enquanto pensava: *Scott é um cara legal.*

Kory esperava que Scott pudesse ser não apenas seu colega, mas também seu amigo, então, um dia, ele o convidou para jantar. A conversa fluiu, e eles se conheceram mais, desembaraçados da formalidade que as paredes do escritório exigiam. Kory é uma pessoa muito carinhosa que cresceu em uma família em que todos se abraçavam e se beijavam, dizendo que se amavam. Foi natural para ele puxar e abraçar Scott enquanto eles se despediam, para marcar que ele passou a sentir pelo menos um pouco de amor por Scott. Ele sentiu Scott endurecer em seus braços e, quando seus corpos se separaram, as coisas ficaram estranhas.

Kory pensou naquele abraço estranho mais do que gostaria. O que significava o recuo de Scott em seu abraço? Ele estava desconfortável com o afeto físico ou desconfortável com Kory? Ele não gostava nada de Kory? Kory tinha feito algo errado, prejudicado o relacionamento de maneira irreparável com seu entusiasmo? Ele esperou a oportunidade de esclarecer as coisas com Scott e a encontrou quando os dois participaram de uma conferência juntos em San Diego.

Enquanto estavam sentados em um deque, olhando para a água, Kory pensava em seu plano de ação. Normalmente bom em trazer conversas difíceis à tona, Kory estava nervoso dessa vez. Ele realmente queria ouvir se havia tornado o relacionamento irrecuperável? Onde isso o deixaria?

Sozinho como troncos retirados de seu navio, flutuando solitários na água? Mas, então, se ele trouxesse isso à tona, poderia consertar as coisas, pedir desculpas, prometer nunca mais abraçá-lo, abraçar (brincadeira, essa última parte não).

Então, Kory falou sobre o assunto. E a resposta de Scott mudou para sempre o curso de sua vida. "Há outras maneiras de me sentir mais confortável dando e recebendo afeto. Não me sinto confortável com abraços, mas isso não significa que não gosto de você", disse Scott. Kory passou a entender o afeto como nunca. Ele percebeu que poderia ser polarizador, que nem todos amavam e consideravam o afeto como ele. Também percebeu que alguém poderia rejeitar a *demonstração* de seu afeto ao mesmo tempo em que poderia receber os sentimentos calorosos que impulsionaram o ato. Scott podia rejeitar seu abraço sem rejeitá-lo também.

Agora, Kory Floyd é um dos maiores especialistas em afeto e professor e especialista em Comunicação da Universidade do Arizona. Sua pesquisa o ajudou a entender o que aconteceu há tantos anos com Scott. Ele identificou três componentes de afeto: você sente amor, consideração ou carinho (então lisonja e manipulação não contam!); você age para expressar esses sentimentos; e a outra pessoa interpreta e acolhe seu comportamento como reflexo desses sentimentos calorosos. Quando ele abraçou Scott, tecnicamente não estava demonstrando afeto, porque Scott não tinha percebido dessa forma. Kory explicou que as microagressões raciais exemplificam o afeto fracassado: "Você diz a um afro-americano que ele é realmente articulado e ele responde: 'Por que eu não seria?'. Você estereotipou de forma negativa a etnia dele como menos articulada em vez de elogiá-lo".

O dr. Floyd argumenta que, para ser eficaz em mostrar afeto, precisamos calibrar a maneira com que a outra pessoa o recebe. "Quando você oferece afeto, ele vem de uma determinada perspectiva", disse. "Há essa suposição de que seu comportamento será recebido de maneira assertiva. Mas só porque você gosta de elogios, não significa que a outra pessoa também goste. Você tem de considerar a perspectiva dela."

Levar a perspectiva do outro em consideração ao expressar afeto é algo que Gabby e Rachel tiveram de aprender. Quando participavam de encontros com amigos, Rachel apresentava Gabby: "Oi. Essa é minha amiga Gabby. Ela é incrível em todos os sentidos e você deveria conhecê-la". E, então, quando amigos em comum faziam perguntas a Gabby, Rachel respondia: "Gabby gostaria de um chá em vez de café". Rachel fazia isso porque "eu amo muito Gabby e ficava tão animada em falar sobre ela". Mas as ações dela deixavam Gabby desconfortável e a impediam de se conectar com seus amigos. Gabby levantou esse assunto com Rachel, que fez um esforço consciente para parar de entrar na conversa. Gabby observava Rachel se contorcer, desviar os olhos e sentar-se sobre as mãos para parar de se intrometer.

Em outro período de sua amizade, Rachel tentava demonstrar amor oferecendo a Gabby conselhos não solicitados. Gabby procurava Rachel com suas inseguranças e, em vez de apenas dar ouvidos, Rachel dizia-lhe como ela poderia melhorar. "Por favor, pare. Eu só preciso de alguém para me ouvir, e não que você me conserte", Gabby disse a Rachel uma noite. "Tudo bem", disse Rachel, "mas verifique comigo primeiro para ter certeza de que tenho espaço para ouvir você". Ver Rachel se ajustando às necessidades de Gabby tornou a amizade delas muito mais próxima.

Eu não tenho sido tão boa quanto Rachel em mudar meu afeto com os amigos quando eles não o recebem como eu pretendia. Durante uma temporada de férias, alguns amigos e eu nos sentamos ao redor de uma mesa e, depois de trocarmos presentes, compartilhamos o que amávamos um no outro. A maioria de nós recebeu bem, e um de nossos amigos, querendo mais, disse: "Eu gosto deste jogo! De que mais vocês gostam em mim?". Mas minha amiga Cassandra não se comoveu. Na verdade, enquanto eu irradiava todas as coisas que amava e valorizava nela, ela discordava de cada uma, como se estivéssemos debatendo os méritos do Dia da Marmota. Senti-me rejeitada e frustrada. Eu estava tentando dar presentes a ela, e ela continuou jogando-os de volta, ainda fechados. Percebi que, da próxima vez que tentei elogiá-la, avisei: "Você não tem permissão para rejeitar nada disso!".

Achei que Cassandra estava errada por dispensar meus cumprimentos, mas agora percebo que eu estava errada por forçá-los nela. O dr. Floyd, Rachel e Gabby ajudaram-me a perceber que, para minha surpresa, forçar alguém a receber amor não é amor; em vez disso, ser sensível aos limites de alguém é. Além disso, o dr. Floyd ajudou-me a enxergar que eu precisava levar o comportamento de Cassandra menos para o lado pessoal. As pessoas simplesmente recebem afeto de maneiras diferentes e, quando não conseguem recebê-lo, não significa que estão nos rejeitando, mas apenas que nosso comportamento não é o que o afeto parece para elas.

Essa compreensão também me ajudou a liberar ressentimentos em amizades em que eu tomava o desvio de meu afeto como rejeição (e, simultaneamente, desenvolvendo a linha de abertura para meu próximo poema...), em vez de estilos incompatíveis em relação ao afeto. Certa vez, enviei a uma amiga uma vaga de emprego que achei que ela poderia gostar e ela respondeu: "Já tenho um bom emprego". Eu estava tentando transmitir que queria cuidar dela, mas, em vez disso, transmiti que o trabalho dela não era bom o suficiente. Fiquei chateada por ela ter recebido dessa forma, mas percebi que poderia assumir mais responsabilidade pelo meu impacto. Outra vez, um ex-parceiro e eu nos encontramos com um de seus amigos mais próximos. Eu gosto muito desse amigo, então fiquei efusiva ao vê-lo: "Oi! É tão bom ver você! Sentimos sua falta". Ele não correspondeu ao meu entusiasmo, e lembro-me de perguntar-me se ele gostava de mim. Mas agora acho que minha empolgação pode ter sido demais para ele.

O dr. Floyd apontou que as pessoas com apego ansioso muitas vezes lutam para modular sua expressão de amor com base em como alguém o recebe. Se alguém está envergonhado em receber amor delas, em vez de recuar, insistem. "Pessoas ansiosas nunca sentem que pode haver um limite para o amor. Então vão sufocar a outra pessoa com afeto até o ponto em que não conseguem mais continuar", disse ele. "A outra pessoa fica sobrecarregada. A intenção delas é fortalecer o relacionamento, mas, paradoxalmente, acabam por arruiná-lo."

A sabedoria do dr. Floyd sobre afeto também revela algo maior sobre a dinâmica das amizades. Às vezes, ficamos tão focados no que *deveria* acontecer em nossas amizades que não prestamos atenção ao que realmente está acontecendo. *Este amigo deve gostar dos meus elogios. Ele deve gostar dos meus abraços. Ele deve querer meu elogio*, dizemos a nós mesmos (ou, então, ele deve estar lá por mim sempre que eu precisar; deve ser vulnerável; não deve ser vulnerável). Isso nos deixa frustrados porque lhe impomos uma regra com a qual ele nunca concordou.

Continuamos abordando o relacionamento da mesma forma desgastada por causa do que achamos que deveria ser verdade, continuamos elogiando e louvando, mesmo quando nossos amigos recuam, assim como fiz com

COMO FAZER E MANTER AMIGOS PARA SEMPRE

Cassandra. Se pudermos permitir que as pessoas sejam as flores únicas que são, se pudermos reconhecer que nos relacionamentos existem poucos "deverias", então podemos ser mais receptivos a ajustar nossos comportamentos de maneira a criar maior harmonia. Ironicamente, isso pode levá-los a se transformar nos amigos mais amorosos e atenciosos que queremos que sejam, porque, ao nos ajustarmos às suas necessidades, fazemos com que se sintam seguros. É a teoria clássica da regulação de risco.

Às vezes, é claro, é impossível ajustar nosso afeto sem nos sentirmos muito prejudicados ou o que os psicólogos chamam de "sem o eu". Nesses casos, podemos decidir se queremos manter a amizade ou com que profundidade podemos fazê-lo sem nos sentirmos inautênticos. Gabby mantém algumas amizades em que seus amigos têm dificuldade de receber seu afeto. Ela tem uma amiga, Tali, que fica tão desconfortável com afeto que, sempre que Gabby a abraça, brinca: "Eu colocando meus braços ao redor de você? Isso é um abraço. Fazemos isso quando estamos felizes ou queremos mostrar a alguém que nos importamos". E Tali responde, brincando: "TIRE SUAS MÃOS DE MIM!" e chia. Mas Gabby também reconhece quando os outros se sentem desconfortáveis com seu carinho: "Isso afeta o nível de proximidade que podemos alcançar. Se estou diminuindo o tom, não estou realmente trazendo o eu completo, mas um eu consumível". Na verdade, ela acha que parte do motivo de suas amizades com homens não serem tão profundas é porque parece impossível para ela expressar afeto sem sinalizar interesse sexual.

Mas, quando estamos abertos a ajustar nosso afeto, como fazemos isso? O dr. Floyd aconselha conversar com amigos sobre como eles gostam de receber afeto, o que ele faz perguntando: "O que o ajuda a sentir meu apreço por você?". Isso pode parecer antinatural, mas posso atestar que é bom ouvir essa pergunta. Quando eu estava me mudando para Atlanta, Cassandra me perguntou: "Qual é a sua maneira favorita de manter contato?". Foi tão bom ela ter se importado em perguntar.

Perguntar também nos permite expressar reafirmação de maneira idiossincrática, com base nas particularidades de nossa amizade, como uma "piada interna" de afeto. O afeto idiossincrático só ampliará seu impacto amoroso, já que, como constatam as pesquisas, a exclusividade gera amizades.[279] Em outras palavras, quando temos lembranças, linguagem ou experiências que compartilhamos com apenas uma pessoa, isso fortalece o

261

relacionamento. Kat e Gwina eram duas amigas que conheci em um *happy hour*; elas celebravam seu aniversário de amizade todos os anos, em um dia que apelidaram de "Katwina". Alguns amigos saem juntos de férias ou fazem Friendsgivings anuais. Seja qual for a ocasião, devemos desenvolver rituais que nos permitam demonstrar afeto aos amigos.

COMO RECEBER MELHOR O AMOR

Mas não está apenas em nossas mãos fazer uma curadoria do nosso afeto por nossos amigos. Para ser um bom amigo, precisamos expandir as maneiras pelas quais recebemos amor para não rejeitarmos o carinho de nossos amigos. Isso também nos beneficiará, pois, como mencionado, qualquer coisa que façamos para que nossos amigos se sintam menos rejeitados permite que eles invistam mais na amizade. Quando se trata de dar e receber afeto, então, "é mais uma negociação ou uma concessão", disse o dr. Floyd. "Em um bom relacionamento, modificarei meus comportamentos para corresponder melhor ao seu nível de conforto. Mas, ao mesmo tempo, você também tenta se tornar mais receptivo aos meus comportamentos."

Pessoas esquivas, em particular, lutam para negociar afeto. Elas tendem a dar menos e receber mal. Uma advogada em recuperação de ser esquiva, Dana, disse-me: "Passei minha vida tentando mostrar como sou inteligente para fazer as pessoas gostarem de mim, para que as pessoas digam: 'Uau, ela é inteligente, alguém que eu gostaria de ter ao meu redor.' Mas, de uma forma sutil, eu estava me posicionando para estar acima das outras pessoas, e não ao lado delas. Essa necessidade constante de ser especial e ser vista como inteligente tornou difícil para mim elogiar os outros, porque, se eles fossem especiais, então eu poderia ser menos especial. De certo modo, o que fiz para criar conexões com as pessoas, na realidade, desconectou-me delas, porque ser amada por outras pessoas requer aceitá-las em vez de superá-las".

Quando se trata de receber afeto, os esquivos não confiam nos outros, então, quando as outras pessoas demonstram afeto, eles supõem que seja por segundas intenções. Em um estudo, as pessoas escreveram os benefícios que receberam de amigos. Dois dias depois, no laboratório, elas foram questionadas se achavam que seus amigos as beneficiavam porque achavam que deveriam. Mas, antes de responder a essa pergunta, em uma condição de evitação, metade dos participantes escreveu sobre alguém em quem não podiam confiar e se sentiam desconfortáveis por estar perto. Os participantes acostumados a evitar foram mais propensos a presumir que seus amigos os beneficiavam por obrigação.[280] Dana acrescentaria: "Eu costumava ter a sensação de que as pessoas eram legais porque queriam algo de mim. E, então, a gentileza delas não contava. Era desconfortável, na verdade. Isso fazia eu me sentir mais pressionada do que feliz".

Os esquivos estão, é claro, no modo de autoproteção quando fazem suposições pouco lisonjeiras sobre os motivos dos outros e, ao fazê-lo, como a teoria da regulação de risco nos diz, muitas vezes prejudicam seus relacionamentos. De acordo com os autores do estudo, "perceber benefícios como involuntários pode protegê-los das tentações de aumentar a dependência de um parceiro. Infelizmente, se tais percepções são transmitidas aos parceiros, eles podem ficar frustrados, diminuir o verdadeiro cuidado e colocar em movimento uma profecia que se realiza".[281] Esse ponto é apoiado por um estudo que descobriu que as pessoas são menos propensas a mostrar gratidão a alguém que acham que não as receberá bem.[282]

A menos que tenhamos uma razão para pensar de outro modo, se alguém expressar afeto por nós, devemos presumir que suas intenções são puras. Isso não apenas parece melhor do que presumir que ele tem algum outro motivo, mas também nutre a amizade e nossa autoestima, que é outro filtro importante para a maneira como recebemos amor.

Pessoas com baixa autoestima lutam para receber amor porque não percebem quando ele está lá. Em um estudo revelador chamado "Acceptance Is in the Eye of the Beholder" [A aceitação está nos olhos de quem vê], as pessoas tiveram de se filmar discutindo vários tópicos de conversa. Elas, então, tiveram de assistir a um "vídeo de resposta" de um estranho que supostamente viu o vídeo e depois discutiu os mesmos tópicos. Para aumentar as apostas, elas foram informadas de que poderiam encontrar o estranho cara a cara mais tarde. Os "estranhos" (que, na verdade, eram atores) reafirmaram propositalmente os participantes do vídeo concordando com eles: "Estou com você nessa", sorrindo e dizendo, abertamente, que estavam interessados: "Então eu espero vê-lo na segunda parte deste estudo." Embora todos os participantes tenham assistido ao *mesmo* vídeo do estranho, quando tinham baixa autoestima, eram menos propensos a captar esses sinais de afeto e tinham menos certeza se o estranho gostava deles.* [283] Mesmo que nos amemos por meio dos outros que nos amam, o que este estudo mostra é que, se não nos amamos, acabamos não registrando quando os outros fazem isso.

A baixa autoestima pode fazer o amor de outra pessoa parecer ameaçador. Quando pessoas com baixa autoestima recebem elogios, a lacuna entre como alguém as vê e como elas se veem desencadeia uma crise de identidade. De acordo com um estudo, pessoas com baixa autoestima endossam declarações como: "Sinto que não sei exatamente quem sou depois de receber um elogio" e "Quando sou elogiado, às vezes sinto que a outra pessoa claramente não me conhece". Ao elogiarmos alguém, transmitimos que essa pessoa é ótima e, se ela não se sentir ótima, o elogio pode fazê-la sentir-se, de forma contraintuitiva, incompreendida, invisível ou pressionada a agir bem o suficiente para que mereça o elogio. Esse mesmo estudo mostrou que pessoas com baixa autoestima são mais propensas a desvalorizar elogios.[284] Para elas, é mais fácil rejeitar um elogio do que rejeitar todo o senso de quem elas são. Quando o afeto nos obriga a escolher entre ser amado e ser compreendido, preferimos ser compreendidos.

Os autores do estudo afirmaram: "Se as pessoas não confiam na consideração positiva de seus parceiros, o que é cronicamente verdadeiro [para pessoas com baixa autoestima], elas adotam metas de autoproteção, que levam a comportamentos que podem enfraquecer oportunidades de alcançar relacionamentos satisfatórios". Myles, um *personal trainer*, pode atestar como lutar para receber amor pode prejudicar nossos relacionamentos. Ele me disse: "Sempre sinto que sou eu quem está fazendo mais em um relacionamento, mas, na verdade, as pessoas estão me amando e não aguento. Eu não posso confiar nisso". Ele cresceu com pais que brigavam com frequência, e seu pai tinha um temperamento difícil. Ele se lembra de ter tirado uma nota ruim, e seu pai imediatamente o atacou: "Por que

---

* Quando as pessoas com baixa autoestima foram informadas de que não conheceriam o estranho pessoalmente, foram capazes de entender os sinais de aceitação. Isso sugere que não é que as pessoas com baixa autoestima sejam alheias a esses sinais; em vez disso, elas provavelmente os minimizam para não se sentirem piores se forem rejeitadas. Pessoas com alta autoestima não temem tanto a rejeição, então não precisam se envolver com esse mecanismo de defesa.

você é um fracasso? Por que não consegue fazer nada certo?". Quando ele chorou, o abuso só piorou. Ele pisava em ovos com o pai, sempre temendo sua raiva, que poderia ser desencadeada em um microssegundo. Mesmo em seus momentos felizes, "é aterrorizante sentir amor, porque é algo perigoso que pode ser tirado de mim".

Para ficar melhor em receber elogios dos outros, é útil fazer uma pausa e pensar nas intenções da outra pessoa em nos apoiar, em vez de apenas focar em nossa interpretação de seus comentários. Um estudo pediu às pessoas que relatassem um elogio que receberam de um parceiro de relacionamento. Um terço dos participantes então refletiu sobre por que seu parceiro os admirava e o que isso significava para eles e para o relacionamento; um terço descreveu o elogio; e o outro terço o descreveu com mais detalhes. Pessoas com baixa autoestima sentiam-se mais felizes e seguras, bem como valorizavam mais o relacionamento quando refletiam sobre os motivos positivos de seu parceiro.[285] Esses resultados revelam que pensar na admiração por trás do elogio, em vez de como ele pode tocar nossas inseguranças, irá impedir-nos de negar, refutar ou minimizar o amor. E isso nos deixará mais seguros. A terapia também é uma boa opção para nos abrirmos e recebermos amor. Myles acrescentou que a terapia o ajudou a perceber que o amor nem sempre é assustador e a sentir-se bem o suficiente consigo mesmo para que confie que, quando os outros dizem que o amam, eles podem realmente estar falando sério.

AMANDO VOCÊ DO JEITO QUE VOCÊ É

Na aula de cerâmica do primeiro ano, Gabby fez uma escultura atormentadora de uma casa. Suas paredes eram tapadas, havia um buraco no teto e mofo cor de cobre pintado nele. Era um lar desfeito, e foi feito para simbolizar a ela e o lugar de onde ela veio. Mas, em seu último ano, sua dinâmica familiar estava mais saudável e, em grande parte, graças a Rachel, ela sentia-se mais saudável internamente. Não suportava olhar para a casa todos os dias, empoleirada em seu quarto de hóspedes, à medida que crescia além de seu significado. Ela perguntou a Rachel se poderia ajudá-la a destruí-la.

As duas levaram martelos para uma oficina de cerâmica e estilhaçaram até o último pedaço da casa. O telhado esburacado, as paredes cobertas por tábuas e o mofo cor de cobre foram todos martelados até virarem pedacinhos. Elas fizeram um evento disso, tirando fotografias enquanto demoliam. "Aquele foi o momento em nossa amizade em que me senti mais orgulhosa de Gabby", disse Rachel. Quando Gabby foi para casa, orgulhosa de mostrar os cacos para sua tia, esta disse que ela nunca deveria ter feito aquilo; ela nunca deveria ter feito de sua arte uma bagunça. Mesmo quando Gabby lhe disse que isso significava que ela não estava mais quebrada, sua tia continuou a repreendê-la, até que Gabby se sentiu envergonhada. A resposta de sua tia, em contraste com a de Rachel, mostrou a ela o poder do afeto e o que ele realmente significa. Ela disse: "Rachel estar tão orgulhosa de mim naquele momento me disse *Vejo você por inteiro e ainda a amo. Eu amo o bem e eu amo o mal.* Acho que o amor é manter esse espaço, criar esse espaço para as pessoas se expressarem por completo, ter total liberdade na forma como querem viver e amá-las de qualquer maneira. O que ela fez para me ajudar a me sentir menos quebrada foi me amar como eu sou"."

LIÇÕES

▸ Mostre mais afeto aos seus amigos. Eles ficarão mais felizes em recebê-lo do que você pensa.
   » Algumas formas de mostrar afeto são:
   - Diga o quanto eles significam para você.
   - Quando procurarem você, diga o quanto está contente em ouvir deles.
   - Anime-se com suas boas notícias.
   - Elogie-os.
   - Elogie seu trabalho árduo.
   - Cumprimente-os calorosamente.
   - Quando compartilham algo com você, deixe claro que isso significa muito.
   - Conte a eles quando você pensa neles por um momento.
   - Diga-lhes o quanto, para você, eles são incríveis.

COMO FAZER E MANTER AMIGOS PARA SEMPRE

- · Diga-lhes quando eles impressionam você.
- · Diga-lhes que eles vão conseguir alcançar seus sonhos.
- · Diga-lhes quando você acha que a ideia deles é ótima.
- · Sorria genuinamente.
- · Lembre-os de que você é grato por conhecê-los.
  » Desenvolva rituais, como Palentine's Day ou Friendsgiving, para mostrar afeto aos seus amigos.
▶ Para conquistar amigos novos, use o afeto para fazer as pessoas sentir-se seguras em investir em você. Se encontrar um amigo potencial, cumprimente-o de maneira calorosa. Se quiser que um novo amigo convide você para uma pizza, diga-lhe que está contente em ouvi-lo quando ele entrar em contato. E não o deixe na mão.
▶ Sentir amor romântico por amigos é normal. Permita-se expressar esse amor por meios que seu amigo possa recebê-lo.
▶ Se seu amigo fica desconfortável com seu afeto, adapte-se calibrando como o oferece à maneira que ele o recebe.
▶ Para fazer isso, pergunte aos seus amigos: "O que o ajuda a sentir minha consideração por você? Como você prefere receber isso?".
▶ Seja aberto ao afeto dos amigos:
  » Presumindo que suas intenções são puras.
  » Pensando sobre os sentimentos positivos e carinhosos que eles estão expressando ao mostrar afeto a você, em vez de sua própria hesitação como reação a isso.

Conclusão

Espero que você esteja chegando ao fim deste livro com novas percepções sobre como fazer e manter amigos. Espero que ele tenha desafiado você e oferecido uma nova direção. Espero que você tenha um pouco menos de receio, um pouco mais de amor e de disposição para tomar a iniciativa, assumir a responsabilidade de tornar nosso mundo menos solitário e mais gentil. Espero que você veja que dar amor é tão importante quanto receber amor. Espero que você esteja mais disposto a ser vulnerável e diga às pessoas em sua vida o quanto elas o animam. Por último, espero que você encontre e mantenha amigos que o amem como você é e estejam presentes quando precisar deles, e espero que você seja esse tipo de amigo também. Mas há mais um conselho que eu preciso dar, a fim de ajudá-lo a realizar tudo isso.

Billy Baker é um jornalista e pai que trabalha para o *Boston Globe*. Ele escreveu um livro de memórias, *We Need to Hang Out* [Precisamos sair juntos], sobre sua jornada para fazer amigos. A ideia do livro surgiu de um artigo do *Boston Globe*, um dos mais populares da história do jornal. O artigo detalhou as dificuldades dos homens em fazer amigos, e a de Billy em particular. Tantos puderam se identificar com a falta de amizade de Billy que o artigo viralizou. Quando o entrevistei, perguntei o que ele aprendeu em sua jornada para fazer amigos. "Sempre fui um ser humano bom em geral, do tipo que faz tudo de acordo com o que se espera", disse ele. "Acordava todos os dias e era um bom marido e um bom pai, ia para a academia, comia meus brócolis e era um bom funcionário. O que eu fiz foi adicionar 'ser um bom amigo' à lista."

É fácil eliminar amigos da lista. Há tantas coisas para lidar: cônjuges, filhos, saúde, trabalho que nunca para. A amizade consome uma energia que não sentimos que temos. É um esforço pensar no que seu amigo quer de aniversário, falar sobre um problema, atender à ligação de um amigo em pânico à uma hora da manhã, buscá-lo no aeroporto, entrar em contato ou fazer uma pausa para refletir e expressar o quanto ele significa para você. E nem sempre fica claro que vale a pena.

Mas vale.

Eu bombardeei você com estudos para demonstrar o quanto vale a pena. Como lembrete: no início deste livro, compartilhei como ter uma conexão social é um dos mais fortes determinantes de nossa felicidade. Dos 106 fatores que influenciam a depressão, ter um confidente é o mais poderoso. A solidão é mais fatal do que uma dieta precária ou a falta de exercício; tão corrosiva quanto fumar quinze cigarros por dia. A amizade literalmente salva nossas vidas. Isso não é intuitivo, porém, porque a influência da conexão é intangível. Não tem o mesmo impacto perceptível em nossos corpos como ingerir aspargos ou sentir gotas de suor escorrendo pelo braço. É uma curandeira invisível, por isso é fácil diminuir a importância de adicioná-la à lista.

Até que deixe de ser tão invisível. Escrevi este livro durante a pandemia da Covid-19, quando meus planos regulares de fim de semana transformaram-se em planos de ficar em casa indefinidamente. A toxicidade da solidão era um veneno lento: a alegria comprimida, um mal-estar, o não-ser-exatamente-eu. Mas, quando chegavam os meus encontros esporádicos de caminhada com os amigos, eu inflava de vida. Carinho, alegria, propósito, meu próprio espírito, tudo voltava para mim. O impacto de uma simples interação foi dramático. A amizade parecia uma reanimação cardiopulmonar. O que antes estava enterrado sob o trabalho e as tarefas domésticas tornou-se a base da minha vitalidade para fazer o resto dessas coisas. O que antes era confuso em seu impacto tornou-se inegável. O que antes era muitas vezes simples diversão tornou-se minha pulsação.

Todos os estudos que li viviam dentro de mim. Sim, a amizade é curativa, disse meu coração depois de ser vulnerável a um amigo em minhas horas mais sombrias. Sim, é uma base, disse meu humor depois de uma caminhada com um amigo. Sim, é necessário, disse algum lugar profundo e verdadeiro dentro de mim.

Então, depois que você começar a praticar tudo o que aprendeu neste livro para fazer e manter amigos, há uma última coisa que peço:

não subestime a amizade. Não seja passivo, deixando a amizade fracassar porque você se esqueceu de entrar em contato. Não vá embora quando os amigos precisarem de você. Não espere a calamidade levar você a perceber que a amizade não tem preço. Entalhe a amizade em sua lista. Faça de ser um bom amigo uma parte de quem você é, porque uma essência profunda e verdadeira de pertencimento está dentro de todos nós.

Agradecimentos

Eu nunca teria escrito este livro se não fosse pelo grupo de bem-estar que mudou minha vida para sempre. Lauri Ng, Heather e Fiona McQueen, Mikelann Scerbo, Bri Canty: eu sou melhor porque conheci vocês. Obrigada por concordarem com minhas regras bem intensas de grupo para buscar artigos de pesquisa a fim de sustentar o "bem-estar" de sua ideia. Levei até o fim!

Obrigada a Darren Agboh, por me trazer chá e *kombucha*, dizer que comprará cem cópias do meu livro (você não tem de fazer isso, porque o apoio moral vale cem cópias) e aceitar meu estado de cientista maluca, usando pijamas de vários dias e descabelada enquanto escrevia isto. Obrigada ao cachorro Tuxedo, por ser meu alívio doce e fofo quando precisava de um.

Obrigada ao meu agente, Todd Shuster, e ao meu ex-agente, Justin Brouckaert, por me desafiarem a transformar *Como fazer e manter amigos para sempre* em um livro sobre o qual tenho tanto orgulho de dizer que reflete quem sou. Seus conselhos foram sábios e deixaram esta obra melhor. Obrigada a Erin Files, por fazer de *Como fazer e manter amigos para sempre* um caso internacional. Obrigada à minha equipe na Putnam e à minha editora lá, Michelle Howry. Seus comentários transformaram *Como fazer e manter amigos para sempre* no que deveria ser. Obrigada a Ellen Hendriksen, por me recomendar à Aevitas e ajudar a transformar meus sonhos em realidade. Teara Jamison verificou os fatos deste livro e me impressionou ao longo do caminho com seu comprometimento para fazer de *Como fazer e manter amigos para sempre* sua melhor versão.

Obrigada ao meu grupo de crítica de escrita, Rhaina Cohen, Brandon Tensley, Jenny Schmidt e Emily Tamkin. Absolutamente todos vocês são brilhantes, e ganhei na loteria quando os descobri como parceiros de escrita e amigos. Obrigada a Adam Smiley Poswolsky, por sediar conjuntamente nosso grupo de apoio a autores estelar. Obrigada a Joy Harden Bradford, que me ajudou a sair da casca das turnês ao me receber em *Therapy for Black Girls*.

Obrigada à minha mãe, Gina Franco, por me ensinar o que significa querer que todos na sua vida tenham sucesso. Obrigada ao meu pai, Stefano Franco, por nos criar para sermos intelectualmente curiosos além da conta. Obrigada ao meu irmão, Stephen Franco, por crescer comigo. Obrigada à minha irmã, Tania Vazquez, por garantir que todos temos um pouco de bom senso, e a Billy Vazquez, por ajudá-la a criar as melhores pessoas de todos os tempos, minhas sobrinhas, Angelica Vasquez e Natasha Vazquez. Amo *muito* vocês duas.

Obrigada a Kana Felix, por ser o tipo de pessoa que cura todos à sua volta, eu incluída. Obrigada a Racheli Katz, por me manter com os pés no chão quando enfrentei a revisão número dois e a vida. Obrigada a Ginnie Seger, por enviar aquele meu vídeo para Cheryl Strayed em meu pior momento e por ser um exemplo de grande amizade. Obrigada a Rabia Friedman, por me mostrar como é quando duas amigas simplesmente se dão bem. Obrigada a Krizia Gupiteo, por ser a amiga mais atenciosa e dedicada. Obrigada a Harbani Ahuja, por ser uma alma generosa e amável. Obrigada a Vanessa Williams, por ser minha eterna companheira favorita de aventuras. Obrigada a Mikelann Scerbo (novamente), por ser apenas a pessoa mais gentil do planeta. Obrigada a Leah Fuller, que me mostrou o que é necessário para fazer uma amizade durar uma vida toda. Obrigada a Lauri Ng (novamente), por me entender. Obrigada a Michael Abdullah, por me resgatar da chuva, figurativa e literalmente. Obrigada a Keshia Ashe, por ser a maior torcedora de todos. Obrigada a meus vizinhos; ajudamos uns aos outros a sobreviver durante a pandemia, e a maneira como nos apoiamos me enche de alegria.

Obrigada a *todos* cuja história contribuiu para este livro. Mantive muitos de vocês anônimos, mas espero que sorriam ao se reconhecer nestas páginas.

Obrigada a *todos* os acadêmicos que contribuíram com seu tempo para *Como fazer e manter amigos para sempre*. Sua pesquisa me impressiona e fico muito empolgada por todas as pessoas que serão ajudadas por ela. Obrigada à minha orientadora do doutorado, Karen O'Brien, por ajudar a

COMO FAZER E MANTER AMIGOS PARA SEMPRE

alimentar minha paixão por pesquisa. Você nutria meu amor pela ciência quando eu era uma semente vulnerável, e ela cresceu com seu cuidado. Obrigada a Mia Smith-Bynum, minha mentora, por sempre me tratar como família e ser um exemplo de mulher negra fabulosa. Falando em exemplos de mulheres negras, obrigada à minha mentora, Beverly Tatum, por me dizer que deveria escrever *Como fazer e manter amigos para sempre*. Se nunca tivéssemos tido aquele almoço em que você me deu a permissão de que eu precisava, não sei se teria escrito este livro. Obrigada ao meu programa de doutorado na Universidade de Maryland e ao estágio no centro de aconselhamento da Universidade de Maryland, por me ajudarem a entender que, no fundo, somos puro amor.

Notas

Introdução: O segredo de fazer amigos na idade adulta

1. MARTIN, Grace B.; CLARK, Russell D. Distress Crying in Neonates: Species and Peer Specificity. *Developmental Psychology*, v. 18, n. 1, p. 3-9, 1982. Disponível em: https://doi.org/10.1037/0012-1649.18.1.3. Acesso em: 27 jun. 2022.

Capítulo 1: Como a amizade transforma nossas vidas

2. BALTZLY, Dirk; ELIOPOULOS, Nick. The Classical Ideals of Friendship. *In*: Barbara Caine (org.). *Friendship*: A History. Nova York: Equinox, 2009.

3. MIA. History of Friendship: From Ancient Times to the XXI Century. *Youth Time Magazine*, 2 maio 2016. Disponível em: https://youth-time.eu/history-of-friendship-from-ancient-times-to-the-xxi-century. Acesso em: 27 jun. 2022.

4. LAPIDOS, Juliet. What's Plato Got to Do with It? *Slate*, 26 set. 2010. Disponível em: https://slate.com/human-interest/2010/09/the-origins-of-the-term-platonic-friendship.html. Acesso em: 27 jun. 2022.

5. CHOI, Karmel W. *et al*. An Exposure-Wide and Mendelian Randomization Approach to Identifying Modifiable Factors for the Prevention of Depression. *American Journal of Psychiatry*, v. 177, n. 10, p. 944-954, out. 2020. Disponível em: https://doi.org/10.1176/appi.ajp.2020.19111158. Acesso em: 27 jun. 2022.

6. HOLT-LUNSTAD, Julianne; SMITH, Timothy B.; LAYTON, J. Bradley. Social Relationships and Mortality Risk: A Meta-Analytic Review. *PLoS Medicine*, v. 7, n. 7, p. e1000316, 2010. Disponível em: https://doi.org/10.1371/journal.pmed.1000316. Acesso em: 27 jun. 2022.; HOLT-LUNSTAD, Julianne. The Potential Public Health Relevance of Social Isolation and Loneliness: Prevalence, Epidemiology, and Risk Factors. *Public Policy & Aging Report*, v. 27, n. 4, p. 127-130, 2017. Disponível em: https://doi.org/10.1093/ppar/prx030. Acesso em: 27 jun. 2022.

7. DIENER, Ed; SELIGMAN, Martin E. P. Very Happy People. *Psychological Science*, v. 13, n. 1, p. 81-84, 2002. Disponível em: https://doi.org/10.1111/1467-9280.00415. Acesso em: 27 jun. 2022.

8. FESSLER, Daniel M. T.; HOLBROOK, Colin. Friends Shrink Foes: The Presence of Comrades Decreases the Envisioned Physical Formidability of an Opponent. *Psychological Science*, v. 24, n. 5, p. 797-802, 2013. Disponível em: https://doi.org/10.1177/0956797612461508. Acesso em: 27 jun. 2022.

9. SCHNALL, Simone *et al.* Social Support and the Perception of Geographical Slant. *Journal of Experimental Social Psychology*, v. 44, n. 5, p. 1246-1255, 2008. Disponível em: https://doi.org/10.1016/j.jesp.2008.04.011. Acesso em: 27 jun. 2022.

10. PEDIŠIĆ, Željko *et al.* Is Running Associated with a Lower Risk of All-Cause, Cardiovascular and Cancer Mortality, and Is the More the Better? A Systematic Review and Meta-Analysis. *British Journal of Sports Medicine*, v. 54, n. 15, p. 898-905, 2019. Disponível em: https://doi.org/10.1136/bjsports-2018-100493. Acesso em: 27 jun. 2022.

11. ZHANG, Xianglan *et al.* Cruciferous Vegetable Consumption Is Associated with a Reduced Risk of Total and Cardiovascular Disease Mortality. *The American Journal of Clinical Nutrition*, v. 94, n. 1, p. 240-246, 2011. Disponível em: https://doi.org/10.3945/ajcn.110.009340. Acesso em: 27 jun. 2022.

12. HOLT-LUNSTAD, Julianne; ROBLES, Theodore F.; SBARRA, David A. Advancing Social Connection as a Public Health Priority in the United States. *American Psychologist*, v. 72, n. 6, p. 517-530, 2017. Disponível em: https://doi.org/10.1037/amp0000103. Acesso em: 27 jun. 2022.

13. HUDSON, Nathan W.; LUCAS, Richard E.; DONNELLAN, M. Brent. Are We Happier with Others? An Investigation of the Links between Spending Time with Others and Subjective Well-Being. *Journal of Personality and Social Psychology*, v. 119, n. 3, p. 672-694, 2020. Disponível em: https://doi.org/10.1037/pspp0000290. Acesso em: 27 jun. 2022.

14. PETTIGREW, Thomas F. Generalized Intergroup Contact Effects on Prejudice. *Personality and Social Psychology Bulletin*, v. 23, n. 2, p. 173-185, 1997. Disponível em: https://doi.org/10.1177/0146167297232006. Acesso em: 27 jun. 2022.

15. WRIGHT, Stephen C. *et al*. The Extended Contact Effect: Knowledge of Cross-Group Friendships and Prejudice. *Journal of Personality and Social Psychology*, v. 73, n. 1, p. 73-90, 1997. Disponível em: https://doi.org/10.1037/0022-3514.73.1.73. Acesso em: 27 jun. 2022.

16. WRZUS, Cornelia *et al*. Social Network Changes and Life Events across the Life Span: A Meta-Analysis. *Psychological Bulletin*, v. 139, n. 1, p. 53-80, 2013. Disponível em: https://doi.org/10.1037/a0028601. Acesso em: 27 jun. 2022.

17. VAN DER HORST, Mariska; COFFÉ, Hilde. How Friendship Network Characteristics Influence Subjective Well-Being. *Social Indicators Research*, v. 107, n. 3, p. 509-529, 2012. Disponível em: https://doi.org/10.1007/s11205-011-9861-2. Acesso em: 27 jun. 2022.

18. HOFER, Jan *et al*. The Higher Your Implicit Affiliation-Intimacy Motive, the More Loneliness Can Turn You Into a Social Cynic: A Cross-Cultural Study. *Journal of Personality*, v. 85, n. 2, p. 179-191, 2017. Disponível em: https://doi.org/10.1111/jopy.12232. Acesso em: 27 jun. 2022.

19. LEUNG, Kwok *et al*. Social Axioms: The Search for Universal Dimensions of General Beliefs about How the World Functions. *Journal of Cross-Cultural Psychology*, v. 33, n. 3, p. 286-302, 2002. Disponível em: https://doi.org/10.1177/0022022102033003005. Acesso em: 27 jun. 2022.

20. VANDERDRIFT, Laura E.; WILSON, Juan E.; AGNEW, Christopher R. On the Benefits of Valuing Being Friends for Nonmarital Romantic Partners. *Journal of Social and Personal Relationships*, v. 30, n. 1, p. 115-131, 2013. Disponível em: https://doi.org/10.1177/0265407512453009. Acesso em: 27 jun. 2022.

21. STROZIER, Charles B.; SOINI, Wayne. *Your Friend Forever, A. Lincoln*: The Enduring Friendship of Abraham Lincoln and Joshua Speed. Nova York: Columbia University Press, 2018.

22. STROZIER; SOINI. *Your Friend Forever, A. Lincoln.*

23. CHOPIK, William J. Associations among Relational Values, Support, Health, and Well-Being across the Adult Lifespan. *Personal Relationships*, v 24, n. 2, p. 408-422, 2017. Disponível em: https://doi.org/10.1111/pere.12187. Acesso em: 27 jun. 2022.

24. ELKIND, David. "Good Me" or "Bad Me" – The Sullivan Approach to Personality. *The New York Times*, 24 set. 1972. Disponível em: https://www.nytimes.com/1972/09/24/archives/-good-me-or-bad-me-the-sullivan-approach-to-personality-starting.html. Acesso em: 27 jun. 2022.

25. ELKIND. "Good Me" or "Bad Me" – The Sullivan Approach to Personality.

26. ORTH, Ulrich; ROBINS, Richard W.; SOTO, Christopher J. Tracking the Trajectory of Shame, Guilt, and Pride across the Life Span. *Journal of Personality and Social Psychology*, v. 99, n. 6, p. 1061-1071, 2010. Disponível em: https://doi.org/10.1037/a0021342. Acesso em: 27 jun. 2022.

27. VIJAYAKUMAR, Nandita; PFEIFER, Jennifer H. Self--Disclosure during Adolescence: Exploring the Means, Targets, and Types of Personal Exchanges. *Current Opinion in Psychology*, v. 31, p. 135-140, 2020. Disponível em: https://doi.org/10.1016/j.copsyc.2019.08.005. Acesso em: 27 jun. 2022.

28. PADILLA-WALKER, Laura M. *et al.* Adolescents' Prosocial Behavior Toward Family, Friends, and Strangers: A Person--Centered Approach. *Journal of Research on Adolescence*, v. 25, n. 1, p. 135-150, 2015. Disponível em: https://doi.org/10.1111/jora.12102. Acesso em: 27 jun. 2022.

29. BOELE, Savannah *et al.* Linking Parent-Child and Peer Relationship Quality to Empathy in Adolescence: A Multilevel Meta-Analysis. *Journal of Youth and Adolescence*, v. 48, n. 6, p. 1033-1055, 2019. Disponível em: https://doi.org/10.1007/s10964--019-00993-5. Acesso em: 27 jun. 2022.

30. VAN DEN BEDEM, Neeltje P. *et al.* Interrelation between Empathy and Friendship Development during (Pre) Adolescence and the Moderating Effect of Developmental Language Disorder: A Longitudinal Study. *Social Development*, v. 28, n.

3, p. 599-619, 2019. Disponível em: https://doi.org/10.1111/sode.12353. Acesso em: 27 jun. 2022.

31. MEYER, Meghan L. *et al.* Empathy for the Social Suffering of Friends and Strangers Recruits Distinct Patterns of Brain Activation. *Social Cognitive and Affective Neuroscience*, v. 8, n. 4, p. 446-454, 2013. Disponível em: https://doi.org/10.1093/scan/nss019. Acesso em: 27 jun. 2022.

32. BAGWELL, Catherine L.; NEWCOMB, Andrew F.; BUKOWSKI, William M. Preadolescent Friendship and Peer Rejection as Predictors of Adult Adjustment. *Child Development*, v. 69, n. 1, p. 140-153, 1998. Disponível em: https://doi.org/10.2307/1132076. Acesso em: 27 jun. 2022.

33. BANDURA, Albert; ROSS, Dorothea; ROSS, Sheila A. Transmission of Aggression Through Imitation of Aggressive Models. *Journal of Abnormal and Social Psychology*, v. 63, n. 3, p. 575-582, 1961. Disponível em: https://doi.org/10.1037/h0045925. Acesso em: 27 jun. 2022.

34. MATTINGLY, Brent A.; LEWANDOWSKI JR., Gary W. Broadening Horizons: Self-Expansion in Relational and Non-Relational Contexts. *Social and Personality Psychology Compass*, v. 8, n. 1, p. 30-40, 2014. Disponível em: https://doi.org/10.1111/spc3.12080. Acesso em: 27 jun. 2022.

35. ARON, Arthur *et al.* Close Relationships as Including Other in the Self. *Journal of Personality and Social Psychology*, v. 60, n. 2, p. 241-253, 1991. Disponível em: https://doi.org/10.1037/0022-3514.60.2.241. Acesso em: 27 jun. 2022.

36. MASHEK, Debra J.; ARON, Arthur; BONCIMINO, Maria. Confusions of Self with Close Others. *Personality and Social Psychology Bulletin*, v. 29, n. 3, p. 382-392, 2003. Disponível em: https://doi.org/10.1177/0146167202250220. Acesso em: 27 jun. 2022.

37. KETAY, Sarah *et al.* Seeing You in Me: Preliminary Evidence for Perceptual Overlap between Self and Close Others. *Journal of Social and Personal Relationships*, v. 36, n. 8, p. 2474-2486, 2019. Disponível em: https://doi.org/10.1177/0265407518788702. Acesso em: 27 jun. 2022.

38. ARON, Arthur *et al.* Including Others in the Self. *European Review of Social Psychology*, v. 15, n. 1, p. 101-132, 2004. Disponível em: https://doi.org/10.1080/10463280440000008. Acesso em: 27 jun. 2022.

39. ARON, Arthur; NORMAN, Christina C.; ARON, Elaine N. The Self-Expansion Model and Motivation. *Representative Research in Social Psychology*, v. 22, p. 1-13, 1998.

40. ZAK, Paul J.; STANTON, Angela A.; AHMADI, Sheila. Oxytocin Increases Generosity in Humans. *PLoS ONE*, v. 2, n. 11, p. e1128, 2007. Disponível em: https://doi.org/10.1371/journal.pone.0001128; KOSFELD, Michael *et al.* Oxytocin Increases Trust in Humans. *Nature*, v. 435, n. 7042, p. 673-676, 2005. Disponível em: https://doi.org/10.1038/nature03701. Acesso em: 27 jun. 2022.

41. RODRIGUES, Sarina M. *et al.* Oxytocin Receptor Genetic Variation Relates to Empathy and Stress Reactivity in Humans. *Proceedings of the National Academy of Sciences of the United States of America*, v. 106, n. 50, p. 21437-21441, 2009. Disponível em: https://doi.org/10.1073/pnas.0909579106. Acesso em: 27 jun. 2022.

42. SCHNEIDERMAN, Inna *et al.* Oxytocin during the Initial Stages of Romantic Attachment: Relations to Couples' Interactive Reciprocity. *Psychoneuroendocrinology*, v. 37, n. 8, p. 1277-1285, 2012. Disponível em: https://doi.org/10.1016/j.psyneuen.2011.12.021. Acesso em: 27 jun. 2022.

43. CROCKFORD, C. *et al.* Urinary Oxytocin and Social Bonding in Related and Unrelated Wild Chimpanzees. *Proceedings of the Royal Society B: Biological Sciences*, v. 280, n. 1755, p. 20122765, 2013. Disponível em: https://doi.org/10.1098/rspb.2012.2765. Acesso em: 27 jun. 2022.

44. WEINSTEIN, Tamara A. R. *et al.* Early Involvement in Friendships Predicts Later Plasma Concentrations of Oxytocin and Vasopressin in Juvenile Rhesus Macaques (*Macaca Mulatta*). *Frontiers in Behavioral Neuroscience*, v. 8, 2014. Disponível em: https://doi.org/10.3389/fnbeh.2014.00295. Acesso em: 27 jun. 2022.

45. FELDMAN, Ruth *et al.* Parental Oxytocin and Early Caregiving Jointly Shape Children's Oxytocin Response and Social

Reciprocity. *Neuropsychopharmacology*, v. 38, n. 7, p. 1154-1162, 2013. Disponível em: https://doi.org/10.1038/npp.2013.22. Acesso em: 27 jun. 2022.

46.   ERDMAN, Susan E. Microbes and Healthful Longevity. *Aging*, v. 8, n. 5, p. 839-840, 2016. Disponível em: https://doi.org/10.18632/aging.100969. Acesso em: 27 jun. 2022.

47.   GUTKOWSKA, J.; JANKOWSKI, M. Oxytocin Revisited: Its Role in Cardiovascular Regulation. *Journal of Neuroendocrinology*, v. 24, n. 4, p. 599-608, 2012. Disponível em: https://doi.org/10.1111/j.1365-2826.2011.02235.x. Acesso em: 27 jun. 2022.

48.   UVNÄS-MOBERG, Kerstin. Oxytocin May Mediate the Benefits of Positive Social Interaction and Emotions. *Psychoneuroendocrinology*, v. 23, n. 8, p. 819-835, 1998. Disponível em: https://doi.org/10.1016/s0306-4530(98)00056-0. Acesso em: 27 jun. 2022.

Capítulo 2: Como nossos relacionamentos do passado afetam nosso presente

49.   GILLATH, Omri; KARANTZAS, Gery C.; SELCUK, Emre. A Net of Friends: Investigating Friendship by Integrating Attachment Theory and Social Network Analysis. *Personality and Social Psychology Bulletin*, v. 43, n. 11, p. 1546-1565, 2017. Disponível em: https://doi.org/10.1177/0146167217719731. Acesso em: 27 jun. 2022.

50.   LEE, Juwon; GILLATH, Omri. Perceived Closeness to Multiple Social Connections and Attachment Style: A Longitudinal Examination. *Social Psychological and Personality Science*, v. 7, n. 7, p. 680-689, 2016. Disponível em: https://doi.org/10.1177/1948550616644963. Acesso em: 27 jun. 2022.

51.   RAQUE-BOGDAN, Trisha *et al.* Attachment and Mental and Physical Health: Self-Compassion and Mattering as Mediators. *Journal of Counseling Psychology*, v. 58, n. 2, p. 272-278, 2011. Disponível em: https://doi.org/10.1037/a0023041. Acesso em: 27 jun. 2022.

52. JARVINEN, Matthew J.; PAULUS, Thomas B. Attachment and Cognitive Openness: Emotional Underpinnings of Intellectual Humility. *The Journal of Positive Psychology*, v. 12, n. 1, p. 74-86, 2016. Disponível em: https://doi.org/10.1080/17 439760.2016.1167944. Acesso em: 27 jun. 2022.

53. MIKULINCER, Mario; SHAVER, Phillip R. Attachment Theory and Intergroup Bias: Evidence That Priming the Secure Base Schema Attenuates Negative Reactions to Out-Groups. *Journal of Personality and Social Psychology*, v. 81, n. 1, p. 97-115, 2001. Disponível em: https://doi.org/10.1037/0022-3514.81.1.97. Acesso em: 27 jun. 2022.

54. HAZAN, Cindy; SHAVER, Phillip R. Love and Work: Attachment-Theoretical Perspective. *Journal of Personality and Social Psychology*, v. 59, n. 2, p. 270-280, 1990. Disponível em: https:// doi.org/10.1037/0022-3514.59.2.270. Acesso em: 27 jun. 2022.

55. SCHOEMANN, Alexander M.; GILLATH, Omri; SESKO, Amanda K. Regrets, I've Had a Few: Effects of Dispositional and Manipulated Attachment on Regret. *Journal of Social and Personal Relationships*, v. 29, n. 6, p. 795-819, 2012. Disponível em: https://doi.org/10.1177/0265407512443612. Acesso em: 27 jun. 2022.

56. DIAMOND, Lisa M.; HICKS, Angela M.; OTTER--HENDERSON, Kimberly. Physiological Evidence for Repressive Coping Among Avoidantly Attached Adults. *Journal of Social and Personal Relationships*, v. 23, n. 2, p. 205-229, 2006. Disponível em: https://doi.org/10.1177/0265407506062470. Acesso em: 27 jun. 2022.

57. PUIG, Jennifer *et al.* Predicting Adult Physical Illness from Infant Attachment: A Prospective Longitudinal Study. *Health Psychology*, v. 32, n. 4, p. 409-417, 2013. Disponível em: https:// doi.org/10.1037/a0028889; DIAMOND, Lisa M.; HICKS, Angela M.; OTTER-HENDERSON, Kimberly. Physiological Evidence for Repressive Coping among Avoidantly Attached Adults. *Journal of Social and Personal Relationships*, v. 23, n. 2, p. 205-229, 2006. Disponível em: https://doi.org/10.1177/0265407506062470. Acesso em: 27 jun. 2022.

58.   CASSIDY, Jude *et al.* Attachment and Representations of Peer Relationships. *Developmental Psychology*, v. 32, n. 5, p. 892-904, 1996. Disponível em: https://doi.org/10.1037/0012-
-1649.32.5.892; DWYER, Kathleen M. *et al.* Attachment, Social Information Processing, and Friendship Quality of Early Adolescent Girls and Boys. *Journal of Social and Personal Relationships*, v. 27, n. 1, p. 91-116, 2010. Disponível em: https://doi.org/10.1177/0265407509346420. Acesso em: 27 jun. 2022.

59.   GILLATH, Omri *et al.* Genetic Correlates of Adult Attachment Style. *Personality and Social Psychology Bulletin* v. 34, n. 10, p. 1396-1405, 2008. Disponível em: https://doi.org/10.1177/0146167208321484. Acesso em: 27 jun. 2022.

60.   WATERS, Everett *et al.* Attachment Security in Infancy and Early Adulthood: A Twenty-Year Longitudinal Study. *Child Development*, v. 71, n. 3, p. 684-689, 2000. Disponível em: https://doi.org/10.1111/1467-8624.00176. Acesso em: 27 jun. 2022.

61.   AIKINS, Julie Wargo; HOWES, Carollee; HAMILTON, Claire. Attachment Stability and the Emergence of Unresolved Representations during Adolescence. *Attachment & Human Development*, v. 11, n. 5, p. 491-512, 2009. Disponível em: https://doi.org/10.1080/14616730903017019. Acesso em: 27 jun. 2022.

62.   GOLDNER, Fred H. Pronoia. *Social Problems*, v. 30, n. 1, p. 82-91, 1982. Disponível em: https://doi.org/10.2307/800186. Acesso em: 27 jun. 2022.

63.   FEHR, Ernst; ROCKENBACH, Bettina. Detrimental Effects of Sanctions on Human Altruism. *Nature*, v. 422, n. 6928, p. 137-140, 2003. Disponível em: https://doi.org/10.1038/nature01474. Acesso em: 27 jun. 2022.

64.   CLARKE, Tom. Students Prove Trust Begets Trust. *Nature*, 2003. Disponível em: https://www.nature.com/news/2003/030310/full/news030310-8.html. Acesso em: 27 jun. 2022.

65.   RASMUSSEN, Pernille Darling *et al.* Attachment as a Core Feature of Resilience: A Systematic Review and Meta-Analysis. *Psychological Reports*, v. 122, n. 4, p. 1259-1296, 2018. Disponível em: https://doi.org/10.1177/0033294118785577. Acesso em: 27 jun. 2022.

66.   SIMPSON, Jeffry A.; RHOLES, W. Steven. Adult Attachment, Stress, and Romantic Relationships. *Current Opinion in Psychology*, v. 13, p. 19-24, 2017. Disponível em: https://doi.org/10.1016/j.copsyc.2016.04.006. Acesso em: 27 jun. 2022.

67.   SIMPSON; RHOLES. Adult Attachment, Stress, and Romantic Relationships.

68.   GILLATH, Omri; KARANTZAS, Gery C.; SELCUK, Emre. A Net of Friends: Investigating Friendship by Integrating Attachment Theory and Social Network Analysis. *Personality and Social Psychology Bulletin*, v. 43, n. 11, p. 1546-1565, 2017. Disponível em: https://doi.org/10.1177/0146167217719731. Acesso em: 27 jun. 2022.

69.   PETERSEN, Julie; LE, Benjamin. Psychological Distress, Attachment, and Conflict Resolution in Romantic Relationships. *Modern Psychological Studies*, v. 23, n. 1, p. 1-26, 2017.

70.   GRABILL, Chandra M.; KERNS, Kathryn A. Attachment Style and Intimacy in Friendship. *Personal Relationships*, v. 7, n. 4, p. 363-378, 2000. Disponível em: https://doi.org/10.1111/j.1475-6811.2000.tb00022.x. Acesso em: 27 jun. 2022.

71.   GILLATH; KARANTZAS; SELCUK. A Net of Friends.

72.   PETERSEN; LE. Psychological Distress, Attachment, and Conflict Resolution in Romantic Relationships.

73.   MIKULINCER, Mario *et al*. Attachment, Caregiving, and Altruism: Boosting Attachment Security Increases Compassion and Helping. *Journal of Personality and Social Psychology*, v. 89, n. 5, p. 817-839, 2005. Disponível em: https://doi.org/10.1037/0022-3514.89.5.817. Acesso em: 21 jun. 2022; LAWLER-ROW, Kathleen A. *et al*. The Role of Adult Attachment Style in Forgiveness Following an Interpersonal Offense. *Journal of Counseling & Development*, v. 84, n. 4, p. 493-502, 2006. Disponível em: https://doi.org/10.1002/j.1556-6678.2006.tb00434.x. Acesso em: 21 jun. 2022; GILLATH, Omri *et al*. Attachment, Authenticity, and Honesty: Dispositional and Experimentally Induced Security Can Reduce Self- and Other-Deception. *Journal of Personality and Social Psychology*, v. 98, n. 5, p. 841-855, 2010. Disponível em: https://doi.org/10.1037/a0019206. Acesso em: 27 jun. 2022.

74. COLLINS, Nancy L.; FEENEY, Brooke C. A Safe Haven: An Attachment Theory Perspective on Support Seeking and Caregiving in Intimate Relationships. *Journal of Personality and Social Psychology*, v. 78, n. 6, p. 1053-1073, 2000. Disponível em: https://doi.org/10.1037/0022-3514.78.6.1053. Acesso em: 21 jun. 2022; DEFRONZO, Roseanne; PANZARELLA, Catherine; BUTLER, Andrew C. Attachment, Support Seeking, and Adaptive Inferential Feedback: Implications for Psychological Health. *Cognitive and Behavioral Practice*, v. 8, n. 1, p. 48-52, 2001. Disponível em: https://doi.org/10.1016/s1077-7229(01)80043-2. Acesso em: 21 jun. 2022; MIKULINCER, Mario; NACHSON, Orna. Attachment Styles and Patterns of Self-Disclosure. *Journal of Personality and Social Psychology*, v. 61, n. 2, p. 321-331, 1991. Disponível em: https://doi.org/10.1037/0022-3514.61.2.321. Acesso em: 27 jun. 2022.

75. ZHANG, Fang; LABOUVIE-VIEF, Gisela. Stability and Fluctuation in Adult Attachment Style over a 6-Year Period. *Attachment & Human Development*, v. 6, n. 4, p. 419-437, 2004. Disponível em: https://doi.org/10.1080/1461673042000303127. Acesso em: 27 jun. 2022.

76. GRABILL; KERNS. Attachment Style and Intimacy in Friendship.

77. CAIN, Susan. *Quiet: The Power of Introverts in a World That Can't Stop Talking*. Nova York: Penguin Books, 2013.

78. HAZAN; SHAVER. Love and Work.

79. CONNORS, Mary E. The Renunciation of Love: Dismissive Attachment and Its Treatment. *Psychoanalytic Psychology*, v. 14, n. 4, p. 475-493, 1997. Disponível em: https://doi.org/10.1037/h0079736. Acesso em: 27 jun. 2022.

80. GILLATH; KARANTZAS; SELCUK. A Net of Friends.

81. GILLATH; KARANTZAS; SELCUK. A Net of Friends.

82. COLLINS, Tara J.; GILLATH, Omri. Attachment, Breakup Strategies, and Associated Outcomes: The Effects of Security Enhancement on the Selection of Breakup Strategies. *Journal of Research in Personality*, v. 46, n. 2, p. 210-222, 2012.

Disponível em: https://doi.org/10.1016/j.jrp.2012.01.008. Acesso em: 27 jun. 2022.

83. DIAMOND, Lisa M.; HICKS, Angela M.; OTTER--HENDERSON, Kimberly. Physiological Evidence for Repressive Coping among Avoidantly Attached Adults. *Journal of Social and Personal Relationships*, v. 23, n. 2, p. 205-229, 2006. Disponível em: https://doi.org/10.1177/0265407506062470. Acesso em: 21 jun. 2022; MIKULINCER, Mario; SHAVER, Phillip R. The Attachment Behavioral System in Adulthood: Activation, Psychodynamics, and Interpersonal Processes. *Advances in Experimental Social Psychology*. Cambridge: Elsevier, v. 35, p. 53-152, 2003. Disponível em: https://doi.org/10.1016/s0065-2601(03)01002-5. Acesso em: 27 jun. 2022.

84. ATKINS, Sarah A. H. *The Relationship between Shame and Attachment Styles*. Tese (Doutorado) – Universidade do Norte do Texas, Denton, 2016.

85. MCWILLIAMS, Lachlan A.; BAILEY, S. Jeffrey. Associations between Adult Attachment Ratings and Health Conditions: Evidence from the National Comorbidity Survey Replication. *Health Psychology*, v. 29, n. 4, p. 446-453, 2010. Disponível em: https://doi.org/10.1037/a0020061. Acesso em: 21 jun. 2022; PICARDI, Angelo *et al*. Attachment Security and Immunity in Healthy Women. *Psychosomatic Medicine*, v. 69, n. 1, p. 40–46, 2007. Disponível em: https://doi.org/10.1037/a0020061. Acesso em: 27 jun. 2022.

86. TROY, Michael; SROUFE, Alan. Victimization Among Preschoolers: Role of Attachment Relationship History. *Journal of the American Academy of Child & Adolescent Psychiatry*, v. 26, n. 2, p. 166-172, 1987. Disponível em: https://doi.org/10.1097/00004583--198703000-00007. Acesso em: 27 jun. 2022.

87. KAREN, Robert. *Becoming Attached*: Unfolding the Mystery of the Infant-Mother Bond and Its Impact on Later Life. Nova York: Grand Central Publishing, 1994.

88. FURMAN, Wyndol. Working Models of Friendships. *Journal of Social and Personal Relationships*, v. 18, n. 5, p. 583-602, 2001. Disponível em: https://doi.org/10.1177/0265407501185002.

Acesso em: 21 jun. 2022; GILLATH; KARANTZAS; SELCUK. A Net of Friends; LOEB, Emily L. *et al.* With(out) a Little Help from My Friends: Insecure Attachment in Adolescence, Support--Seeking, and Adult Negativity and Hostility. *Attachment & Human Development*, v. 23, n. 5, p. 624-642, 2020. Disponível em: https://doi.org/10.1080/14616734.2020.1821722. Acesso em: 27 jun. 2022.

89.   CHOW, Chong Man; TAN, Cin Cin. Attachment and Commitment in Dyadic Friendships: Mediating Roles of Satisfaction, Quality of Alternatives, and Investment Size. *Journal of Relationships Research*, v. 4, n. e4, p. 1-11, 2013. Disponível em: https://doi.org/10.1017/jrr.2013.4. Acesso em: 27 jun. 2022.

90.   GILLATH; KARANTZAS; SELCUK. A Net of Friends.

91.   TIDWELL, Marie-Cecile O.; REIS, Harry T.; SHAVER, Phillip R. Attachment, Attractiveness, and Social Interaction: A Diary Study. *Journal of Personality and Social Psychology*, v. 71, n. 4, p. 729-745, 1996. Disponível em: https://doi.org/10.1037/0022--3514.71.4.729. Acesso em: 27 jun. 2022.

92.   MIKULINCER, Mario; ARAD, Daphna. Attachment Working Models and Cognitive Openness in Close Relationships: A Test of Chronic and Temporary Accessibility Effects. *Journal of Personality and Social Psychology*, v. 77, n. 4, p. 710-725, 1999. Disponível em: https://doi.org/10.1037/0022-3514.77.4.710. Acesso em: 27 jun. 2022.

93.   MIKULINCER; NACHSON. Attachment Styles and Patterns of Self-Disclosure.

94.   KIDD, Tara; SHEFFIELD, David. Attachment Style and Symptom Reporting: Examining the Mediating Effects of Anger and Social Support. *British Journal of Health Psychology*, v. 10, n. 4, p. 531-541, 2005. Disponível em: https://doi.org/10.1111/j.2044-8287.2005.tb00485.x. Acesso em: 27 jun. 2022.

95.   BEKKER, Marrie H. J.; BACHRACH, Nathan; CROON, Marcel A. The Relationships of Antisocial Behavior with Attachment Styles, Autonomy-Connectedness, and Alexithymia. *Journal of Clinical Psychology*, v. 63, n. 6, p. 507-527, 2007.

Disponível em: https://doi.org/10.1002/jclp.20363. Acesso em: 27 jun. 2022.

96. PASCUZZO, Katherine; CYR, Chantal; MOSS, Ellen. Longitudinal Association between Adolescent Attachment, Adult Romantic Attachment, and Emotion Regulation Strategies. *Attachment & Human Development*, v. 15, n. 1, p. 83-103, 2012. Disponível em: https://doi.org/10.1080/14616734.2013.745713. Acesso em: 27 jun. 2022.

97. DEWALL, C. Nathan *et al.* Do Neural Responses to Rejection Depend on Attachment Style? An fMRI Study. *Social Cognitive and Affective Neuroscience*, v. 7, n. 2, p. 184-192, 2011. Disponível em: https://doi.org/10.1093/scan/nsq107. Acesso em: 27 jun. 2022.

98. NORMAN, Luke *et al.* Attachment-Security Priming Attenuates Amygdala Activation to Social and Linguistic Threat. *Social Cognitive and Affective Neuroscience*, v. 10, n. 6, p. 832-839, 2014. Disponível em: https://doi.org/10.1093/scan/nsu127. Acesso em: 27 jun. 2022.

99. ROHMANN, Elke *et al.* Grandiose and Vulnerable Narcissism. *European Psychologist*, v. 17, n. 4, p. 279-290, jan. 2012. Disponível em: https://doi.org/10.1027/1016-9040/a000100. Acesso em: 27 jun. 2022.

100. ROHMANN, Elke *et al.* Grandiose and Vulnerable Narcissism; CZARNA, Anna Z. *et al.* The Relationship of Narcissism with Tendency to React with Anger and Hostility: The Roles of Neuroticism and Emotion Regulation Ability. *Current Psychology*, v. 40, 5499-5514, 2019. Disponível em: https://doi.org/10.1007/s12144-019-00504-6. Acesso em: 27 jun. 2022.

101. MIKULINCER, Mario; SHAVER, Phillip R. An Attachment Perspective on Psychopathology. *World Psychiatry*, v. 11, n. 1, p. 11-15, 2012. Disponível em: https://doi.org/10.1016/j.wpsyc.2012.01.003. Acesso em: 27 jun. 2022.

102. BALDWIN, Mark W.; KAY, Aaron C. Adult Attachment and the Inhibition of Rejection. *Journal of Social and Clinical Psychology*, v. 22, n. 3, p. 275-293, 2003. Disponível em: https://doi.org/10.1521/jscp.22.3.275.22890. Acesso em: 27 jun. 2022.

103. COOPER, Ashley N. *et al.* Volatility in Daily Relationship Quality: The Roles of Attachment and Gender. *Journal of Social and Personal Relationships*, v. 35, n. 3, p. 348-371, 2017. Disponível em: https://doi.org/10.1177/0265407517690038. Acesso em: 27 jun. 2022; MIKULINCER, Mario; SELINGER, Michal. The Interplay between Attachment and Affiliation Systems in Adolescents' Same-Sex Friendships: The Role of Attachment Style. *Journal of Social and Personal Relationships*, v. 18, n. 1, p. 81-106, 2001. Disponível em: https://doi.org/10.1177/0265407501181004. Acesso em: 27 jun. 2022.

104. BLOUNT-MATTHEWS, Kirsten M. *Attachment and Forgiveness in Human Development*: A Multi-Method Approach. Tese (Doutorado) – Universidade da Califórnia, Berkeley, 2004, ProQuest (3167189); WEBB, Marcia *et al.* Dispositional Forgiveness and Adult Attachment Styles. *The Journal of Social Psychology*, v. 146, n. 4, p. 509-512, 2006. Disponível em: https://doi.org/10.3200/socp.146.4.509-512. Acesso em: 27 jun. 2022.

105. SROUFE, L. Alan. Considering Normal and Abnormal Together: The Essence of Developmental Psychopathology. *Development and Psychopathology*, v. 2, n. 4, p. 335-347, 1990. Disponível em: https://doi.org/10.1017/s0954579400005769. Acesso em: 27 jun. 2022.

Capítulo 3: Tomando iniciativa

106. ALBERTI, Fay Bound. *A Biography of Loneliness: The History of an Emotion*. Oxford: Oxford University Press, 2019.

107. GILLATH, Omri; KEEFER, Lucas A. Generalizing Disposability: Residential Mobility and the Willingness to Dissolve Social Ties. *Personal Relationships*, v. 23, n. 2, p. 186-198, 2016. Disponível em: https://doi.org/10.1111/pere.12119. Acesso em: 27 jun. 2022.

108. KAREN, Robert. *Becoming Attached*: Unfolding the Mystery of the Infant-Mother Bond and Its Impact on Later Life. Nova York: Grand Central Publishing, 1994.

109. TWENGE, Jean M.; SPITZBERG, Brian H.; CAMPBELL, W. Keith. Less In-Person Social Interaction with Peers

among U.S. Adolescents in the 21st Century and Links to Loneliness. *Journal of Social and Personal Relationships*, v. 36, n. 6, p. 1892-1913, 2019. Disponível em: https://doi.org/10.1177/0265407519836170. Acesso em: 27 jun. 2022.

110. LONELINESS and the Workplace: 2020 U.S. Report. *Cigna*, jan. 2020. Disponível em: https://www.cigna.com/static/www-cigna-com/docs/about-us/newsroom/studies-and-reports/combatting-loneliness/cigna-2020-loneliness-report.pdf. Acesso em: 27 jun. 2022.

111. WRZUS, Cornelia *et al*. Social Network Changes and Life Events across the Life Span: A Meta-Analysis. *Psychological Bulletin*, v. 139, n. 1, p. 53-80, 2013. Disponível em: https://doi.org/10.1037/a0028601. Acesso em: 27 jun. 2022.

112. COX, Daniel A. The State of American Friendship: Change, Challenges, and Loss. *Survey Center on American Life*, 8 jun. 2021. Disponível em: https://www.americansurveycenter.org/research/the-state-of-american-friendship-change-challenges-and--loss. Acesso em: 27 jun. 2022.

113. COX, Daniel A. Men's Social Circles Are Shrinking. *Survey Center on American Life*, 29 jun. 2021. Disponível em: https://www.americansurveycenter.org/why-mens-social-circles--are-shrinking. Acesso em: 27 jun. 2022.

114. NEWALL, Nancy E. *et al*. Causal Beliefs, Social Participation, and Loneliness among Older Adults: A Longitudinal Study. *Journal of Social and Personal Relationships*, v. 26, n. 2-3, p. 273-290, 2009. Disponível em: https://doi.org/10.1177/0265407509106718. Acesso em: 27 jun. 2022.

115. WILLIAMS, Alex. Why Is It Hard to Make Friends Over 30? *The New York Times*, 13 jul. 2012. Disponível em: www.nytimes.com/2012/07/15/fashion/the-challenge-of-making-friends--as-an-adult.html. Acesso em: 27 jun. 2022.

116. PROULX, Christine M. *et al*. Relational Support from Friends and Wives' Family Relationships: The Role of Husbands' Interference. *Journal of Social and Personal Relationships*, v. 26, n. 2-3, p. 195-210, 2009. Disponível em: https://doi.org/10.1177/0265407509106709. Acesso em: 27 jun. 2022.

117.   KENESKI, Elizabeth; NEFF, Lisa A.; LOVING, Timothy J. The Importance of a Few Good Friends: Perceived Network Support Moderates the Association between Daily Marital Conflict and Diurnal Cortisol. *Social Psychological and Personality Science*, v. 9, n. 8, p. 962-971, 2017. Disponível em: https://doi.org/10.1177/1948550617731499. Acesso em: 27 jun. 2022.

118.   VOSS, Kirsten; MARKIEWICZ, Dorothy; DOYLE, Anna Beth. Friendship, Marriage and Self-Esteem. *Journal of Social and Personal Relationships*, v. 16, n. 1, p. 103-122, 1999. Disponível em: https://doi.org/10.1177/0265407599161006. Acesso em: 27 jun. 2022.

119.   WALEN, Heather R.; LACHMAN, Margie E. Social Support and Strain from Partner, Family, and Friends: Costs and Benefits for Men and Women in Adulthood. *Journal of Social and Personal Relationships*, v. 17, n. 1, p. 5-30, 2000. Disponível em: https://doi.org/10.1177/0265407500171001. Acesso em: 27 jun. 2022.

120.   GILLATH, Omri; KARANTZAS, Gery C.; SELCUK, Emre. A Net of Friends: Investigating Friendship by Integrating Attachment Theory and Social Network Analysis. *Personality and Social Psychology Bulletin*, v. 43, n. 11, p. 1546-1565, 2017. Disponível em: https://doi.org/10.1177/0146167217719731. Acesso em: 27 jun. 2022.

121.   MURRAY, Sandra L.; HOLMES, John G.; GRIFFIN, Dale W. Self-Esteem and the Quest for Felt Security: How Perceived Regard Regulates Attachment Processes. *Journal of Personality and Social Psychology*, v. 78, n. 3, p. 478-498, 2000. Disponível em: https://doi.org/10.1037/0022-3514.78.3.478. Acesso em: 27 jun. 2022.

122.   GAO, Shuling *et al*. Associations between Rejection Sensitivity and Mental Health Outcomes: A Meta-Analytic Review. *Clinical Psychology Review*, v. 57, p. 59-74, 2017. Disponível em: https://doi.org/10.1016/j.cpr.2017.08.007. Acesso em: 21 jun. 2022; DOWNEY, Geraldine; FELDMAN, Scott I. Implications of Rejection Sensitivity for Intimate Relationships. *Journal of Personality and Social Psychology*, v. 70, n. 6, p. 1327-1343, 1996.

Disponível em: https://doi.org/10.1037/0022-3514.70.6.1327. Acesso em: 27 jun. 2022.

123. DOWNEY; FELDMAN. Implications of Rejection Sensitivity for Intimate Relationships.

124. MEEHAN, Kevin B. *et al*. Rejection Sensitivity and Interpersonal Behavior in Daily Life. *Personality and Individual Differences* v. 126, p. 109-115, 2018. Disponível em: https://doi.org/10.1016/j.paid.2018.01.029. Acesso em: 27 jun. 2022.

125. DOWNEY; FELDMAN. Implications of Rejection Sensitivity for Intimate Relationships.

126. STINSON, Danu Anthony *et al*. Deconstructing the "Reign of Error": Interpersonal Warmth Explains the Self-Fulfilling Prophecy of Anticipated Acceptance. *Personality and Social Psychology Bulletin*, v. 35, n. 9, p. 1165-1178, 2009. Disponível em: https://doi.org/10.1177/0146167209338629. Acesso em: 27 jun. 2022.

127. CURTIS, Rebecca C.; MILLER, Kim. Believing Another Likes or Dislikes You: Behaviors Making the Beliefs Come True. *Journal of Personality and Social Psychology*, v. 51, n. 2, p. 284-290, 1986. Disponível em: https://doi.org/10.1037/0022-3514.51.2.284. Acesso em: 27 jun. 2022.

128. BOOTHBY, Erica J. *et al*. The Liking Gap in Conversations: Do People Like Us More Than We Think? *Psychological Science*, v. 29, n. 11, p. 1742-1756, 2018. Disponível em: https://doi.org/10.1177/0956797618783714. Acesso em: 27 jun. 2022.

129. ERONEN, Sanna; NURMI, Jari-Erik. Social Reaction Styles, Interpersonal Behaviours and Person Perception: A Multi--Informant Approach. *Journal of Social and Personal Relationships*, v. 16, n. 3, p. 315-333, 1999. Disponível em: https://doi.org/10.1177/0265407599163003. Acesso em: 27 jun. 2022.

130. SUNNAFRANK, Michael; RAMIREZ JR., Artemio. At First Sight: Persistent Relational Effects of Get-Acquainted Conversations. *Journal of Social and Personal Relationships*, v. 21, n. 3, p. 361-379, 2004. Disponível em: https://doi.org/10.1177/0265407504042837. Acesso em: 27 jun. 2022.

131. SEGAL, Mady W. Alphabet and Attraction: An Unobtrusive Measure of the Effect of Propinquity in a Field Setting. *Journal of Personality and Social Psychology*, v. 30, n. 5, p. 654-657, 1974. Disponível em: https://doi.org/10.1037/h0037446. Acesso em: 27 jun. 2022.

132. HAYS, Robert B. The Day-to-Day Functioning of Close versus Casual Friendships. *Journal of Social and Personal Relationships*, v. 6, n. 1, p. 21-37, 1989. Disponível em: https://doi.org/10.1177/026540758900600102. Acesso em: 27 jun. 2022.

133. DARLEY, John M.; BERSCHEID, Ellen. Increased Liking as a Result of the Anticipation of Personal Contact. *Human Relations*, v. 20, n. 1, p. 29-40, 1967. Disponível em: https://doi.org/10.1177/001872676702000103. Acesso em: 27 jun. 2022.

134. MORELAND, Richard L.; BEACH, Scott R. Exposure Effects in the Classroom: The Development of Affinity among Students. *Journal of Experimental Social Psychology*, v. 28, n. 3, p. 255-276, 1992. Disponível em: https://doi.org/10.1016/0022-1031(92)90055-o. Acesso em: 27 jun. 2022.

135. FESTINGER, Leon; SCHACHTER, Stanley; BACK, Kurt. *Social Pressures in Informal Groups*: A Study of Human Factors in Housing. Nova York: Harper and Brothers, 1950.

136. HOFFELD, David. Three Scientifically Proven Steps for Talking with Strangers. *Fast Company*, 14 jun. 2016. Disponível em: http://www.fastcompany.com/3060762/three-scientifically--proven-steps-for-talking-with-strange. Acesso em: 27 jun. 2022.

137. EPLEY, Nicholas; SCHROEDER, Juliana. Mistakenly Seeking Solitude. *Journal of Experimental Psychology: General*, v. 143, n. 5, p. 1980-1999, 2014. Disponível em: https://doi.org/10.1037/a0037323. Acesso em: 27 jun. 2022.

Capítulo 4: Expressando vulnerabilidade

138. SRIVASTAVA, Sanjay *et al.* The Social Costs of Emotional Suppression: A Prospective Study of the Transition to College. *Journal of Personality and Social Psychology*, v. 96, n. 4, p. 883-897, 2009. Disponível em: https://doi.org/10.1037/a0014755. Acesso em: 27 jun. 2022.

139. GRAHAM, Steven M. *et al.* The Positives of Negative Emotions: Willingness to Express Negative Emotions Promotes Relationships. *Personality and Social Psychology Bulletin*, v. 34, n. 3, p. 394-406, 2008. Disponível em: https://doi.org/10.1177/01461 67207311281. Acesso em: 27 jun. 2022.

140. VELEZ, Lily. Why Letting Ourselves Be Weak Is Actually the Key to Becoming Strong. *tiny buddha*, 1 dez. 2021. Disponível em: https://tinybuddha.com/blog/weak-actually-key-becoming-s-trong. Acesso em: 27 jun. 2022.

141. MIKULINCER, Mario; DOLEV, Tamar; SHAVER, Phillip R. Attachment-Related Strategies During Thought Suppression: Ironic Rebounds and Vulnerable Self-Representations. *Journal of Personality and Social Psychology*, v. 87, n. 6, p. 940-956, 2004. Disponível em: https://doi.org/10.1037/0022-3514.87.6.940. Acesso em: 27 jun. 2022.

142. MIKULINCER, Mario *et al.* The Association Between Adult Attachment Style and Mental Health in Extreme Life--Endangering Conditions. *Personality and Individual Differences*, v. 27, n. 5, p. 831-842, 1999. Disponível em: https://doi.org/10.1016/S0191-8869(99)00032-X. Acesso em: 27 jun. 2022.

143. SLEPIAN, Michael L.; CHUN, Jinseok S.; MASON, Malia F. The Experience of Secrecy. *Journal of Personality and Social Psychology*, v. 113, n. 1, p. 1-33, 2017. Disponível em: https://doi. org/10.1037/pspa0000085. Acesso em: 21 jun. 2022; SLEPIAN, Michael L.; KIRBY, James N.; KALOKERINOS, Elise K. Shame, Guilt, and Secrets on the Mind. *Emotion*, v. 20, n. 2, p. 323-328, 2020. Disponível em: https://doi.org/10.1037/emo0000542. Acesso em: 27 jun. 2022.

144. KAWAMURA, Kathleen Y.; FROST, Randy O. Self-Concealment as a Mediator in the Relationship Between Perfectionism and Psychological Distress. *Cognitive Therapy and Research*, v. 28, n. 2, p. 183-191, 2004. Disponível em: https://doi.org/10.1023/b:cotr.0000021539.48926.c1. Acesso em: 27 jun. 2022.

145. SLEPIAN, Michael L.; HALEVY, Nir; GALINSKI, Adam D. The Solitude of Secrecy: Thinking About Secrets Evokes Goal

Conflict and Feelings of Fatigue. *Personality and Social Psychology Bulletin*, v. 45, n. 7, p. 1129-1151, 2018. Disponível em: https://doi.org/10.1177/0146167218810770. Acesso em: 27 jun. 2022.

146. PENNEBAKER, James W.; SUSMAN, Joan R. Disclosure of Traumas and Psychosomatic Processes. *Social Science & Medicine*, v. 26, n. 3, p. 327-332, 1988. Disponível em: https://doi.org/10.1016/0277-9536(88)90397-8. Acesso em: 27 jun. 2022.

147. MCPHERSON, Miller; SMITH-LOVIN, Lynn; BRASHEARS, Matthew E. Social Isolation in America: Changes in Core Discussion Networks over Two Decades. *American Sociological Review*, v. 71, n. 3, p. 353-375, 2006. Disponível em: https://doi.org/10.1177/000312240607100301. Acesso em: 27 jun. 2022.

148. SOCIAL ISOLATION: Americans Have Fewer Close Confidantes, *All Things Considered*, 24 jun. 2006. Disponível em: https://www.npr.org/templates/story/story.php?storyId=5509381. Acesso em: 27 jun. 2022.

149. WHYTE, David. *Consolations*: The Solace, Nourishment and Underlying Meaning of Everyday Words. Langley, WA: Many Rivers Press, 2019.

150. BRUK, Anna; SCHOLL, Sabine G.; BLESS, Herbert. Beautiful Mess Effect: Self-Other Differences in Evaluation of Showing Vulnerability. *Journal of Personality and Social Psychology*, v. 115, n. 2, p. 192-205, 2018. Disponível em: https://doi.org/10.1037/pspa0000120. Acesso em: 27 jun. 2022.

151. GROMET, Dena M.; PRONIN, Emily. What Were You Worried About? Actors' Concerns About Revealing Fears and Insecurities Relative to Observers' Reactions. *Self and Identity*, v. 8, n. 4, p. 342-364, 2009. Disponível em: https://doi.org/10.1080/15298860802299392. Acesso em: 27 jun. 2022.

152. COLLINS, Nancy L.; MILLER, Lynn Carol. Self-Disclosure and Liking: A Meta-Analytic Review. *Psychological Bulletin*, v. 116, n. 3, p. 457-475, 1994. Disponível em: https://doi.org/10.1037/0033-2909.116.3.457. Acesso em: 27 jun. 2022.

153. ARON, Arthur *et al*. The Experimental Generation of Interpersonal Closeness: A Procedure and Some Preliminary Findings. *Personality and Social Psychology Bulletin*, v. 23, n. 4, p. 363-377,

1997. Disponível em: https://doi.org/10.1177/0146167297234003. Acesso em: 27 jun. 2022.

154. BAUMEISTER, Roy F. *et al.* Some Key Differences between a Happy Life and a Meaningful Life. *The Journal of Positive Psychology*, v. 8, n. 6, p. 505-516, 2013. Disponível em: https://doi.org/10.1080/17439760.2013.830764. Acesso em: 21 jun. 2022; BROWN, Stephanie L. *et al.* Providing Social Support May Be More Beneficial Than Receiving It: Results from a Prospective Study of Mortality. *Psychological Science*, v. 14, n. 4, p. 320-327, 2003. Disponível em: https://doi.org/10.1111/1467-9280.14461; MORELLI, Sylvia A. *et al.* Emotional and Instrumental Support Provision Interact to Predict Well-Being. *Emotion*, v. 15, n. 4, p. 484--493, 2015. Disponível em: https://doi.org/10.1037/emo0000084. Acesso em: 27 jun. 2022.

155. SLEPIAN, Michael L.; GREENAWAY, Katharine H. The Benefits and Burdens of Keeping Others' Secrets. *Journal of Experimental Social Psychology*, v. 78, p. 220-232, 2018. Disponível em: https://doi.org/10.1016/j.jesp.2018.02.005. Acesso em: 27 jun. 2022.

156. GRAHAM *et al.* The Positives of Negative Emotions Willingness to Express Negative Emotions Promotes Relationships.

157. BLOOM, Rachel. *I Want to Be Where the Normal People Are*. Nova York: Grand Central Publishing, 2020.

158. COZBY, Paul C. Self-Disclosure, Reciprocity and Liking. *Sociometry*, v. 35, n. 1, p. 151-160, 1972. Disponível em: https://doi.org/10.2307/2786555. Acesso em: 27 jun. 2022.

159. MIKULINCER, Mario; NACHSHON, Orna. Attachment Styles and Patterns of Self-Disclosure. *Journal of Personality and Social Psychology*, v. 61, n. 2, p. 321-331, 1991. Disponível em: https://doi.org/10.1037/0022-3514.61.2.321. Acesso em: 27 jun. 2022.

160. BRUK, Anna. Self-Other Differences in the Evaluation of Showing Vulnerability. Tese (Doutorado) – Universidade de Mannheim, Mannhein, Alemanha, 2019.

161. BOND JR., Charles F.; DEPAULO, Bella M. Accuracy of Deception Judgments. *Personality and Social Psychology Review*,

v. 10, n. 3, p. 214-234, 2006. Disponível em: https://doi.org/10.1207/s15327957pspr1003_2. Acesso em: 27 jun. 2022.

162. DINDIA, Kathryn; ALLEN, Mike. Sex Differences in Self-Disclosure: A Meta-Analysis. *Psychological Bulletin*, v. 112, n. 1, p. 106-124, 1992. Disponível em: https://doi.org/10.1037/0033-2909.112.1.106. Acesso em: 27 jun. 2022.

163. COX, Daniel A. The State of American Friendship: Change, Challenges, and Loss. *American Perspectives Survey*, 8 jun. 2021. Disponível em: https://www.americansurveycenter.org/research/the-state-of-american-friendship-change-challenges-and-loss. Acesso em: 27 jun. 2022.

164. DITTMANN, Melissa. Anger Across the Gender Divide. *Monitor on Psychology*, v. 34, n. 3, p. 52, 2003. Disponível em: https://www.apa.org/monitor/mar03/angeracross. Acesso em: 27 jun. 2022.

165. BRESCOLL, Victoria L.; UHLMANN, Eric Luis. Can an Angry Woman Get Ahead?: Status Conferral, Gender, and Expression of Emotion in the Workplace. *Psychological Science*, v. 19, n. 3, p. 268-275, 2008. Disponível em: https://doi.org/10.1111/j.1467-9280.2008.02079.x. Acesso em: 27 jun. 2022.

166. GAIA, A. Celeste. The Role of Gender Stereotypes in the Social Acceptability of the Expression of Intimacy. *The Social Science Journal*, v. 50, n. 4, p. 591-602, 2013. Disponível em: https://doi.org/10.1016/j.soscij.2013.08.006. Acesso em: 27 jun. 2022.

167. NEFF, Kristin D.; HARTER, Susan. Relationship Styles of Self-Focused Autonomy, Other-Focused Connectedness, and Mutuality across Multiple Relationship Contexts. *Journal of Social and Personal Relationships*, v. 20, n. 1, p. 81-99, 2003. Disponível em: https://doi.org/10.1177/02654075030201004. Acesso em: 27 jun. 2022.

168. HANSEN-BUNDY, Benjy. My Time inside a Group Where Men Confront Their Feelings. *GQ*, 29 out. 2019. Disponível em: https://www.gq.com/story/inside-a-group-where-men-confront-their-feelings. Acesso em: 27 jun. 2022.

169. SLEPIAN, Michael L.; MOULTON-TETLOCK Edythe. Confiding Secrets and Well-Being. *Social Psychological*

and Personality Science, v. 10, n. 4, p. 472-484, 2018. Disponível em: https://doi.org/10.1177/1948550618765069. Acesso em: 27 jun. 2022.

170. COYNE, James C.; SMITH, David A. F. Couples Coping with a Myocardial Infarction: Contextual Perspective on Patient Self-Efficacy. *Journal of Family Psychology*, v. 8, n. 1, p. 43-54, 1994. Disponível em: https://doi.org/10.1037/0893-3200.8.1.43. Acesso em: 27 jun. 2022.

171. RASMUSSEN, Pernille Darling *et al.* Attachment as a Core Feature of Resilience: A Systematic Review and Meta-Analysis. *Psychological Reports*, v. 122, n. 4, p. 1259-1296, 2018. Disponível em: https://doi.org/10.1177/0033294118785577. Acesso em: 27 jun. 2022.

172. GILLATH, Omri *et al.* Automatic Activation of Attachment-Related Goals. *Personality and Social Psychology Bulletin*, v. 32, n. 10, p. 1375-1388, 2006. Disponível em: https://doi.org/10.1177/0146167206290339. Acesso em: 27 jun. 2022.

173. WINDER, Nick P.; WINDER, Isabelle C. Complexity, Compassion and Self-Organisation: Human Evolution and the Vulnerable Ape Hypothesis. *Internet Archaeology*, v. 40, 2015. Disponível em: https://doi.org/10.11141/ia.40.3. Acesso em: 27 jun. 2022.

Capítulo 5: Buscando autenticidade

174. HARTER, Susan. Authenticity. *In*: SNYDER, C. R.; LOPEZ, Shane J. (orgs.). *Oxford Handbook of Positive Psychology*. Oxford: Oxford University Press, 2002. p. 382-393.

175. TURNER, Ralph H.; BILLINGS, Victoria. The Social Contexts of Self-Feeling. *In*: HOWARD, Judith A.; CALLERO, Peter L. (orgs.). *The Self-Society Dynamic*: Cognition, Emotion, and Action. Cambridge: Cambridge University Press, 1991, p. 103-122. Disponível em: https://doi.org/10.1017/CBO9780511527722.007. Acesso em: 27 ago. 2022.

176. LENTON, Alison P. *et al.* How Does "Being Real" Feel? The Experience of State Authenticity. *Journal of Personality*, v. 81,

n. 3, p. 276-289, 2013. Disponível em: https://doi.org/10.1111/j.1467-6494.2012.00805.x. Acesso em: 27 ago. 2022.

177.   LENTON *et al.* How Does "Being Real" Feel? The Experience of State Authenticity.

178.   LENTON *et al.* How Does "Being Real" Feel? The Experience of State Authenticity.

179.   STROHMINGER, Nina; KNOBE, Joshua; NEWMAN, George. The True Self: A Psychological Concept Distinct From the Self. Perspectives on Psychological Science, v. 12, n. 4, p. 551-560, 2017. Disponível em: https://doi.org/10.1177/1745691616689495. Acesso em: 27 ago. 2022.

180.   MIKULINCER, Mario *et al.* Attachment, Caregiving, and Altruism: Boosting Attachment Security Increases Compassion and Helping. *Journal of Personality and Social Psychology*, v. 89, n. 5, p. 817-839, 2005. Disponível em: https://doi.org/10.1037/0022--3514.89.5.817. Acesso em: 27 ago. 2022.

181.   KNOLL, Michael *et al.* Examining the Moral Grey Zone: The Role of Moral Disengagement, Authenticity, and Situational Strength in Predicting Unethical Managerial Behavior. *Journal of Applied Social Psychology*, v. 46, n. 1, p. 65-78, 2015. Disponível em: https://doi.org/10.1111/jasp.12353. Acesso em: 27 ago. 2022.

182.   TAYLOR, Charles T.; ALDEN, Lynn E. To See Ourselves as Others See Us: An Experimental Integration of the Intra and Interpersonal Consequences of Self-Protection in Social Anxiety Disorder. *Journal of Abnormal Psychology*, v. 120, n. 1, p. 129-141, 2011. Disponível em: https://doi.org/10.1037/a0022127. Acesso em: 27 ago. 2022.

183.   PEETS, Kätlin; HODGES, Ernest V. E. Authenticity in Friendships and Well-Being in Adolescence. *Social Development*, v. 27, n. 1, p. 140-153, 2017. Disponível em: https://doi.org/10.1111/sode.12254. Acesso em: 27 ago. 2022.

184.   WENZEL, Amanda J.; LUCAS-THOMPSON, Rachel G. Authenticity in College-Aged Males and Females, How Close Others are Perceived, and Mental Health Outcomes. *Sex Roles*, v. 67, n. 5-6, p. 334-350, 2012. Disponível em: https://doi.org/10.1007/s11199-012-0182-y. Acesso em: 27 ago. 2022.

185. GINO, Francesca; KOUCHAKI, Maryam; GALINSKI, Adam D. The Moral Virtue of Authenticity: How Inauthenticity Produces Feelings of Immorality and Impurity. *Psychological Science*, v. 26, n. 7, p. 983-996, 2015. Disponível em: https://doi.org/10.1177/0956797615575277. Acesso em: 27 ago. 2022.

186. VOHS, Kathleen D.; BAUMEISTER, Roy F.; CIAROCCO, Natalie J. Self-Regulation and Self-Presentation: Regulatory Resource Depletion Impairs Impression Management and Effortful Self-Presentation Depletes Regulatory Resources. *Journal of Personality and Social Psychology*, v. 88, n. 4, p. 632-657, 2005. Disponível em: https://doi.org/10.1037/0022-3514.88.4.632. Acesso em: 27 ago. 2022.

187. TOU, Reese Y. W. *et al.* The Real Me: Authenticity, Interpersonal Goals, and Conflict Tactics. *Personality and Individual Differences*, v. 86, p. 189-194, 2015. Disponível em: https://doi.org/10.1016/j.paid.2015.05.033. Acesso em: 27 ago. 2022.

188. LENTON *et al.* How Does "Being Real" Feel? The Experience of State Authenticity.

189. LAKEY, Chad E. *et al.* Individual Differences in Authenticity and Mindfulness as Predictors of Verbal Defensiveness. *Journal of Research in Personality*, v. 42, n. 1, p. 230-238, 2008. Disponível em: https://doi.org/10.1016/j.jrp.2007.05.002. Acesso em: 27 ago. 2022.

190. STANDER, Frederick W.; DE BEER, Leon T.; STANDER, Marius W. Authentic Leadership as a Source of Optimism, Trust in the Organisation and Work Engagement in the Public Health Care Sector. *SA Journal of Human Resource Management*, v. 13, n. 1, 2015. Disponível em: https://doi.org/10.4102/sajhrm.v13i1.675. Acesso em: 27 ago. 2022.

191. HALBERSTADT, Amy G. *et al.* Preservice Teachers' Racialized Emotion Recognition, Anger Bias, and Hostility Attributions. *Contemporary Educational Psychology*, v. 54, p. 125-138, jul. 2018. Disponível em: https://doi.org/10.1016/j.cedpsych.2018.06.004. Acesso em: 27 ago. 2022.

192. KTEILY, Nour *et al.* The Ascent of Man: Theoretical and Empirical Evidence for Blatant Dehumanization. *Journal of*

Personality and Social Psychology, v. 109, n. 5, p. 901-931, 2015. Disponível em: https://doi.org/10.1037/pspp0000048. Acesso em: 27 ago. 2022.

193. WILLIAMS, Melissa J.; TIEDENS, Larissa Z. The Subtle Suspension of Backlash: A Meta-Analysis of Penalties for Women's Implicit and Explicit Dominance Behavior. *Psychological Bulletin*, v. 142, n. 2, p. 165-197, 2016. Disponível em: https://doi.org/10.1037/bul0000039. Acesso em: 27 ago. 2022.

194. HOLLIDAY, Nicole R.; SQUIRES, Lauren. Sociolinguistic Labor, Linguistic Climate, and Race(ism) on Campus: Black College Students' Experiences with Language at Predominantly White Institutions. *Journal of Sociolinguistics*, v. 25, n. 3, p. 418-437, 2020. Disponível em: https://doi.org/10.1111/josl.12438. Acesso em: 27 ago. 2022.

195. MCCLUNEY, Courtney L. *et al.* The Costs of Code--Switching. *Harvard Business Review*, 15 nov. 2019. Disponível em: http://www.hbr.org/2019/11/the-costs-of-codeswitching. Acesso em: 27 ago. 2022.

196. JOHNSON, Valerie; GURUNG, Regan A. R. Defusing the Objectification of Women by Other Women: The Role of Competence. *Sex Roles*, v. 65, n. 3-4, p. 177-188, 2011. Disponível em: https://doi.org/10.1007/s11199-011-0006-5. Acesso em: 27 ago. 2022.

197. GURUNG, Regan A. R. *et al.* Can Success Deflect Racism? Clothing and Perceptions of African American Men. *The Journal of Social Psychology*, v. 226, n. 1, p. 119-128, 2020. Disponível em: https://doi.org/10.1080/00224545.2020.1787938. Acesso em: 27 ago. 2022.

198. BAUMAN, Carina. Social Evaluation of Asian Accented English. *University of Pennsylvania Working Papers in Linguistics*, v. 19, n. 2, 17, 2013. Disponível em: repository.upenn.edu/pwpl/vol19/iss2/3. Acesso em: 27 ago. 2022.

199. BRUNEAU, Emile G.; SAXE, Rebecca. The Power of Being Heard: The Benefits of "Perspective-Giving" in the Context of Intergroup Conflict. *Journal of Experimental Social Psychology*, v.

48, n. 4, p. 855-866, 2012. Disponível em: https://doi.org/10.1016/j.jesp.2012.02.017. Acesso em: 27 ago. 2022.

Capítulo 6: Harmonizando com a raiva

200.   KAHRAMANOL, Bukre; DAG, Ihsan. Alexithymia, Anger and Anger Expression Styles as Predictors of Psychological Symptoms. *Düşünen Adam: The Journal of Psychiatry and Neurological Sciences*, v. 31, n. 1, p. 30-39, 2018. Disponível em: https://doi.org/10.5350/dajpn2018310103. Acesso em: 29 ago. 2022.

201.   BUTLER, Mark H. *et al.* Anger Can Help: A Transactional Model and Three Pathways of the Experience and Expression of Anger. *Family Process*, v. 57, n. 3, p. 817-835, 2018. Disponível em: https://doi.org/10.1111/famp.12311. Acesso em: 29 ago. 2022.

202.   BUTLER *et al.* Anger Can Help.

203.   GOLDNER, Virginia. Review Essay: Attachment and Eros: Opposed or Synergistic? *Psychoanalytic Dialogues*, v. 14, n. 3, p. 381-396, 2004. Disponível em: https://doi.org/10.1080/10481881409348793. Acesso em: 29 ago. 2022.

204.   MCLAREN, Rachel M.; STEUBER, Keli Ryan. Emotions, Communicative Responses, and Relational Consequences of Boundary Turbulence. *Journal of Social and Personal Relationships*, v. 30, n. 5, p. 606-626, 2012. Disponível em: https://doi.org/10.1177/0265407512463997. Acesso em: 29 ago. 2022.

205.   BUHRMESTER, Duane *et al.* Five Domains of Interpersonal Competence in Peer Relationships. *Journal of Personality and Social Psychology*, v. 55, n. 6, p. 991-1008, 1988. Disponível em: https://doi.org/10.1037/0022-3514.55.6.991. Acesso em: 29 ago. 2022.

206.   DRIGOTAS, Stephen M.; WHITNEY, Gregory A.; RUSBULT, Caryl E. On the Peculiarities of Loyalty: A Diary Study of Responses to Dissatisfaction in Everyday Life. *Personality and Social Psychology Bulletin*, v. 21, n. 6, p. 596-609, 1995. Disponível em: https://doi.org/10.1177/0146167295216006. Acesso em: 29 ago. 2022.

207.   OVERALL, Nickola C. *et al.* Regulating Partners in Intimate Relationships: The Costs and Benefits of Different

Communication Strategies. *Journal of Personality and Social Psychology*, v. 96, n. 3, p. 620-639, 2009. Disponível em: https://doi.org/10.1037/a0012961. Acesso em: 29 ago. 2022.

208. DEANGELIS, Tori. When Anger's a Plus. *APA Monitor*, v. 34, n. 3, p. 44, 2003. Disponível em: https://www.apa.org/monitor/mar03/whenanger. Acesso em: 29 ago. 2022.

209. DEANGELIS. When Anger's a Plus.

210. SANDERSON, Catherine A.; RAHM, Katie B.; BEIGBEDER, Sarah A. The Link between the Pursuit of Intimacy Goals and Satisfaction in Close Same-Sex Friendships: An Examination of the Underlying Processes. *Journal of Social and Personal Relationships*, v. 22, n. 1, p. 75-98, 2005. Disponível em: https://doi.org/10.1177/0265407505049322. Acesso em: 29 ago. 2022.

211. CANARY, Daniel J. *et al.* An Inductive Analysis of Relational Maintenance Strategies: Comparisons among Lovers, Relatives, Friends, and Others. *Communication Research Reports*, v. 10, n. 1, p. 3-14, 1993. Disponível em: https://doi.org/10.1080/08824099309359913. Acesso em: 29 ago. 2022; HARASYMCHUK, Cheryl; FEHR, Beverley. Responses to Dissatisfaction in Friendships and Romantic Relationships: An Interpersonal Script Analysis. *Journal of Social and Personal Relationships*, v. 36, n. 6, p. 1651-1670, 2018. Disponível em: https://doi.org/10.1177/0265407518769451. Acesso em: 29 ago. 2022.

212. GUERRERO, Laura K.; FARINELLI, Lisa; MCEWAN, Bree. Attachment and Relational Satisfaction: The Mediating Effect of Emotional Communication. *Communication Monographs*, v. 76, n. 4, p. 487-514, 2009. Disponível em: https://doi.org/10.1080/03637750903300254. Acesso em: 29 ago. 2022; HEAVEY, Christopher L.; CHRISTENSEN; Andrew; MALAMUTH, Neil M. The Longitudinal Impact of Demand and Withdrawal during Marital Conflict. *Journal of Consulting and Clinical Psychology*, v. 63, n. 5, p. 797-801, 1995. Disponível em: https://doi.org/10.1037/0022-006x.63.5.797. Acesso em: 29 ago. 2022.

213. Para uma análise dos estudos sobre capacidade de resposta, consulte REIS, Harry T.; CLARK, Margaret S. Responsiveness. *In*: SIMPSON, Jeffrey; CAMPBELL, Lorne (orgs.). *The Oxford Handbook of Close Relationships*. Oxford: Oxford University Press, 2015, p. 400-423. Disponível em: https://doi.org/10.1093/oxfordhb/9780195398694.013.0018. Acesso em: 29 ago. 2022.

214. SCHEFF, Thomas J. Catharsis and Other Heresies: A Theory of Emotion. *Journal of Social, Evolutionary, and Cultural Psychology*, v. 1, n. 3, p. 98-113, 2007. Disponível em: http://dx.doi.org/10.1037/h0099826. Acesso em: 29 ago. 2022.

Capítulo 7: Oferecendo generosidade

215. STUDY: It Pays to Be Generous. *The Ascent*, 7 nov. 2019. Disponível em: https://www.fool.com/the-ascent/research/study-it-pays-be-generous. Acesso em: 29 ago. 2022.

216. WENTZEL, Kathryn R.; ERDLEY, Cynthia A. Strategies for Making Friends: Relations to Social Behavior and Peer Acceptance in Early Adolescence. *Developmental Psychology*, v. 29, n. 5, p. 819-826, 1993. Disponível em: https://doi.org/10.1037/0012--1649.29.5.819. Acesso em: 29 ago. 2022.

217. BOWKER, Julie C. *et al.* Distinguishing Children Who Form New Best-Friendships from Those Who Do Not. *Journal of Social and Personal Relationships*, v. 27, n. 6, p. 707-725, 2010. Disponível em: https://doi.org/10.1177/0265407510373259. Acesso em: 29 ago. 2022.

218. CIARROCHI, Joseph *et al.* The Upsides and Downsides of the Dark Side: A Longitudinal Study into the Role of Prosocial and Antisocial Strategies in Close Friendship Formation. *Frontiers in Psychology*, v. 10, p. 114, 2019. Disponível em: https://doi.org/10.3389/fpsyg.2019.00114. Acesso em: 29 ago. 2022.

219. BARTLETT, Monica Y. *et al.* Gratitude: Prompting Behaviours That Build Relationships. *Cognition & Emotion*, v. 26, n. 1, p. 2-13, 2012. Disponível em: https://doi.org/10.1080/02699931.2011.561297. Acesso em: 29 ago. 2022.

220. CIARROCHI *et al.* The Upsides and Downsides of the Dark Side.

221. LEVENSON, Jon D. *et al.* Why Give? Religious Roots of Charity. *Harvard Divinity School News Archive*, 26 nov. 2018, https://hds.harvard.edu/news/2013/12/13/why-give-religious-roots-charity. Acesso em: 29 ago. 2022.

222. STORR, Will. *Selfie: How We Became So Self-Obsessed and What It's Doing to Us.* Nova York: Overlook Press, 2018.

223. TWENGE, Jean M. *et al.* Egos Inflating Over Time: A Cross-Temporal Meta-Analysis of the Narcissistic Personality Inventory. *Journal of Personality*, v. 76, n. 4, p. 875-902, 2008. Disponível em: https://doi.org/10.1111/j.1467-6494.2008.00507.x. Acesso em: 29 ago. 2022.

224. BAUMEISTER, Roy F. *et al.* Does High Self-Esteem Cause Better Performance, Interpersonal Success, Happiness, or Healthier Lifestyles? *Psychological Science in the Public Interest*, v. 4, n. 1, p. 1-44, 2003. Disponível em: https://doi.org/10.1111/1529-1006.01431. Acesso em: 29 ago. 2022.

225. CAREY, Benedict. A Trauma Expert Puts the Meghan and Harry Interview in Context. *The New York Times*, 9 mar. 2021. Disponível em: https://www.nytimes.com/2021/03/09/health/meghan-harry-mental-health-trauma.html. Acesso em: 29 ago. 2022.

226. BASSETT, Rodney L.; AUBÉ, Jennifer. "Please Care about Me!" or "I Am Pleased to Care about You!" Considering Adaptive and Maladaptive Versions of Unmitigated Communion. *Journal of Psychology and Theology*, v. 41, n. 2, p. 107-119, 2013. Disponível em: https://doi.org/10.1177/009164711304100201. Acesso em: 29 ago. 2022.

227. GILLATH, Omri *et al.* Attachment, Caregiving, and Volunteering: Placing Volunteerism in an Attachment-Theoretical Framework. *Personal Relationships*, v. 12, n. 4, p. 425-446, 2005. Disponível em: https://doi.org/10.1111/j.1475-6811.2005.00124.x. Acesso em: 29 ago. 2022.

228. KAUFMAN, Scott Barry; JAUK, Emanuel. Healthy Selfishness and Pathological Altruism: Measuring Two Paradoxical Forms of Selfishness. *Frontiers in Psychology*, v. 11, p. 1006, 2020.

Disponível em: https://doi.org/10.3389/fpsyg.2020.01006. Acesso em: 29 ago. 2022.

229. LAITNER, Bill. For Walking Man James Robertson, 3 Whirlwind Days. *Detroit Free Press*, 3 fev. 2015. Disponível em: https://www.freep.com/story/news/local/michigan/oakland/2015/02/03/robertson-meets-fundraiser/22785185. Acesso em: 29 ago. 2022.

230. ALMOND, Kyle. And the Top 10 CNN Heroes of 2013 Are... CNN, 10 out. 2013. Disponível em: https://www.cnn.com/2013/10/10/world/cnnheroes-top-10. Acesso em: 29 ago. 2022.

231. GOVERNOR GENERAL OF CANADA. *Governor General's Caring Canadian Award*, 26 mar. 2018. Disponível em: https://archive.gg.ca/honours/awards/cca/index_e.asp. Acesso em: 29 ago. 2022.

232. WALKER, Lawrence J.; FRIMER, Jeremy A. Moral Personality of Brave and Caring Exemplars. *Journal of Personality and Social Psychology*, v. 93, n. 5, p. 845-860, 2007. Disponível em: https://doi.org/10.1037/0022-3514.93.5.845. Acesso em: 29 ago. 2022.

233. DUNN, Elizabeth W. *et al.* Prosocial Spending and Buying Time: Money as a Tool for Increasing Subjective Well-Being. *Advances in Experimental Social Psychology*, v. 61, p. 67-126, 2020. Disponível em: https://doi.org/10.1016/bs.aesp.2019.09.001. Acesso em: 29 ago. 2022.

234. RIGHETTI, Francesca *et al.* The Link between Sacrifice and Relational and Personal Well-Being: A Meta-Analysis. *Psychological Bulletin*, v. 146, n. 10, p. 900-921, 2020. Disponível em: https://doi.org/10.1037/bul0000297. Acesso em: 29 ago. 2022.

235. DANOFF-BURG, Sharon *et al.* Unmitigated Communion, Social Constraints, and Psychological Distress among Women with Rheumatoid Arthritis. *Journal of Personality*, v. 72, n. 1, p. 29-46, 2004. Disponível em: https://doi.org/10.1111/j.0022-3506.2004.00255.x; HELGESON, Vicki S.; FRITZ, Heidi L. A Theory of Unmitigated Communion. *Personality and Social Psychology Review*, v. 2, n. 3, p. 173-183, 1998. Disponível em:

https://doi.org/10.1207/s15327957pspr0203_2. Acesso em: 29 ago. 2022; HELGESON, Vicki S.; PALLADINO, Dianne K. Agentic and Communal Traits and Health: Adolescents with and without Diabetes. *Personality and Social Psychology Bulletin*, v. 38, n. 4, p. 415-428, 2011. Disponível em: https://doi.org/10.1177/0146167211427149. Acesso em: 29 ago. 2022.

236. LE, Bonnie M. *et al.* Communal Motivation and Well--Being in Interpersonal Relationships: An Integrative Review and Meta-Analysis. *Psychological Bulletin*, v. 144, n. 1, p. 1-25, 2018. Disponível em: https://doi.org/10.1037/bul0000133. Acesso em: 29 ago. 2022.

237. KUMASHIRO, Madoka; RUSBULT, Caryl E.; FINKEL, Eli J. Navigating Personal and Relational Concerns: The Quest for Equilibrium. *Journal of Personality and Social Psychology*, v. 95, n. 1, p. 94-110, 2008. Disponível em: https://doi.org/10.1037/0022--3514.95.1.94. Acesso em: 29 ago. 2022.

238. FRITZ, Heidi L.; HELGESON, Vicki S. Distinctions of Unmitigated Communion from Communion: Self-Neglect and Overinvolvement with Others. *Journal of Personality and Social Psychology*, v. 75, n. 1, p. 121-140, 1998. Disponível em: https://doi.org/10.1037/0022-3514.75.1.121. Acesso em: 29 ago. 2022.

239. ROBERTS-GRIFFIN, Christopher P. What Is a Good Friend: A Qualitative Analysis of Desired Friendship Qualities. *Penn McNair Research Journal*, v. 3, n. 1, 2011. Disponível em: https://repository.upenn.edu/mcnair_scholars/vol3/iss1/5. Acesso em: 29 ago. 2022.

240. ARGYLE, Michael; HENDERSON, Monika. The Rules of Friendship. *Journal of Social and Personal Relationships*, v. 1, n. 2, p. 211-237, 1984. Disponível em: https://doi.org/10.1177/0265407584012005. Acesso em: 29 ago. 2022.

241. CLARK, Margaret; ARAGÓN, Oriana. Communal (and Other) Relationships: History, Theory Development, Recent Findings, and Future Directions. *In*: SIMPSON, Jeffry; CAMPBELL, Lorne (orgs.). *The Oxford Handbook of Close Relationships*. Oxford: Oxford University Press, 2013, p. 255-280. Disponível em: http://

doi.org/10.1093/oxfordhb/9780195398694.001.0001. Acesso em: 29 ago. 2022.

242.   CLARK, Margaret S.; MILLS, Judson. The Difference between Communal and Exchange Relationships: What It Is and Is Not. *Personality and Social Psychology Bulletin*, v. 19, n. 6, p. 684-691, 1993. Disponível em: https://doi.org/10.1177/0146167293196003. Acesso em: 29 ago. 2022.

243.   VON CULIN, Katherine R.; HIRSCH, Jennifer L.; CLARK, Margaret S. Willingness to Express Emotion Depends upon Perceiving Partner Care. *Cognition and Emotion*, v. 32, n. 3, p. 641-650, 2018. Disponível em: https://doi.org/10.1080/0269 9931.2017.1331906. Acesso em: 29 ago. 2022.

244.   CLARK; MILLS. The Difference between Communal and Exchange Relationships; MILLS, Judson *et al.* Measurement of Communal Strength. *Personal Relationships*, v. 11, n. 2, p. 213-230, 2004. Disponível em: https://doi.org/10.1111/j.1475-6811.2004.00079.x. Acesso em: 29 ago. 2022.

245.   CLARK, Margaret S.; HIRSCH, Jennifer L.; MONIN, Joan K. Love Conceptualized as Mutual Communal Responsiveness. *In*: STERNBERG, Robert J.; STERNBERG, Karin (orgs.). *The New Psychology of Love*. Cambridge: Cambridge University Press, 2019, p. 84-116.

246.   CLARK, Margaret S.; LEMAY, Edward P. Close Relationships. *In*: FISKE, Susan T.; GILBERT, Daniel T.; LINDZEY, Gardner (orgs.). *Handbook of Social Psychology*. Hoboken, NJ: John Wiley & Sons Inc., 2010, p. 898-940.

247.   LEMAY, Edward P.; CLARK, Margaret S. How the Head Liberates the Heart: Projection of Communal Responsiveness Guides Relationship Promotion. *Journal of Personality and Social Psychology*, v. 94, n. 4, p. 647-671, 2008. Disponível em: https://doi.org/10.1037/0022-3514.94.4.647. Acesso em: 29 ago. 2022.

248.   DECI, Edward L. *et al.* On the Benefits of Giving as Well as Receiving Autonomy Support: Mutuality in Close Friendships. *Personality and Social Psychology Bulletin*, v. 32, n. 3, p. 313-327, 2006. Disponível em: https://doi.org/10.1177/0146167205282148. Acesso em: 29 ago. 2022.

249. COZZARELLI, Catherine *et al.* Stability and Change in Adult Attachment Styles: Associations with Personal Vulnerabilities, Life Events, and Global Construals of Self and Others. *Journal of Social and Clinical Psychology*, v. 22, n. 3, p. 315-346, 2003. Disponível em: https://doi.org/10.1521/jscp.22.3.315.22888. Acesso em: 29 ago. 2022.

250. BARTZ, Jennifer A.; LYDON, John E. Relationship- -Specific Attachment, Risk Regulation, and Communal Norm Adherence in Close Relationships. *Journal of Experimental Social Psychology*, v. 44, n. 3, p. 655-663, 2008. Disponível em: https:// doi.org/10.1016/j.jesp.2007.04.003. Acesso em: 29 ago. 2022; FRITZ; HELGESON. Distinctions of Unmitigated Communion from Communion; MIKULINCER, Mario; SHAVER, Phillip R. Attachment Security, Compassion, and Altruism. *Current Directions in Psychological Science*, v. 14, n. 1, p. 34-38, 2005. Disponível em: https://doi.org/10.1111/j.0963-7214.2005.00330.x. Acesso em: 29 ago. 2022.

251. MIRITELLO, Giovanna *et al.* Time as a Limited Resource: Communication Strategy in Mobile Phone Networks. *Social Networks*, v. 35, n. 1, p. 89-95, 2013. Disponível em: https:// doi.org/10.1016/j.socnet.2013.01.003. Acesso em: 29 ago. 2022.

252. ALMAATOUQ, Abdullah *et al.* Are You Your Friends' Friend? Poor Perception of Friendship Ties Limits the Ability to Promote Behavioral Change. *PLoS ONE*, v. 11, n. 3, p. e0151588, 2016. Disponível em: https://doi.org/10.1371/journal. pone.0151588. Acesso em: 29 ago. 2022.

253. WEINSTEIN, Netta; RYAN, Richard M. When Helping Helps: Autonomous Motivation for Prosocial Behavior and Its Influence on Well-Being for the Helper and Recipient. *Journal of Personality and Social Psychology*, v. 98, n. 2, p. 222-244, 2010. Disponível em: https://doi.org/10.1037/a0016984. Acesso em: 29 ago. 2022.

254. AKNIN, Lara B. *et al.* It's the Recipient That Counts: Spending Money on Strong Social Ties Leads to Greater Happiness than Spending on Weak Social Ties. *PLoS ONE*, v. 6, n. 2, p.

e17018, 2011. Disponível em: https://doi.org/10.1371/journal.pone.0017018. Acesso em: 29 ago. 2022.

255. WILLIAMSON, Gail M.; CLARK, Margaret S. Impact of Desired Relationship Type on Affective Reactions to Choosing and Being Required to Help. *Personality and Social Psychology Bulletin*, v. 18, n. 1, p. 10-18, 1992. Disponível em: https://doi.org/10.1177/0146167292181002. Acesso em: 29 ago. 2022.

256. ZHANG, Wuke *et al.* Recipients' Happiness in Prosocial Spending: The Role of Social Ties. *The Journal of Consumer Affairs*, v. 55, n. 4, p. 1333-1351, 2020. Disponível em: https://doi.org/10.1111/joca.12312. Acesso em: 29 ago. 2022.

257. CLARK, Margaret S. *et al.* Communal Relational Context (or Lack Thereof) Shapes Emotional Lives. *Current Opinion in Psychology*, v. 17, p. 176-183, 2017. Disponível em: https://doi.org/10.1016/j.copsyc.2017.07.023. Acesso em: 29 ago. 2022.

Capítulo 8: Dando afeto

258. ALMAATOUQ, Abdullah *et al.* Are You Your Friends' Friend? Poor Perception of Friendship Ties Limits the Ability to Promote Behavioral Change. *PLoS ONE*, v. 11, n. 3, p. e0151588, 2016. Disponível em: https://doi.org/10.1371/journal.pone.0151588. Acesso em: 29 ago. 2022.

259. COONTZ, Stephanie. *Marriage, a History: How Love Conquered Marriage.* Nova York: Penguin Books, 2006.

260. COONTZ. *Marriage, a History.*

261. COONTZ. *Marriage, a History.*

262. COONTZ. *Marriage, a History.*

263. AMBROSINO, Brandon. The Invention of "Heterosexuality". *BBC*, 15 mar. 2017. Disponível em: https://www.bbc.com/future/article/20170315-the-invention-of-heterosexuality. Acesso em: 29 ago. 2022; FADERMAN, Lillian. *Surpassing the Love of Men*: Romantic Friendship and Love between Women from the Renaissance to the Present. Nova York: Harper Paperbacks, 1998.

264. MCCORMACK, Mark; ANDERSON, Eric. The Influence of Declining Homophobia on Men's Gender in the United States: An Argument for the Study of Homohysteria.

Sex Roles, v. 71, n. 3-4, p. 109-120, 2014. Disponível em: https://doi.org/10.1007/s11199-014-0358-8. Acesso em: 29 ago. 2022.

265.   MORMAN, Mark T.; SCHRODT, Paul; TORNES, Michael J. Self-Disclosure Mediates the Effects of Gender Orientation and Homophobia on the Relationship Quality of Male Same-Sex Friendships. *Journal of Social and Personal Relationships*, v. 30, n. 5, p. 582-605, 2012. Disponível em: https://doi.org/10.1177/0265407512463991. Acesso em: 29 ago. 2022.

266.   MACHIN, Anna. Treasure Your Friends. *Aeon*, 4 jun. 2021. Disponível em: https://aeon.co/essays/treasure-your-friends--the-top-of-your-love-hierarchy. Acesso em: 29 ago. 2022.

267.   HAYS, Robert B. The Development and Maintenance of Friendship. *Journal of Social and Personal Relationships*, v. 1, n. 1, p. 75-98, 1984. Disponível em: https://doi.org/10.1177/0265407584011005. Acesso em: 29 ago. 2022.

268.   FLOYD, Kory. Human Affection Exchange: V. Attributes of the Highly Affectionate. *Communication Quarterly*, v. 50, n. 2, p. 135-152, 2002. Disponível em: https://doi.org/10.1080/01463370209385653. Acesso em: 29 ago. 2022.

269.   FLOYD, Kory; HESSE, Colin; HAYNES, Mark T. Human Affection Exchange: XV. Metabolic and Cardiovascular Correlates of Trait Expressed Affection. *Communication Quarterly*, v. 55, n. 1, p. 79-94, 2007. Disponível em: https://doi.org/10.1080/01463370600998715; FLOYD, Kory *et al.* Human Affection Exchange: VIII. Further Evidence of the Benefits of Expressed Affection. *Communication Quarterly*, v. 53, n. 3, p. 285-303, 2005. Disponível em: https://doi.org/10.1080/01463370500101071. Acesso em: 29 ago. 2022; FLOYD, Kory *et al.* Affectionate Writing Reduces Total Cholesterol: Two Randomized, Controlled Trials. *Human Communication Research*, v. 33, n. 2, p. 119-142, 2007. Disponível em: https://doi.org/10.1111/j.1468-2958.2007.00293.x. Acesso em: 29 ago. 2022; FLOYD, Kory *et al.* Human Affection Exchange: XIII. Affectionate Communication Accelerates Neuroendocrine Stress Recovery. *Health Communication*, v. 22, n. 2, p. 123-132, 2007.

Disponível em: https://doi.org/10.1080/10410230701454015. Acesso em: 29 ago. 2022.

270. MCEWAN, Bree. Sharing, Caring, and Surveilling: An Actor-Partner Interdependence Model Examination of Facebook Relational Maintenance Strategies. *Cyberpsychology, Behavior, and Social Networking*, v. 16, n. 12, p. 863-869, 2013. Disponível em: https://doi.org/10.1089/cyber.2012.0717. Acesso em: 29 ago. 2022.

271. BACKMAN, Carl W.; SECORD, Paul F. The Effect of Perceived Liking on Interpersonal Attraction. *Human Relations*, v. 12, n. 4, p. 379-384, 1959. Disponível em: https://doi.org/10.1177/001872675901200407. Acesso em: 29 ago. 2022.

272. SPRECHER, Susan *et al.* You Validate Me, You Like Me, You're Fun, You Expand Me: "I'm Yours!". *Current Research in Social Psychology*, v. 21, n. 5, p. 22-34, 2013. Disponível em: http://www.uiowa.edu/~grpproc/crisp/crisp.html. Acesso em: 29 ago. 2022; HAMPTON, Adam J.; FISHER BOYD, Amanda N.; SPRECHER, Susan. You're Like Me and I Like You: Mediators of the Similarity-Liking Link Assessed before and after a Getting--Acquainted Social Interaction. *Journal of Social and Personal Relationships*, v. 36, n. 7, p. 2221-2244, 2018. Disponível em: https://doi.org/10.1177/0265407518790411. Acesso em: 29 ago. 2022.

273. BURLESON, Brant R. *et al.* Men's and Women's Evaluations of Communication Skills in Personal Relationships: When Sex Differences Make a Difference and When They Don't. *Journal of Social and Personal Relationships*, v. 13, n. 2, p. 201-224, 1996. Disponível em: https://doi.org/10.1177/0265407596132003. Acesso em: 29 ago. 2022.

274. KUMAR, Amit; EPLEY, Nicholas. Undervaluing Gratitude: Expressers Misunderstand the Consequences of Showing Appreciation. *Psychological Science*, v. 29, n. 9, p. 1423-1435, 2018. Disponível em: https://doi.org/10.1177/0956797618772506. Acesso em: 29 ago. 2022.

275. MURRAY, Sandra L.; HOLMES, John G.; COLLINS, Nancy L. Optimizing Assurance: The Risk Regulation System in Relationships. *Psychological Bulletin*, v. 132, n. 5, p. 641-666, 2006.

Disponível em: https://doi.org/10.1037/0033-2909.132.5.641. Acesso em: 29 ago. 2022.

276. ANDREYCHIK, Michael R. I Like That You Feel My Pain, but I Love That You Feel My Joy: Empathy for a Partner's Negative versus Positive Emotions Independently Affect Relationship Quality. *Journal of Social and Personal Relationships*, v. 36, n. 3, p. 834-854, 2017. Disponível em: https://doi.org/10.1177/0265407517746518. Acesso em: 29 ago. 2022.

277. REIS, Harry T. *et al.* Are You Happy for Me? How Sharing Positive Events with Others Provides Personal and Interpersonal Benefits. *Journal of Personality and Social Psychology*, v. 99, n. 2, p. 311-329, 2010. Disponível em: https://doi.org/10.1037/a0018344. Acesso em: 29 ago. 2022.

278. REIS *et al.* Are You Happy for Me? How Sharing Positive Events with Others Provides Personal and Interpersonal Benefits.

279. HAYS, Robert B. The Day-to-Day Functioning of Close versus Casual Friendships. *Journal of Social and Personal Relationships*, v. 6, n. 1, p. 21-37, 1989. Disponível em: https://doi.org/10.1177/026540758900600102. Acesso em: 29 ago. 2022.

280. BECK, Lindsey A.; CLARK, Margaret S. Looking a Gift Horse in the Mouth as a Defense against Increasing Intimacy. *Journal of Experimental Social Psychology*, v. 46, n. 4, p. 676-679, 2010. Disponível em: https://doi.org/10.1016/j.jesp.2010.02.006. Acesso em: 29 ago. 2022.

281. BECK; CLARK. Looking a Gift Horse in the Mouth as a Defense against Increasing Intimacy.

282. KUMAR; EPLEY. Undervaluing Gratitude.

283. CAMERON, Jessica J. *et al.* Acceptance Is in the Eye of the Beholder: Self-Esteem and Motivated Perceptions of Acceptance from the Opposite Sex. *Journal of Personality and Social Psychology*, v. 99, n. 3, p. 513-529, 2010. Disponível em: https://doi.org/10.1037/a0018558. Acesso em: 29 ago. 2022.

284. KILLE, David R. *et al.* Who Can't Take a Compliment? The Role of Construal Level and Self-Esteem in Accepting Positive Feedback from Close Others. *Journal of Experimental Social*

Psychology, v. 68, p. 40-49, 2017. Disponível em: https://doi.org/10.1016/j.jesp.2016.05.003. Acesso em: 29 ago. 2022.

285. MARIGOLD, Denise C.; HOLMES, John G.; ROSS, Michael. More than Words: Reframing Compliments from Romantic Partners Fosters Security in Low Self-Esteem Individuals. *Journal of Personality and Social Psychology*, v. 92, n. 2, p. 232-248, 2007. Disponível em: https://doi.org/10.1037/0022-3514.92.2.232. Acesso em: 29 ago. 2022.